KB130538

자기실현과 정신건강

김유숙 · 박승호 · 김충희 · 김혜련 공저

학지사

머리말

심리학은 인간의 행동과 태도, 정서를 다루는 학문이다. 그리고 이런 과학적 탐구의 궁극적 목적은 삶의 질을 높이는 데 있다. 근래 우리 사회에는 일반 대중을 대상으로 한 심리학적 주제를 다룬 서적을 많이 접할 수 있다. 이는 과학적이고 명료한 인간이해에 대한 욕구와 삶의 질에 대한 관심이 고조되고 있는 이즈음의 현상을 반영하는 것이라 생각된다. 하지만 인간의 삶을 분석하고 많은 문제들에서 벗어나기 위해 과학적 지식을 추구하고 적용하는 데 있어서 우리가 항상 염두에 두어야 할 점은, 인간은 저마다 고유한 환경 속에서 살아가면서 스스로 자신의 사고와 감정, 행동을 변화시킬 수 있는 의지적 생명체라는 사실이다.

그러한 맥락에서 이 책은 심리학을 살아 숨쉬는 사람들의 삶과 연결시켜, 보다 만족스럽고 안정된 삶에 도움이 되는 개인내적 요소와 외부적 요소들을 한 가지씩 탐색해 가는 형식으로 구성되어 있다. 이러한 구성의 전제는 개인이 자기에 대한 인식과 이해가 깊어질수록 자신에 대해 긍정적 수용의 정도가 높아지며, 이를 바탕으로 삶의 질을 높이는 대안을 선택해 나가는 능력 또한 높아진다고 보기 때문이다.

이 책은 각 장의 전반부에 구체적인 사례들을 제시하고 있다. 이는 심리적 안녕과 관련된 각 요소들이 보통사람의 일상생활에서 어떤 형태의 문제로 드러나는지 그리고 각 사람의 삶의 형태와 문제해결방식이 얼마나 다양한지를 보여 주기 위함이다. 하지만 요약된 형태로 사례를 재구성해서 보여 주다 보니, 자칫 문제해결의 과정 또한 단순하게 비추어질 우려도 있다. 하지만 자기실현의 삶이란 전 생애에 걸친 노력이 요구되는 것이라는 사실이 제시된 사례를 포함한 모두에게 예외가 될 수 없음을 분명하게 밝혀두고 싶다.

또한 각 장의 마지막 부분에는 연습문제를 두고 있는데, 이는 개인의 자기인식을 높이고 행동과 태도의 변화를 돕기 위한 목적으로 포함시킨 것이다. 이 연습문제는 활용하는 사람의 태도나 준비도의 영향을 많이 받을 것이라 예상된다. 그러나 이를 자신을 탐색하고 알아 가는 기회로 삼는다면 이 부분을 더 편안하게 받아들일 수 있을 것이며, 많은 도움이 되리라 믿는다.

심리적인 안녕을 위해서 우리는 자신의 삶의 고유성을 인식하고, 자기에게 맞는 선택 가능한 대안들에 대한 인식을 넓힐 필요가 있다. 이 책이 읽는 이들로 하여금 심리학적 관점에서 자신에 대한 이해를 높이고, 이를 바탕으로 보다 안정되고 만족스러운 삶을 살아가는 데 필요한 안내서의 역할을 할 수 있게 되기를 기대해 본다.

2007년
저자 일동

차 례

4장 자아정체감 ···························· **93**

8장 삶의 의미와 가치 ······················· 201

9장 이성교제와 결혼 ······················· 225

제 **1** 장

심리적 안녕이란 무엇인가

제1장

심리적 안녕이란 무엇인가

먼저 심리적인 안녕에 대해 우리가 얼마나 잘 알고 있는지 알아보기 위해 간단한 검사를 해 보자. 점수는 중요하지 않으며, 그저 우리의 생각을 점검해 보기 위한 검사일 뿐이다. 질문들을 읽어 보고 자신의 생각과 일치할 경우에는 ○, 일치하지 않을 경우에는 × 표시를 하도록 한다.

1. 인생에서 가장 행복한 시기는 청소년기다.　　　　　　　　　(　)
2. 자아존중감은 서른 살 이전에 생기는 것이며, 그 이후에는 생기지 않을
　 것이다.　　　　　　　　　　　　　　　　　　　　　　　(　)
3. 자아충족감은 삶에서 성취해야 할 가장 중요한 요소다.　　　(　)
4. 모든 스트레스는 심리적 안녕을 파괴시킨다.　　　　　　　　(　)
5. 결혼하지 않은 사람들은 결혼한 사람들보다 더 행복하다.　　(　)
6. 한 번 성취한 자아존중감은 영원히 지속된다.　　　　　　　　(　)
7. 각각의 사람에게 행복으로 가는 길은 단 하나뿐이다.　　　　(　)

8. 교육을 많이 받은 사람들은 매사에 지나치게 분석적이고 비판적이어서 만족감을 적게 느낀다.   (   )

9. 성취와 심리적 안녕은 서로 관계가 없다.   (   )

10. 종교가 없고 자유로운 사람들은 신앙이 있는 사람들보다 더 행복하다.
                                                              (   )

11. 진심으로 행복해지기 위해서는 삶의 모든 영역에서 능력이 있어야 한다.   (   )

12. 가족에게 신경을 쓰지 않을 수 있는 사람은 더 행복하다. 그만큼 가족에 대한 의무와 책임이 더 적기 때문이다.   (   )

13. 신체적 건강과 심리적 안녕은 서로 관련이 없다.   (   )

14. 직업적 성공과 가족의 행복은 서로 상반되는 경우가 많다.   (   )

15. 타인이 인정해 주기를 기대하는 사람은 자신에게 책임감을 느끼는 사람보다 더 행복하다.   (   )

16. 남성들은 여성들보다 더 행복하다.   (   )

17. 만일 당신이 위기나 상실을 경험했다면 당신은 심각한 정신질환을 갖고 있을 것이다.   (   )

18. 당신이 삶에서 이미 많은 사람들과 인간관계를 맺고 있다면 친밀한 관계를 더 이상 가질 필요는 없다.   (   )

19. 성욕은 심리적 안녕에서 별로 중요하지 않은 요소다.   (   )

20. 가정은 행복의 피상적이고 물질적인 척도일 뿐이다.   (   )

21. 자녀들은 여성의 자아존중감 성취에 가장 중요한 기준이다.   (   )

22. 사업의 성공은 남성의 자아존중감 구축에 가장 중요한 기준이다.
                                                              (   )

23. 심리적 안녕은 중산층이 추구하는 유행일 뿐이다.   (   )

24. 60세가 되면 삶은 모든 것이 성취되고 더 이상 발전하지 않으며, 개인적으로 성장할 기회는 거의 없다고 할 수 있다.   (   )

25. 당신은 삶의 계획을 세우려고 노력할 수도 없고, 노력해서도 안 된다.
                                                              (   )

질문에 모두 답한 뒤, ○로 표시한 문항의 개수를 합산해 보라. 그것은 당신이 심리적 안녕에 대해서 믿고 있는 잘못된 사회적 통념의 수를 나타내는 것이기도 하다. 보통 사람들은 이 테스트에서 평균 10개 정도의 문항에 ○로 표시하며, 대학생들도 대개 6개 정도는 ○로 표시한다. 사회적인 통념을 깨기란 쉽지 않다. 그러므로 정확한 정보를 알고 적절한 지침을 갖는 것이 중요하다. 우리가 상식이라고 생각하고 있는 지식 중에는 잘못된 것들도 많이 있다.

1. 심리적 안녕 찾기

사람들은 시대를 막론하고 행복해지려고 노력하며 그 조건들을 찾아 왔다. 예를 들어, 경제적 부유함이나 종교를 통한 영적 안정, 신체적·정신적 건강, 절친한 친구, 이상적인 사회의 구성원, 최고의 기쁨을 가져다주는 모험의 경험, 아름다운 성적 경험 등 삶에서 부딪치는 좌절과 실망을 이길 수 있는 힘을 소유하기 위해 신비한 방법이나 기술을 추구해 왔다. 20세기 초에 이르러서는 이 해답을 심리학에서 찾으려는 움직임이 시작되었다. 특히 심리학자인 프로이트(S. Freud)는 개인의 가장 깊은 내면세계에 있는 무의식적 동기와 욕구를 알아내어, 행복에 대한 심리학적 이해를 위해 심리분석의 방법을 사용하는 업적을 남기기도 하였지만, 그 결과는 매우 실망스러운 것이었다.

인간의 심리적 기능은 매우 다양하고 복잡할 뿐더러 개인에 따라 서로 다른 특성을 갖는다. 즉, 행동을 유발시키는 조건은 그 요인뿐 아니라 차원 또한 다양하기 때문에 단순한 법칙이 적용되지 않는다. 다시 말해, 인간은 심리적 안녕을 스스로 이해하고 증진시킬 수 있는 생각, 감정, 행동을 자발적으로 변화시킬 수 있는 살아 있는 존재이므로 개인적인 성격특성 및 가치와 그들이 처한 상황을 고려하지 않은 채 모든 인간행동에 적용할 수 있는 일반적인 법칙을 규정한다는 것은 불가능한 일이다.

심리적 안녕의 개념을 행복이라는 막연한 관념으로 설명할 수는 없다. 행복은 가치로움과 즐거움을 느끼게 하긴 하지만 그 느낌은 일시적일 뿐 계속적이고 안정적이지 못하다. 심리적 안녕을 유지하고 있는 사람도 항상 행복을 느낄 수 있을 것이라고 기대할 수 없다. 또한 주어진 시간에 행복을 느끼지 못한다고 해서 심리적 안녕이 손상되는 것도 아니다. 예를 들어, 어려운 문제를 해결해야 할 때라든지, 아픈 자녀를 돌보고 있을 때, 혹은 사랑하는 사람을 잃어 비탄에 빠져 있을 때, 우리는 행복감을 느낄 수는 없으나 그렇다고 해서 심리적 안녕이 손상되는 것은 아니다. 말하자면 행복감을 느끼고 표현한다는 것은 심리적 안녕의 중요한 요소이기는 하나, 최고의 지표는 될 수 없다는 뜻이다.

심리적 안녕은 다차원적이고 안정되어 있는 심리적 과정이다. 심리적 안녕을 확립하기 위해서는 그 상태에 대한 정확한 인식뿐만 아니라 삶에 대한 건강한 태도와 행동 그리고 감정을 적절하게 표현할 수 있는 능력이 필요하다. 이는 자신과 환경에 대하여 현실적 평가를 할 수 있고, 과거에 매달리는 것이 아니라 현재와 미래에 있을 성장과 발전에 초점을 두고 노력하는 태도에서 비롯한다.

다시 말해, 심리적 안녕이란 ‘바라는 모든 것을 소유하는 것’을 의미하지 않는다. 삶의 문제해결에 도움을 주는 책들에서 흔히 발견할 수 있는 ‘완벽한 행복’ ‘완전한 자존감’ ‘모든 문제로부터의 완전한 자유’와 같은 것은 현실에는 존재하지 않는 개념이다. 이러한 말들은 사람들로 하여금 비현실적으로 기대감을 갖게 하지만, 실제로 사람들은 살아가면서 외적 환경에서 오는 어려움과 내적 갈등에서 오는 고통을 모두 겪을 수밖에 없는 경우가 허다하다. 그러므로 심리적 안녕에 이르기 위해서는 당면한 삶의 문제를 효과적으로 극복하고, 그 문제들로부터 삶의 지혜를 배워 나가야만 한다.

2. 심리적 안녕의 구성요소

심리적 안녕은 다섯 가지 영역을 중심으로 구성되어 있는데, 자아존중감의 구축, 만족스러운 인간관계 형성, 능력개발과 성취, 위기와 실패에 대응하는 능력개발, 삶의 의미와 가치에 대한 분별력이 그것이다.

심리적 안녕의 기능을 좌우하는 이 다섯 가지 영역은 모든 사람들이 다 가지고 있는 요소이지만, 위의 조건들을 완벽하게 갖추고 있는 사람은 매우 드물다. 중요한 것은 각각의 영역에서 균형을 이루어 나갈 때 심리적 안녕을 증진시키고 유지시킬 수 있다는 사실이며, 무엇보다 개인의 태도, 행동 및 정서 간에 일치감을 유지하는 것이 가장 중요하다.

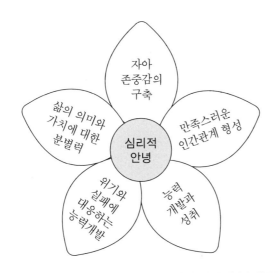

[그림 1-1]   심리적 안녕의 구성요소

1) 자아존중감의 구축

자아존중감은 심리적 안녕과 행복을 구축하는 데 있어서 핵심적인 요소다. 한 개인의 자아개념은 삶의 현실 속에서 자신이 어떤 사람이라고 스스로 갖는 느낌과 지각을 기초로 하며, 그 느낌과 지각에 타인의 반응을 통합한 것이다. 인간은 처음부터 자아개념을 갖고 태어나지 않는다. 자아개념은 삶의 경험, 특히 가족생활, 학교생활, 또래와의 상호관계를 통하여 일생 동안 발달하는 것이다. 자아개념은 외부의 사건을 통한 자기지각과 내적 인지능력만큼 발달하며, 자아개념이 외부현실과 일치될 때 건강해진다. 미국의 심리학자 로저스(C. R. Rogers)는 인간이라면 누구나 자신이 지각하고 있는 현실적 자아개념과 삶의 경험에서 얻어진 이상적 자아개념을 갖고 있다고 했다. 높은 자아개념을 갖고 있는 사람 중에는 자신이 삶의 여러 영역에서 매우 기능을 잘 하고 있다고 생각하는 사람들이 있다. 그러나 좀 더 객관적인 평가를 통해 보면 오히려 역기능적이고 현실의 범위에서 벗어난 사람일 수도 있다.

자아존중감은 스스로 자신을 평가하는 내용과 타인이 평가하는 내용이 상호작용하면서 세워지는 것이다. 상황이 어렵거나 변화될 수 없을 때일지라도 자아존중감은 여전히 유지될 수 있다. 라인홀드 니버(Reinhold Niebuhr)는 "내가 변화할 수 없는 것이 있음을 받아들일 수 있는 평온함, 내가 변화시킬 수 있는 것들을 변화시키고자 하는 용기 그리고 이러한 과정들을 실제로 이행하는 것이 어렵다는 것을 아는 지혜가 필요하다."라고 하였다. 그러므로 심각한 질병을 앓고 있거나 심한 장애가 있는 경우 그 현실을 받아들이고 대처해야지, 그 질병이나 장애가 자아존중감을 좌우하도록 해서는 안 된다. 주어진 현실을 어쩔 수 없이 받아들인 경우라 할지라도 자신에 대한 평가는 삶과 자신이 선택한 것들에 대해서 스스로 책임지려는 태도와 밀접한 관련이 있다. 따라서 긍정적인 자아존중감을 가진 사람을 자기중심적인 사람이라고 말할 수 없으며, 오히려 자신의 욕구와 타인의 감정을 명확하게 인식함으로써 자기인식의 균형을 유지하고 있는 사람이라고 할 수 있다.

2) 만족스러운 인간관계 형성

두 번째 심리적 안녕의 구성요소는 만족스러운 인간관계를 형성하는 것이다. 사람은 홀로 살아갈 수 없는 존재로서 이웃이 필요하며, 부모–자녀와 같은 가족관계를 통한 생명의 연속성을 확인할 필요가 있다. 또한 환경에 대한 감각을 발달시키기 위해서도 타인을 필요로 한다. 만족스러운 인간관계란 우정, 결혼, 가족, 이웃, 직장동료, 종교적 또는 정치적 동역자, 취미나 운동을 함께 하는 집단 혹은 친지와 친척 등의 관계에서 형성되는 것이다. 많은 인간관계가 있으나, 특별히 개인에게 의미 있는 관계는 정서적으로 가까운 관계인데, 가치 있고 특별한 존재로서 관심을 받고 있음을 느끼게 하는 관계다. 단 한 사람과 맺고 있을지라도 이런 관계는 심리적 건강을 유지하기 위한 중요한 조건이 된다.

어떤 사람은 다양한 집단에 참여하여 넓은 대인관계를 맺기를 좋아한다. 또 다른 사람은 선택적으로 인간관계를 맺으면서 한두 명의 가까운 친구로 만족하고 다양한 집단에 관여하는 것을 좋아하지 않는다. 사교적인 사람이 되느냐 혹은 소수의 사람들과의 관계를 편안하게 여기는 까다로운 사람이 되느냐 하는 것은 개인적인 선호에 관계되는 문제다. 자아존중감과 만족스러운 인간관계의 관계 양상은 다양할 수 있으나, 중요한 것은 이 두 요인 간에 균형을 이루어야 한다는 점이다.

급속한 변화를 경험하는 도시사회에서의 인간관계는 양적인 측면보다 질적인 측면이 특별히 중요하다. 그 규모가 작아서 안정된 집단이라고 볼 수 있는 가족, 이웃 그리고 종교집단 속에서는 확실한 사회적 관계를 맺게 된다. 그러나 이와 같은 집단에서는 사생활이 침범받는 등의 어려움을 경험할 수 있으며, 신념 혹은 생활양식의 변화를 시도할 경우 집단의 규범에 의해서 규제를 받을 수도 있다. 집단의 전체 성장을 강조하는 분위기에서는 개인적 성장이 억압당할 수 있는 가능성과 불이익을 당할 수 있으나, 외로움의 문제는 비교적 적게 경험할 수 있다.

성인이 되어 간다는 것은 다른 사람들을 더 이상 필요로 하지 않음을 의미하는 것이 아니다. 또래들의 영향은 그것이 긍정적이든 부정적이든 어느 시기에나 존재한다. 자신에게서 최고의 것을 이끌어 낼 수 있는 친구와 또래집단을 선택하는 것은 심리적 안녕에 있어서 중요한 구성요소다. 친구는 지역사회활동, 운동시합 또한 사회활동에 참여할 수 있게 하는 원동력이 되며, 삶에 기쁨을 가져다준다.

또한 인간은 성적인 존재이므로 성적인 친밀함을 포함한 인간관계는 심리적 안녕에 특별히 중요한 역할을 한다. 성적 행위를 나누는 사람이라고 반드시 친밀한 인간관계를 맺고 있다고 말할 수는 없다. 성적인 관계를 갖지 않는 친한 친구 혹은 친척과도 정서적으로 친밀한 관계를 가질 수 있기 때문이다. 가장 가까운 최고의 친구는 늘 곁에 있으면서 신뢰할 수 있고 관심사를 함께 나눌 수 있는 사람이다. 그런 친구에게서는 상처도 쉽게 받을 수 있지만 약점과 강점을 포함한 많은 감정들과 꿈과 다양한 문제들을 나눌 수 있다.

성적으로 친밀한 관계는 정서적인 측면과 성적인 측면이 모두 포함된다. 성적인 행위는 긍정적인 것이고 삶에서 없어선 안 될 중요한 요소다. 친밀한 파트너와의 성적 행위를 통해 편안함과 매력, 신뢰감을 느낄 수 있고, 또한 기쁨을 경험할 수 있다. 그러므로 많은 사람들은 결혼생활에서 친밀한 성적 관계를 통해 만족과 안정감을 찾게 되는데, 이는 그것이 심리적 안녕에 있어 주요한 요인이 되기 때문이다.

3) 능력개발과 성취

세 번째 구성요소는 일을 성공적으로 마침으로써 느낄 수 있는 성취감과 자신감이다. 사람들은 보통 직업적인 성공과 개인적인 만족감 중에 하나를 선택해야 한다고 느끼기 쉽다. 그러나 두 가지 모두 심리적 안녕에 기여하는 요소들이며, 둘 중에 하나를 선택해야 하는 것은 아니다. 로저스는 모든 사람은 자아를 유지하고 향상시키고 실현하는 경향성에 의해 동기화된다고 하였다. 개인적 또는 직업적 성취를 통한 만족감은 심리적 안녕을 성취함에 있어서 매우 중요한 요인이 되지만 하는 일이나 성취된 결과로 사람을 평가해서는 안 된다. 특별히 남자들은 일이나 업적으로 자신을 정의하여 자신을 '성공을 향해 달리는 존재'로 보는 심리적 함정에 빠져들기 쉽다. 그보다는 가족관계, 우정과 취미생활 등으로 다양한 활동을 가치 있게 여기는 남성들이 더욱 큰 심리적 안녕을 느낀다.

능력과 문제해결기술은 삶의 중요한 부분이다. 하지만 외적으로 드러나는 성취결과와 타인에게 인정받는 것보다 더 중요한 것은 내면세계에서 느껴지는 자신감이다. 진정한 만족을 경험하는 것은 개인의 내면으로부터 온다. 어떤 일을 유능하게 처리하는 것은 내적·외적으로 보상을 받게 한다. 결과가 잘 되었든 못 되었든 그 일을 해 내기 위해 애썼다면 이미 같은 노력을 지불한 것이 된다. 어떤 일을 할 때 그 일에 대한 자부심을 갖고 임한다면 그 일에 대해 더 긍정적인 느낌을 가질 수 있을 것이다.

취미를 갖고 운동을 하는 것은 그 자체의 경험을 즐기는 것이다. 완벽한 결과에만 집중한다면 과정에서 누릴 수 있는 즐거움을 방해받을 수 있다. 과정에 최선을 다하고 거기에 대한 자신감을 갖게 되면 그에 따라 만족감도 증가할 것이다. 숙련공들은 어떤 것을 만드는 과정에서 만족감을 느끼고, 또한 만들어진 결과물을 보고 감탄하는 순간 만족감을 느낌으로써 이중의 만족감을 느낀다고 한다. 예를 들어, 퀼트를 하는 사람은 우선 디자인을 하고 천조각을 선택하여 바느질하는 과정 속에서 기쁨을 느낀다. 그리고 퀼트 소품이 완성되면 그 아름다움에 만족한다. 더군다나 그것을 자녀나 손자들이 사용하고 소중하게 간직할 것이라 생각하면 더 기쁘게 할 수 있다. 자신의 수준에서 갖고 있는 기술적 능력과 숙련된 솜씨를 증가시키는 것에 초점을 맞춰야지, '완벽한 전문가가 되어야 한다.' 라는 강박적 태도는 바람직하지 않다. 자신의 기술 연마와 성취에 초점을 맞추는 태도는 만족감을 증가시키고 성취의 기쁨을 누리게 해 줄 것이다.

4) 위기와 실패에 대응하는 능력개발

인생문제 해결에 대한 심리학적 접근을 시도하고 있는 책들 중에는 모든 문제가 성공적으로 해결되고 행복해질 수 있다는 비현실적 해답을 제공하는 경우가 많다. 그러나 이 책에서는 부정적인 경험들을 수용하고 대응하는 태도의 중요성을 강조하고자 한다. 이 세상에서 모든 문제로부터 자유로울 수 있는 존재는 없다. 완벽한 직업이라든지 완벽한 결혼, 완벽한 자녀, 완벽한 가정이란 존재하지 않는다. 많은 사람들은 '모든 게 잘 될 거다.' '당신은 모든 것을 가질 수 있다.' '완벽한 자신을 창조하라.' 같은 말들을 흔히 한다. 하지만 이것은 신화일 뿐, 복잡한 삶의 조건들을 적절하게 반영하지 못하는 말이다. 심리적 건강을 유지하고 있는 사람과 항상 문제에 둘러싸여 고통당하는 사람의 중요한 차이점은 그들이 무엇을 얼마만큼 했느냐보다 성취의 부정적인 경험에 대처해 나가는 능력이 얼마나 있는가에서 나타난다. 인생에는 항상 좋은 것과 나쁜 것이 공존하고 있다. 심리적 안녕을 지켜 나가는 사람들은 좋은 것들을 인정하고 즐기는 동시에, 나쁘고 불행한 것들에 휘둘리지 않고 현실을 있는 그대로 받아들인다. 이처럼 위기와 실패를 받아들이고 이에 대처하는 태도는 심리적 안녕의 중요한 구성요소다.

일자리를 잃은 사람, 만성적인 질병으로 고통받는 자녀를 가진 사람, 꿈의 터전이 슬픔의 현장이 되어버린 사람, 성적 기능장애가 발생한 사람, 지나치게 비만인 사람들은 모두 인생의 불행한 문제에 직면하고 있는 사람들이다. 이러한 문제들은 우리가 살아가는 동안 누구에게나 일어날 수 있다. 어떤 문제들은 예측 가능하여 피할 수도 있지만 어떤 문제들은 우리가 통제할 수 없는 상황에서 갑자기 일어나기도 한다.

　부정적인 상황이 일어나면 그 현실을 받아들이고 적극적으로 대응하여 문제를 풀어 나가야 한다. 문제를 바라보며 그저 빨리 지나가기만을 바란다든지, '만일 ~했더라면 이런 일이 일어나지 않았을 텐데' 하며 후회만 한다든지, 아니면 상황이 그리 나쁘지 않은 것처럼 꾸며 자신과 타인을 속임으로써 심리적 에너지를 낭비한다든지 해서는 안 된다. 갑작스럽게 닥친 위기는 잘 극복할 수만 있다면 쉽게 원상복구될 수도 있다. 예를 들어, 당신이 해고를 당했을 때 그 사건은 심리적 상처가 될 수 있지만, 이를 도전의 기회로 삼아 더 좋은 직업을 갖게 될 경우 해고의 위기가 성공적으로 극복된 셈이다. 그러나 퇴행성 질환을 앓고 있다든지, 자녀가 장애아로 태어났다든지 하는 만성적인 문제들은 장기적으로 개인을 힘들게 하는 문제들이며, 쉬운 해결책이 없다. 이럴 경우 그 문제를 삶의 한 부분으로 받아들이고 적극적으로 대응해 나가야 한다. 만성적인 문제들은 해결되지 못할 수도 있지만 그 위기를 통해 삶의 다른 부분에서 긍정적인 보상요인을 발견할 수도 있다. 자신을 어쩔 수 없는 희생자로 만들어 가지 말고 적극적인 생존자로 지각하여 삶의 실패와 문제가 자신의 인생을 통제하지 못하도록 해야 한다.

5) 삶의 의미와 가치에 대한 분별력

　사회적, 종교적 혹은 철학적 가치 안에서 삶의 의미를 생각해 보자. 심리학적으로 볼 때 삶의 의미를 찾기 위해서는 적절하고 안정된 사고체제를 갖추는 것이 중요하다. 개인의 인생을 단순하게 일반화시켜 내놓는 이론들은 인생이란 별 의미가 없는 것이므로 순간순간을 위해서 살라고 주장한다. 이에 대해 심리학자들은 그것이 심리적 건강을 위협하는 잘못된 태도라고 충고한다. 인간은 자기 자신이나 혹은 순간의 감정이 아닌 그 이상의 어떤 것을 믿어야 할 필요를 느낀다. 삶의 의미는 그 원천이 사회에 있든지, 종교에 있든지 혹은 철학 안에 있든지 간에 타인과의 안정적으로 연결된 느낌을 제공해 주는 기초가 되어 왔다. 심리학적 개념들은 이런 의미 탐색에 대한 해답을 제공하지 못하며, 종교적 혹은 영적 가치의 대안도 제공하지 못한다.

오늘날 한국문화는 다원적이고 빠르게 변화해 간다. 그중 가장 매력적인 현상은 선택할 수 있는 삶의 범위가 다양해졌다는 점과 흥미를 갖는 영역에 대해 적극적인 태도를 취할 것을 강조한다는 점이다. 개인의 자유와 개별적인 선택이 가장 가치 있는 것으로 여겨지고 있음을 볼 수 있다. 사람들은 이미 많은 것이 정해져 있는 인생대본을 갖고 태어난다. 그래서 우리는 배우자를 비롯해 직업, 종교, 신념 등 여러 가지 선택을 할 때마다 많은 면에서 영향을 받게 마련이다.

삶에 책임을 느끼면서 선택에 도전하는 것은 신선한 흥분이 될 수 있으나, 동시에 두려움과 혼란도 느낄 수 있다. 또한 다른 사람과의 관계가 소원해지는 것을 느끼거나, 자주 떠나보내야 한다고 느끼는 사람은 '나는 누구이며, 이 세상에 과연 내가 거할 곳이 있을까?' 라는 질문을 계속 하게 된다. 이런 사람은 심리적 안녕의 수준이 낮아지게 된다. 이에 비해 자신과 타인 그리고 세상에 대해 안정된 신념을 가지고 있는 사람들은 삶에서 관심이 가장 큰 방향으로 선택해 나갈 수 있다.

3. 심리적 안녕을 위한 도움말

(1) 심리적 안녕과 자아충족감

일반적으로 인간은 주변 사람들의 압력이나 권위자들을 기쁘게 할 생각으로 행동하기 쉽다. 그러나 스스로에 대한 책임감을 갖고서 자신의 관심에 따라 원하는 대로 행동해야 할 필요가 있다. 물론 타인에 대한 생각과 비판에 대해서도 적절히 반응해야 한다. 그러나 타인의 인정을 받는 것에 지나치게 관심을 갖고 신경을 쓰게 되면 타인에 의해 행동이 좌지우지되는 심리적 함정에 빠지게 된다.

자신에 대해 책임감을 느끼는 것, 자신이 가치를 두는 목표를 갖고 일하는 것 그리고 스스로 보람 있다고 생각하는 활동에 참여하는 것은 심리적 안녕을 증진시킨다. 그러나 이러한 것들을 지나치게 중요시 하고 자신의 행복만을 생각하는 자기도취적인 사람들은 장기적으로 볼 때 심리적 안녕의 수준이 낮아질 수밖에 없다. 인간은 '자신의 욕구와 느낌' 과 '타인의 욕구와 느낌에 대한 배려' 사이에서 균형을 이룰 필요가 있다. 자기비하에 빠져 있거나 자기도취적인 자아충족감을 지나치게 추구하는 것은 모두 심리적 안녕을 성취하는 데 방해가 된다.

삶이 각자의 것이며, 따라서 선택과 결정도 각자의 책임이라는 사실을 잊어서는 안 된다. 다른 사람의 승인이나 사회가 '바라는 것' 에 집착하기보다는 자신의 욕구와 삶의 목표를 최우선으로 생각하여 결정해야 한다. 자신이 가장 원하는 것에 근거하여 삶의 문제들을 해결해 나갈 수 있다면 심리적 안녕도 증진될 것이다.

(2) 완벽해야 행복하다는 것은 신화일 뿐이다

사람들은 행복에 대해 이야기할 때 완벽해야만 행복할 수 있다는 신화를 갖고 있다. 그러나 인간은 살아가면서 완벽하게 생각하고 행동할 수 없으며, 항상 기쁠 수만도 없다. 따라서 자신의 약점과 연약함을 있는 그대로 수용해야 한다. 누구나 일생 동안 위기와 고통과 슬픈 변화의 시기가 있으며, 원하는 것을 모두 가질 수도 없고, 자신이 성취할 수 있는 것에는 한계가 있다. 완벽이나 무조건적인 행복을 위해서 애쓰기보다는 낙관적 태도와 객관적이고 현실적 태도 사이에서 균형을 유지하는 것이 행복을 증진시키는 데 가장 중요하다.

(3) 심리적 안녕은 모든 사람이 추구하는 것이다

심리적 안녕은 정치적, 문화적 그리고 경제적인 현실에 의해 영향을 받는다. 전쟁, 가난, 차별대우 등과 같은 외부적인 스트레스는 행복을 이루는 데 매우 부정적인 영향을 미친다. 물론 '중산층'의 경우 어느 정도의 사회적 안정감을 누리고 있는데다 의식주와 안전에 대한 욕구도 충족되는 집단이기에 심리적 안녕이 더 쉽고 자연스럽게 얻어질 것이라 생각할 수도 있다. 그러나 심리적인 안녕은 부유한 계층만이 추구하는 가치가 아니다. 또한 기성세대의 개념도 아니고 특정 문화에서 나온 개념도 아니다. 삶의 균형에 대한 기본적인 생각과 자신의 삶에 스스로 책임감을 져야 한다는 개념은 계층 간의 차이와 문화의 틀을 뛰어넘는 것이다.

(4) 신체적인 건강이 심리적 안녕을 촉진한다

규칙적인 수면 패턴과 적당한 양질의 식사, 알맞은 운동 그리고 금주 또는 담배나 약물 복용의 금지 등은 일반적으로 알고 있는 건강수칙이다. 이러한 건강습관을 유지하는 것은 심리적 안녕을 증진시켜 준다. 이는 "건강한 육체에 건강한 정신이 깃든다."는 말처럼, 신체적인 건강과 정신적인 건강 사이에 적극적인 상관관계가 있기 때문이다. 한편, 신체적인 결함을 가지고 있는 사람들의 경우 자신의 결함을 받아들이고 주어진 신체적 조건에서 최선의 건강상태를 유지하도록 노력하는 것이 심리학적인 안녕을 증진시키는 길이 될 것이다.

(5) 가족과의 접촉을 유지해야 심리적 안녕이 유지된다

가족이란 영화나 TV 프로그램에서 볼 수 있는 것처럼 그렇게 완벽하고 이상적인 집단이 될 수 없다. 가족구성원 모두가 자신만의 문제와 남에게 알리고 싶지 않은 비밀과 실패의 상처를 갖고 있기 때문이다. 그러나 가족과의 접촉을 통해 따뜻함을 느낄 때 가족들로부터 관심을 받고 있다고 생각할 수 있으며, 이러한 가족관계는 삶 속에서 생명의 연속성을 느끼게 한다. 물론 가족 안에서 책임감에 시달리기도 하고, 자신의 욕망과 가족에 대한 의무 사이에서 갈등을 느끼기도 한다. 그러나 가족이라는 공동체는 다른 어떠한 상황에서도 겪을 수 없는 삶의 주기의 변화들을 체험할 수 있는 곳이다. 즉, 아기의 탄생이 가져오는 희망과 기쁨, 세상을 떠나는 조부모를 향한 애도의 마음, 노부모에 대한 부양의 의무 등을 경험하게 되는 것이다. 가족관계는 계속 성장하며 변화하게 마련이지만, 가족원에게는 안정감과 안전감을 제공해 주는 기반이 된다. 여러 가지 문제가 있어서 제기능을 하지 못하는 가족일지라도 가족구성원들과 문제해결을 위해 지속적인 접촉을 함으로써 닥쳐올 문제를 예상할 수도 있고, 해결해야 할 문제들 속에서 함께 우선순위를 정함으로써 많은 도움을 받을 수 있다. 또한 성장하여 가족을 떠난 구성원도 계속하여 성장, 발달, 변화하면서 자신만의 새로운 가정을 만들어 가는 동안 계속적으로 큰 도움을 받게 된다. 그러므로 현재 소속되어 있는 가족관계에 대한 장점과 약점을 찾아보도록 노력할 필요가 있다. 그리고 가족 안에서 생겼던 문제들을 검토하여 새롭게 만들어 가는 가정 안에서는 똑같은 문제로 고통받지 않도록 준비해야 할 것이다.

(6) 직업생활과 가족의 행복은 상호보완적으로 기능한다

심리적 안녕을 위해 반드시 직업과 가정생활 중 어느 하나만을 선택해야 하는 것은 아니다. 오히려 이 두 가지 중요한 영역을 삶 속에서 어떻게 통합시키고 균형을 이뤄 갈 것인가에 관심을 가져야 한다. 프로이트는 인간의 삶에서 가장 중요한 두 가지 임무는 사랑하는 것과 일하는 것이라고 했다. 직업과 가정은 심리학적인 행복을 위해서 두 가지 모두 필수적인 것이므로 둘 사이의 균형을 이룰 수 있어야 한다. 직업생활을 잘 영위하게 되면 자신이 가진 에너지를 결혼생활과 가족관계에 사용할 수 있는 여유를 갖게 된다. 그런가 하면 가족 안에서의 좋은 관계는 에너지를 충전시켜 직업적인 목표달성을 위해 매진할 수 있게 해 준다. 이처럼 직업생활과 가족생활은 서로 부정적인 영향을 미치기도 하고 긍정적인 힘을 줄 수도 있다. 두 가지 영역에서 모두 성공할 수 있다면 더 큰 삶의 만족감을 이끌어 낼 수 있을 것이다.

(7) 능력과 성취는 행복을 증진시킨다

일에 대해 자신감을 갖는 것, 특히 일에서의 성공은 심리적 안녕에 큰 기여를 한다. 이때 기술을 습득하는 것과 자신에 대해 유능하다고 느끼는 것 그리고 그 결과로 따라오는 능력은 자아존중감을 세우는 중요한 구성요소다. 인간이 무언가를 성취했을 때 그 안에서 볼 수 있는 핵심적인 심리학적 개념은 자기효능감이다. 이는 자신이 어떠한 상황이나 임무에 스스로 대처할 수 있는 기술과 능력을 갖고 있다고 믿는 자기신뢰감을 말한다. 자신감과 자기효능감은 어떤 훈련 프로그램을 훌륭하게 마쳤다든가, 뛰어난 평가를 받으면서 기술적인 과정을 완수했을 때 혹은 일의 능력을 인정을 받아 승진을 했을 때 강화된다. 이와 동시에 중요한 것은 우리 스스로 성취감과 자기효능감을 느끼는 것이다. 자신감을 갖게 되는 것은 직업에서 성공하는 것뿐만 아니라 스포츠나 취미생활 그리고 일상생활에 필요한 기술을 습득하는 과정에서도 가능하다. 더 나아가 맛있는 요리를 하는 것이나 좋아하는 운동을 능숙하게 하는 것, 컴퓨터를 잘 활용하는 것 또한 자신감을 갖게 하며, 행복을 증진시키는 행위가 될 수 있다.

(8) 스트레스는 도전을 위해 필요한 것이다

성공지향적 삶은 스트레스가 많다. 그리고 그런 스트레스가 신체적, 정신적 건강에 해롭다는 것은 누구나 다 알고 있는 사실이다. 그러나 모든 스트레스가 다 해로운 것은 아니다. 예상이 가능하고 도전도 필요 없는 규칙적인 삶을 사는 것은 스트레스를 줄일 수는 있겠지만, 오히려 삶에서 느낄 수 있는 즐거움은 빼앗게 된다. 심리적 안녕은 약간의 스트레스를 동반하는 발전과 성숙의 기회가 주어질 때 더 커질 수 있다.

문제는 스트레스의 많고 적음이 아니라 스트레스의 수준과 종류다. 새로운 경험에 도전하거나 새로운 기술을 습득해야 할 때는 분명 스트레스를 받겠지만 그러한 경험은 삶의 활기를 북돋우는 역할을 할 수 있다. 따라서 변화를 하나의 도전으로 받아들이고 적절한 수준의 스트레스를 유지하는 것이 중요하다. 그러므로 스트레스의 무기력한 희생자가 될 것이 아니라 오히려 적극적으로 스트레스를 분석하고 그 특성에 따라 효과적으로 대처하고자 노력해야 한다.

(9) 위기와 상실에 대처하는 능력은 심리적 안녕을 위한 중요한 요소다

대부분의 사람들은 주위환경이 긍정적으로 진행될 때 삶을 즐길 수 있다고 생각한다. 그러나 위기를 맞았을 때 문제가 있는 현실을 인정하고, 슬픔과 분노의 감정을 받아들이며, 여러 문제들에 건설적인 방식으로 적극 대처하는 능력도 필요하다. 특히 부모님이나 사랑하는 사람을 잃는 상실의 문제에 대처하기 위해서는 서두르거나 회피하지 말고 진심으로 애도할 수 있는 충분한 기간을 가져야 한다. 물론 슬픔과 우울함, 분노, 절망의 감정을 받아들이고 이겨 나가기란 쉽지 않은 일이지만 이런 과정은 상실에 대처하고 평정을 되찾기 위해서 반드시 거쳐야만 하는 과정이다. 말하자면 부정적인 경험들, 특히 위기와 상실에 대처하는 능력은 심리적 안녕을 위한 중요한 요소다. 삶 속에서 만나게 되는 부정적인 사건들과 그에 따른 실망감은 인간이 경험해야 하는 당연한 부분이다. 따라서 심리적 안녕을 높이기 위해서는 부정적인 경험들을 수용하고 대처하는 방법을 배우는 것이 절대적으로 필요하다.

(10) 종교적인 믿음은 심리적 안녕을 촉진시킨다

건강한 신앙생활을 하는 사람들, 특히 신을 사랑의 존재로 보면서 종교적 공동체에 속해 있는 사람들은 비종교인들보다 자신의 역할을 더 잘 수행하며, 스스로도 안정되어 있다고 느끼는 경우가 많다. 그러나 신앙생활을 하되, 잘못했을 때 분노하여 처벌을 가하는 두려운 존재로서 신을 믿는 경우에는 심리적 안녕의 수준이 낮다고 한다. 실제로 종교적인 신념은 삶에 의미를 제공한다. 어떤 종교적 공동체에 소속되어서 구성원들끼리 서로 가치관을 나누고 보살피고 협력하며 자신들만의 전통을 세워 간다는 것은 안정감을 가져다준다. 이처럼 종교는 삶의 궁극적인 의미 안에서 관계에 대한 신념체계를 제공해 준다. 물론 종교를 갖지 않은 사람들은 다른 의미체계를 발달시킬 수 있다. 예를 들면, 철학적이거나 사회적, 인도주의적, 정치적 혹은 영적인 믿음과 같은 것들에 근거한 것들이다.

(11) 당신은 삶을 계획하고 선택할 수 있다

우리는 전지전능한 존재도 아니고 삶을 완전히 통제할 수도 없다. 하지만 자신의 삶과 행복에 책임을 져야 한다. 즉, 자신의 자아존중감과 인간관계와 직업적인 기술들을 중진시킬 수 있는지를 먼저 생각해 보고 선택해야 한다. 물론 사전에 생각하고 계획한다고 해도 삶의 모든 문제나 위기들을 피해가지는 못할 것이다. 설령 어느 정도 그런 문제들을 피해갈 수 있다하더라도 우리는 삶 속에서 발생하는 문제들에 대해 대처할 줄 알아야 한다. 그리고 그러한 대처과정에서 새로운 삶의 기술들을 배우고 삶을 의미 있게 만드는 가치체계들을 개발해야 한다. 자신의 삶에서의 수동적인 방관자가 되지 말고 적극적으로 계획하고 선택하는 것이 중요하다.

4. 행복으로 가는 길

자신의 삶을 살아가는 길은 오로지 한 가지 밖에 없다는 생각을 버리고 심리적 안녕을 도모할 수 있는 삶의 방식을 선택할 수 있어야 한다.

사람들의 삶을 이해할 때 가장 중요한 것은 그 기능과 만족을 구별하는 것이다. 건강하게 기능하는 인간이 되는 것은 심리적 안녕을 위한 충분한 요소가 아니라 필수적인 요소다.

많은 사람들은 전통적 기준에 의해 모범적으로 제시되는 길을 선호한다. 이를테면 안정적이고 행복한 결혼을 하는 것, 자녀를 훌륭하게 양육하는 것, 성공적이고 만족할 만한 직업인이 되는 것, 기쁨을 누릴 수 있는 자랑스러운 가정을 갖는 것 등이다. 이 같은 인생의 길은 감탄할 만한 균형을 이룸으로써 나온 결과로 큰 만족을 가져다줄 수 있다. 하지만 행복에 이르는 과정의 의미는 무시한 채 결과만을 중요시한다든지 혹은 TV 드라마와 같이 이상화시켜 놓은 것과 비교하려 할 때는 문제가 생기게 된다. 사실 성공 그 자체는 중요한 의미를 갖지 못한다. 우리의 삶에서 진정 중요한 것은 능동적으로 삶에 참여하고 있느냐, 또 그 과정 속에서 만족하고 있느냐에 있기 때문이다. 어떤 사람들은 '나는 성공적인 결혼을 했고, 두 자녀는 착하고 모범생이며, 수입이 좋은 직장과 행복한 가정을 갖고 있다.' 는 말 뒤에 본래의 자신을 숨기고 있을 수도 있다. 말은 그렇게 해도 실제로는 가정생활에 실질적인 시간과 에너지를 많이 투자하지 않고, 가족구성원들과 친밀한 관계도 맺고 있지 않으면서 다만 외부에 보이기 위한 안정된 위치의 상징으로만 여기고 있을지도 모르는 것이다. 자녀들에 대해서도 그들을 안아 주고 보살피고 이끌어 주며 존재 자체로서 가치 있게 여기고 존중하는 것이 아니라 단지 자신의 양육능력을 과시하기 위한 도구나 성공적인 가정의 상징물로 여기고 있을지도 모를 일이다. 참된 만족을 느낄 수 있기 위해서는 삶의 모든 과정에서 가치를 느끼고 그 과정에 적극적으로 참여해야지, 결과물에만 관심을 가져서는 안 된다.

5. 마치면서

심리적 안녕을 높이고 삶에서 긍정적인 균형을 이룬다는 개념은 간단해 보이지만 실은 그렇게 쉽지 않다. 심리적 안녕을 취하기 위해서는 스스로의 관심이 필요할 뿐 아니라 시간과 심리적인 에너지를 투여해야 한다. 모든 개인은 어떻게 여러 가지 정보들과 도움말들을 자신의 삶 속에서 통합시켜 갈 수 있을지 생각해 볼 필요가 있다. 이를 위해 자기패배적인 신념과 태도로부터 자유롭게 됨으로써 새로운 시작에 도전해야 한다.

심리적 안녕을 보장해 주는 마법 같은 열쇠는 없다. 심리적 안녕을 얻는 것과 삶의 균형을 유지하는 것은 삶의 과정에서 지속적인 주의력과 통합을 요구한다. 그 핵심적인 구성요소들은 자아존중감을 유지하기, 관계에 만족하기, 능력과 성취를 이루기, 위기와 실패에 대응하기 그리고 삶의 의미와 가치에 대한 분별력 갖기를 포함하고 있다. 이러한 요소들의 균형을 유지하는 것은 결코 쉬운 일이 아니지만 가능한 것인 동시에 도전해 볼 만한 것이다.

제 **2** 장

성격과 자기실현

제2장
성격과 자기실현

영희 씨는 39세로 가장의 역할을 대신해 온 미혼의 직장여성이다. 4남매의 맏이인 그녀는 어머니와 동생들을 위해 지금껏 묵묵히 일해 왔으며, 이제는 동생들도 모두 결혼을 하여 그런대로 자리를 잡았다. 아버지는 그녀가 고등학교를 졸업할 무렵부터 집 밖으로 나돌기 시작해 점차 가족들과 연락도 없이 지내다가, 늙고 병이 들어서야 집으로 돌아왔다. 식구들은 모두 반대를 했지만, 영희 씨는 더 이상 갈 곳이 없는 늙고 병든 아버지를 어쩔 수 없이 받아들이기로 했다. 동생들은 여전히 아버지를 외면했으므로 아버지의 병수발은 고스란히 영희 씨의 몫이 되었다. 그렇건만 몸이 좋아지면 또다시 어디론가 훌쩍 나가는 아버지의 습관은 여전했고, 그러다가 3년 전에 돌아가셨다. 아버지가 돌아가신 날, 영희 씨는 그렇게 속이 시원할 수가 없었다. 한편으로는 이런 생각을 하면 벌을 받을 텐데 하는 마음도 없진 않았지만, 아버지의 죽음은 그녀의 어깨에 얹혀 있던 모든 짐을 사라지게 했고, 홀가분한 마음을 갖게 했다.

아버지가 돌아가신 후, 처음에는 몸과 마음이 모두 편안했다. 그러나 시간이 지나면서 차츰 조그만 일에도 깜짝깜짝 놀라고 불안을 느끼게 되었으며, 소화도 잘되지 않아 습관적으로 약을 복용하게 되었다. 특히 '용서'라는 말을 들을 때면 갑자기 아랫배에서 커다란 돌멩이가 올라오는 듯한 느낌이 들었다. 어느 날 그 돌멩이가 무엇일까 생각하게 되었는데, 그때 갑자기 돌아가신 아버지의 얼굴이 떠올랐다. 아버지를 늘 원망했던 그녀는 이제 아버지가 돌아가셨기에 모든 문제가 다 해결되었다고 믿고 있었다. 그런데 무거운 돌멩이가 올라오면서 자신이 아버지를 용서하지 못하고 있음을 깨닫게 된 것이다.

그러면서 남동생의 얼굴까지 보였다. 남동생은 가족 중에서 아버지의 외모뿐 아니라 여러모로 아버지를 제일 닮았다고 해서 식구들의 미움을 받고 있었다. 더군다나 다른 형제들과는 달리 아직도 자리를 잡지 못하고 있어서 가끔씩 다른 형제들을 괴롭히곤 했으며, 그동안 영희 씨가 애써 왔던 많은 노력들을 물거품으로 만들어 버리는 일도 종종 있었다. 영희 씨는 그 동생의 얼굴을 떠올리는 순간 자신도 모르게 화가 치미는 자신을 보면서 그 두 사람을 아직도 용서하지 못하고 있다는 사실을 발견하게 되었다.

인간을 바로 이해하기란 쉬운 일이 아니다. 외모가 다르고 각자 아주 복잡한 행동을 하기 때문이다. 이렇게 개인차가 크기 때문에 인간이 어떤 공통점을 가지고 있는가를 파악하기란 거의 불가능하다. 그들의 인생관, 생활방식까지 포함한다면 개인차는 더욱 클 것이다. 인간의 생각과 행동에 개인차가 있다는 자각에서 성격에 대한 연구는 시작되었다.

고대 그리스의 히포크라테스(Hippocrates)는 4액(四液)에 바탕을 두어 점액질, 우울질, 담즙질, 다혈질의 네 가지로 성격특징을 설명하였다. 그런가 하면 고대동양의 역(易)의 원리를 기초로 한 이제만은 사상의학(四象醫學)에서 말하는 소음인, 소양인, 태음인, 태양인의 네 가지로 성격을 구분하였다. 점성학, 골상학, 관상학 역시 인간의 개인차에 대해 설명하고 있다. 성격에 대한 관심은 이처럼 인간에 대한 이해에 초점을 두고 있기 때문에 인간의 정신과 행동이 주요한 연구주제인 심리학에서 주로 다루어지고 있다.

1. 성격에 대한 이해

'성격이란 무엇인가?'는 한마디로 정의할 수 없다. 영어의 'persona-lity'는 고대 희랍연극에서 사용했던 가면을 지칭하는 'persona'에서 유래하였다. 이는 사회적 역할을 수행할 때 한 개인이 취하게 되는 공적 성격(public personality)을 의미한다. 그러나 개인의 성격은 사회적 기술뿐만아니라 인격(character)적인 부분까지를 포함하여 다른 사람에게 드러내 보이는 어떤 전체적인 인상이라 할 수 있다(Hjelle & Ziegler, 1981). 그러므로 성격은 여러 사회장면에서 관찰될 수 있는 개인의 전형적인 성격특징을 말한다. 또한 성격은 개인에게서 나타나는 지속성 또는 일관성의 의미도 포함하고 있어 예언적인 기능도 가지고 있다. 따라서 심리학자들의 인간에 대한 입장과 견해에 따라 성격을 의미하는 것이 다르다. 대표적인 성격심리학의 이론들로는 정신역동적 관점, 성향적 관점, 행동주의적 관점, 인본주의적 관점, 사회-인지적 관점, 생물학적 관점 등이 있다(Mischel et al., 2006).

정신역동적 관점에서는 성격에서 나타나는 비합리적인 면을 무의식적동기와 갈등 및 방어체계를 통해 이해하려고 한다. 성향적 관점에서는 성격의 일관성을 규명하여 안정적인 성격특징을 개념화하였고, 행동적인 관점에서는 개인을 특징짓는 행동양식을 분석하고 그러한 행동의 발생을 조절·통제하는 조건을 알아내고자 하였다. 인본주의적 관점에서는 개인이지각하고 있는 주관적 경험, 느낌, 세상과 자기에 대한 개인적 관점에 초점을 맞춘다. 사회-인지적 관점은 성격, 믿음, 기대, 동기 및 정서의 역할에중점을 둔 반면에 생물학적 관점에서는 유전, 대뇌 및 진화의 역할을 포함하여 성격의 생물학적 토대를 근거로 연구하였다. 이제까지의 성격에 대한연구는 인간자체에 초점을 둔 반면에 최근 들어서는 상황을 강조하면서 인간과 환경과의 상호작용을 중요시한다(Mischel, 1968).

대표적인 성격심리학자인 올포트(G. W. Allport)는 "성격은 개인의 특유한 행동과 사고를 결정하는 심리신체적인 개인 내의 역동적 조직이다."라고 정의하였다(Allport, 1961). 즉, 성격은 개인차를 나타내기도 하지만 사고, 감정, 행위를 포함한 일련의 행동과 관련되어 생물-유전적 과정(biological-genetic processes)과 상호작용하여 개인의 독특한 적응적인 면을 반영하는 심리적 과정이라고 볼 수 있다.

2. 자기이해의 관점에서 본 프로이트의 정신역동

프로이트(Sigmund Freud, 1856~1939)는 정신역동을 통해 인간의 성격이 어떻게 형성되는가를 설명하고자 하였다. 그는 인간의 행동이 비합리적인 힘과 무의식적인 동기, 생물학적 및 본능적 충동 그리고 생의 초기 6년 동안의 심리성적 사상에 의해 결정된다고 보았다. 또한 그의 이론에 따르면, 나타나는 행동의 모든 동기(motivation)는 무의식에 기인한다. 그는 사고와 감정뿐만 아니라 행동도 우연히 일어난 것이 아니라고 보았다. 그래서 실언이나 꿈, 환상, 망각, 선택, 소망, 성공을 위한 노력, 어떤 행위의 반복, 실수를 용납하지 않는 태도, 타인에 대한 적대적인 행동, 소설의 집필, 그림 그리기 등 모든 행동이 어떤 원인에 의해 설명될 수 있다고 가정했다. 그리고 성격의 세 가지 구조적 구성요인인 원초아, 자아, 초자아에 의해 정신이 작동된다고 보았다. 이러한 구성요소는 각각 독특한 속성을 지니고 상호 간에 영향을 주면서 기본적으로 만족 혹은 쾌락을 추구한다고 생각했다.

1) 성격의 구조

(1) 원초아(libido)

성격의 원천으로 모든 심리적 에너지원에 해당한다. 자아와 초자아의 작동에 필요한 에너지도 여기서 공급된다. 삶의 본능을 가지고 있는 에너지로서 선과 악을 구분하지 못하고 실제의 세계에서 실현 가능한 것과 불가능한 것도 구별하지 못하며 억제할 수도 없다. 본능적 욕구와 즉각적 만족을 요구하는 '쾌락의 원리'에 따라 움직인다. 본능적 자극에 대해 일차적 사고과정을 통해 그 나름대로 특징적 기능을 수행한다. 그 후 성격은 자아나 초자아가 생겨나면서 보다 세분화되며, 인간의 선천적인 본능과 후천적인 양육 간의 상호작용을 통해 제모습을 갖추게 된다.

(2) 자아(ego)

성격을 집행하는 부분으로 원초아와 외계의 중재자로서 초자아, 과거의 기억 및 신체적 욕구와도 타협한다. 출생 후 주위환경과 상호작용하면서 곧 발달하기 시작한다. 자아는 '현실원리'에 따라 움직이는데, 현실원리의 목적은 현실을 판단하고 평가하는 것이며, 필요하다면 만족할 만한 대상이나 방법이 발견될 때까지 욕구의 충동을 연기하기도 한다. 자아는 원초아의 본능적 충동을 만족시키려고 노력하며, 환경의 요구를 고려하여 필요할 경우 간접적이며 지연된 방법으로 이를 수행하는 이차적 사고과정을 사용한다. 논리적이고 객관성을 갖는 사고과정이다.

(3) 초자아(superego)

부모와 다른 사람이 가르쳐 준 사회적 가치와 도덕의 내면화된 표상을 말한다. 인간이 무엇이 옳고 그른 것인가를 판단하는 데 사용되는 초자아는 부모나 다른 성인들이 아동에게 그 사회의 가치관이나 규범을 전수하는 과정에서 발달하게 된다.

초자아는 완벽을 추구하며, 좀처럼 만족하지 않으며, 이드(id)와 마찬가지로 비현실적이다. 초자아가 너무 강해 성격의 대부분을 차지하게 되면 이드와 자아를 완전히 지배하게 된다. 즉, 이드의 본능을 금지하고 실제의 세계에서 만족을 얻으려는 자아가 작용하지 못하게 할 뿐만 아니라 강한 죄의식을 만들어 낸다. '~ 하지 마라' '~을 해라'의 수와 그 강도가 많아지면서 자아가 성격의 한쪽 구석으로 숨어버리게 되고, 이드에 의한 만족감도 무관심해지며, 현실의 욕구에 직면했을 때도 비효율적인 사람이 된다.

초자아는 도덕원리에 따른다. 도덕원리는 자아-이상과 양심의 두 부분으로 나누어져 있다. 자아-이상은 부모나 그 밖의 다른 사람들로부터 인정받거나 칭찬받았던 일들을 토대로 세워진다. 자아-이상에 따르거나 만족시키게 되면 행복감과 자부심을 갖게 된다. 양심은 부모나 양육에 관련된 사람이 아이의 언행에 대해 비난하거나 벌했던 일들을 토대로 한다. 그래서 금지된 행동이나 사고를 했을 때 양심에 의해 죄책감을 느끼게 된다. 이러한 초자아의 기능은 사회에서 칭찬받을 수 없는 이드의 충동을 지연시키기보다는 완벽하게 억제하려고 한다. 그리고 합리적이라기보다는 도덕적인 사고에 의해 행동하게끔 자아를 움직이려고 한다. 뿐만 아니라 사고, 언어, 행동에서 절대적으로 완벽하기를 추구한다. 초자아가 현실적이지 못한 것은 아니다. 오히려 사람들을 사회화시키는 데 영향을 미치기도 한다. 다만 그 완벽주의가 현실성을 떨어뜨리는 것이다.

2) 불안

사회집단 속에서 살아가기 위해서는 싫든 좋든 성욕을 그대로 분출할 수 없으며, 충동을 통제하지 않을 수 없다. 이때 이드와 초자아의 욕구 사이에서 자아가 내적 갈등에 대한 억제를 상실했을 때 생기는 결과가 불안이다.

이러한 불안은 불쾌한 내적 상태를 피하기 위해 자아에게 나쁜 일이 일어
날 것 같다는 신호를 주는 것이다. 불안에는 현실적 불안, 신경증적 불안,
도덕적인 불안이 있다. 이런 불안이 생기면 자아는 합리적으로 문제에 대
처하기 위해 방어기제를 사용한다. 방어기제는 불안에 대처하기 위해 발전
시키는 수단으로서 방어기제가 잘 형성되면 불안에 잘 대처할 수 있다.

3) 방어기제

오랜 기간의 발달과정을 통해 형성되는 방어기제는 인간이 스트레스로
부터 자신을 방어하고 갈등을 일으키는 충동들과 타협하게 함으로써 내적
긴장을 완화시킬 수 있는 다양한 심리적 기술이다. 대응전략과 다소 구별
되기는 하나, 정확히 구별하기는 어렵고 서로 중첩되는 점이 많다. 방어기
제에도 긍정적 또는 적응적으로 사용되는 것들이 있으며, 인간은 누구나
방어기제를 사용하면서 살아간다. 방어기제는 개인의 삶에 따라 오랜 기간
에 걸쳐 발달되기 때문에 거의 무의식적으로 선택되며, 주관적인 왜곡과
고통스러운 정서와 갈등이 표출될 때 사용되며, 자동적이고 미분화된 반응
으로 나타난다는 특징이 있다.

(1) 억압

갈등을 해결하기 위해 가장 흔히 사용하는 정신기제로서 용납되지 않는
욕구나 충동, 사고 등을 의식 밖으로 몰아내 무의식 속에 가두는 것이다.
억압을 많이 사용하는 사람은 정신적 에너지가 심하게 소모되기 때문에 자
율성과 자유로움이 떨어지며, 신경증 증상의 기초가 되기도 한다. 이에 비
해 받아들이고 싶지 않은 욕구나 기억을 의식적으로 잊으려고 노력하는 것
은 '억제' 라고 한다.

(2) 부인

현실을 지각하고 있으면서도 인정하지 않고 의미와 존재를 부정하는 방어기제다. 부인에는 자신이 경험한 것의 의미를 부인하는 경우와 그 경험 자체를 부인하는 경우가 있다. 이 기제를 지나치게 경직되게 사용하면 더 바람직한 행동을 개발할 수 있는 가능성이 줄어든다. 연애를 하다가 애인이 떠났을 경우 '설마, 설마' 하면서 그 사실을 부인하려는 경우를 볼 수 있는데, 이는 자신이 처한 상태를 인정하기 힘들기 때문이다.

(3) 반동형성

용납할 수 없는 감정이나 충동 또는 성향과 정반대로 행동하게 하는 방어기제다. 무의식적인 소망이나 좋아하는 것, 싫어하는 것을 있는 그대로 나타내기보다는 인지적, 정서적 기능과 정반대되는 과장된 도덕적 행동을 보인다. 지나치게 타인을 걱정하거나 극단적으로 양심적임을 드러내면서 자신의 의도를 모호하게 하거나 아예 감춰버린다. "미운 놈 떡 하나 더 준다." 는 속담이 이에 속한다고 볼 수 있다.

(4) 투사

자신이 지니고 있으면서 받아들일 수 없는 충동이나 속성을 타인의 것으로 돌리거나, 자신의 실패를 타인의 탓으로 여기는 것이다. 투사는 인간 상호관계에서 위협이나 자기비난을 피하기 위해 사용하는 수단으로 의심과 불신이 고유한 특징이다. 투사 방어기제를 사용하는 사람들은 다른 사람들의 결점을 찾아내고 비난하는 행동을 하기 때문에 인간관계를 파괴시키는 경우가 많다.

(5) 합리화

자신이 지니고 있으면서도 받아들이고 싶지 않은 충동이나 행동 또는 개인적 결함을 정당화시키려고 사회적으로 용납되는 그럴듯한 설명이나 이유를 대는 것이다. 주로 죄책감을 막고, 자존심을 유지하며, 비판으로부터 자신을 보호하기 위해 사용된다. 현실에 더 이상 실망하고 싶지 않을 때도 이 방어기제를 사용하게 된다. 먹고 싶지만 먹을 수 없는 포도를 보면서 '신포도이기 때문에 안 먹겠다.'고 말하는 경우가 이에 해당된다.

(6) 퇴행과 고착

어떤 스트레스에 부딪쳐 인격발달과정이 중단된 상태를 고착이라고 하며, 스트레스와 상관없이 이전의 어린 상태로 되돌아가는 것을 퇴행이라고 한다. 대개는 퇴행하는 단계를 바로 고착된 단계로 본다. 퇴행은 미성숙하고 부적절한 다양한 행동들을 포함하며, 책임회피, 관심 끌기, 의존성 등으로 나타난다. 예를 들면, 부모의 이혼이나 재정적 손실 같은 외상이나 스트레스, 승진문제가 있을 때 어린 시절의 상태로 돌아가 좀 더 안전하고 안정적인 상태에 머무르려고 한다. 하지만 퇴행하려는 경향이 오히려 성장을 유도하는 경우도 있다. 예를 들면, 퇴행에는 놀이, 유머, 꿈, 예술적 창조활동과 같은 속성도 있기 때문에 이런 현상으로 퇴행하여 어린이 같은 상태가 될 경우 창조적인 기능이 회복될 수도 있다. 이런 경우 상담장면에서 치료의 신호가 되기도 한다.

(7) 소외

소외는 언어로 표현할 때 자신의 지각과 정서를 분리시키는 방어기제인데, 예를 들면 수치심이나 잘못에 대한 고뇌를 이야기할 때 감정이 섞이지 않는 담담한 목소리로 이야기하는 태도가 이에 속한다. 이는 갈등상황이 가져다주는 정서적 영향으로부터 철회함으로써 견딜 수 없는 경험을 참아내고 있는 것이다. 소외는 주지화와 비슷한 기능을 하지만 주지화보다 감정적으로 억제된 행동을 더 많이 보인다.

(8) 취소

취소는 잘못되었다고 지각되는 것을 무효화시키기 위해 반대되는 행동을 하는 기제다. 위협적인 환경에서 고통받은 경험이 있는 사람들은 환경이 바뀌었거나, 더 이상 위협이 존재하지 않는 경우에도 계속해서 취소라는 방어기제를 사용한다. 예를 들어, 어린 시절에 성추행을 당한 경험이 있는 사람은 어른이 되어 그럴 위협이 없음에도 불구하고 무의식적으로 계속해서 손을 씻는 행동을 하게 된다. 이처럼 손을 씻어서 과거의 경험을 무효화시키려는 무의식적인 태도를 보이기도 한다.

(9) 승화

수용될 수 없는 충동을 사회적으로 받아들여질 수 있는 충동으로 대체하는 것이다. 사회적으로 적응하려는 시도라고 볼 수 있다. 예를 들면, 타인에 대한 공격성은 운동선수가 되어 훌륭한 시합으로 대체될 수 있다. 따라서 위협에 대한 반응으로서 창조적 활동을 추구하는 승화의 독특한 기능은 방어적이라기보다는 하나의 대처방식이라고도 볼 수 있다(Arthur, 1998).

4) 성격발달

(1) 구강기(oral stage)

생후 1년간의 시기로 입을 통해 외적인 세계와 상호작용을 주고받는 기간이다. 리비도적인 즐거움이 입에 집중되어 있다. 이때 부적응적인 성장을 하게 되면 언어적으로 공격성향을 띠거나 빈정거림, 물고 늘어지는 경향의 성격적 특성을 지니게 되며, 스트레스가 있을 때 담배를 피거나, 마시거나, 손톱을 뜯는 것처럼 입을 통한 행위로 긴장을 감소시키게 된다. 이들은 화가 났을 때 신체적인 공격보다는 주로 언어적인 공격을 한다.

(2) 항문기(anal stage)

1~3세까지로 배변훈련과 관련된 시기다. 강요된 배변훈련을 통해 내적 충동의 만족이 벌로 다스려지는 첫 번째 시기다. 이 시기에는 에너지가 대변을 계속 몸 안에 갖고 있느냐 아니면 배출하느냐에 달려 있기 때문에 괄약근을 스스로 조절하느냐 못하느냐에 따라 자신의 신체와 부모를 조정할 수 있다는 것에 만족감을 갖게 된다. 이처럼 대변을 자기 마음대로 갖고 있거나 내보낼 수 있는 능력, 곧 조절과 통제의 능력 안에서 강박적 행동의 뿌리를 찾을 수 있다. 이 시기 동안에 생기는 성격특성은 부모로부터 배변훈련을 어떻게 받았느냐에 따라 달라진다. 이 시기에 아동은 분노와 적대감 등의 부정적인 감정을 수용하는 것을 배우게 되는데, 실수를 해도 괜찮다는 것을 알게 되면 독립적인 존재로 성장할 수 있는 반면, 지나치게 엄격한 배변훈련을 받을 경우 강박적이고 의존적인 아이가 될 수도 있다.

(3) 남근기(phallic stage)

3~5세로 리비도적인 초점이 성기관으로 옮겨간다. 자신의 육체에 관심을 갖게 되고, 다른 사람의 몸과 비교해 보기도 하며, 반대의 성에 관심을 보이기 시작한다. 다른 사람보다 더 강하고 크고 힘세게 되려는 욕망이 이때부터 시작된다. 대중 앞에서 뛰어난 존재가 되고픈 욕망이 일기 시작하는 시기다.

남자아이는 오이디푸스 콤플렉스(oedipus complex)를 보인다. 이는 어머니를 대상으로 하는 첫 번째 사랑으로 강한 성욕구를 갖게 되며, 아버지에 대한 경쟁심과 질투심이 극대화된다. 이 과정에서 불안감, 죄책감 그리고 그 처벌에 대한 두려움으로 인해 거세불안을 느끼게 되며, 이 거세불안이 성적 욕구를 잠재우고 아버지와 동일시하게 된다. 이때 동일시의 과정은 아버지의 가치를 자기 것으로 받아들이게 함으로써 초자아가 발달할 수 있는 길이 열리게 된다.

여자아이는 엘렉트라 콤플렉스(electra complex)를 보인다. 남근기에서 여자아이가 겪는 갈등은 남자아이보다 더 복잡하다. 이 시기의 여자아이는 페니스가 없다는 것을 알고 어머니에 대한 사랑이 움츠러들면서 거세된 상태의 어머니를 비난하는 동시에 페니스가 있다는 이유로 아버지에 대한 애정을 느끼게 된다. 이때 아버지와의 성적인 합치까지 소망함으로써 어머니와의 상징적인 동등함을 지닌다는 환상을 갖게 된다. 이러한 느낌을 프로이트는 '음경소망'이라고 하였다.

(4) 잠복기(latency stage)

5, 6~11, 12세의 사춘기 전까지의 시기다. 이 시기에는 오이디푸스 콤플렉스가 해결됨으로써 성적 흥미가 감소되어, 성적 특징이 생리적으로 노골화되지 않는다. 대부분의 성적 환상이나 활동은 억압되지만 대신 자기성의 확립, 동성 간의 동일화가 한층 강하게 진행되는 시기다. 이 기간에 아동은 학교에 들어가 새로운 학습환경에 부딪치게 된다. 따라서 잠복기는 새로운 갈등을 직면하는 시기라기보다는 확장된 경험을 가지는 시기이며, 새로운 기질을 생산하는 시기다. 예를 들어, 부모의 동일시가 남근기에 이루어진다면 이 시기에는 권위 또는 종교적인 상, 교사의 상이 추가될 수 있다. 결과적으로 성적 만족을 공상이나 수음 등 다른 곳에서 찾게 된다. 프로이트는 사춘기의 이러한 어려움을 잘 처리하는 능력이 초기 심리성적인 단계 동안에 세워진 적응유형에 의해 결정된다고 보았다.

(5) 성기기(genital stage)

12세 전후의 사춘기에서 시작된다. 내분비활동이 갑자기 활발해져 성기와 성적 특징의 급작스런 발달과 함께 사춘기가 오면 청년기에 접어든 것으로 취급한다. 이 시기에는 이성과의 성적인 감정을 유발, 지향하게 된다. 처음에는 자기애적인 행동에서 출발하지만 점차 사회화되면서 성적 관심을 타인에게 돌리고 성인에 가까운 성적 행위를 원하게 된다. 다시 말해, 이성과의 키스, 포옹, 성행위 등을 통해 성기기 이전부터 가지고 있던 성적 충동을 만족시키고자 하는 것이다. 이 단계에서는 자기애적인 태도에 국한되지 않고 다른 사람과 성숙한 만족감을 나누려는 능력이 현저하게 나타난다. 타인을 보살피고 그들의 복지에 관련된 것을 나누는 것이다. 이 단계에서는 또한 충동보다는 성과 공격성을 통제하고 사회적으로 용납되는 길을 증가시킬 수 있다. 이러한 방법으로 자기중심의 즐거움 찾는 과정에서 사회성이 잘 발달된 성인으로 성숙하게 된다. 정신분석적인 관점에서는 이 단계를 정신적 발달의 정점으로 보았다.

프로이트는 어느 한 단계에서 특수한 문제가 발달을 지체 또는 고착시킬 수 있으며, 이것이 개인의 성격에 지속적인 영향을 준다고 생각했다. 그래서 각 단계마다 적합한 행동을 할 수 있도록 계속해서 리비도 에너지가 부여된다고 하였다. 프로이트는 이처럼 이드의 충동이 좌절을 겪음으로써 자아가 발달한다고 본 반면, 이후의 많은 학자들은 이드보다는 자아의 발달과정에 더 높은 관심을 가졌다. 삶을 영위하는 인간의 능력은 곧 삶에 미치는 여러 가지 압력에 현실적으로 대처해 나가는 자아의 능력이기 때문이다.

3. 자기실현의 관점에서 본 융의 분석심리

심리학자 융(Carl Gustav Jung, 1875~1961)은 프로이트의 무의식의 개념을 확장하여 자신의 이론을 확립했다. 그는 "나의 인생은 무의식의 자기실현의 역사다. 인간은 무의식에 있는 모든 것을 표현하려고 노력하며, 인간의 성격은 의식의 조건에서 발현되기를 갈망한다."고 하였다. 융은 인간의 자기성숙의 과정을 '자기실현'이라고 보면서 '자기의 독특한 심리적 특성과 잠재력을 개발하여 자기 자신이 되는 과정'이라고 하였다. 융이 언급한 인간의 마음의 구조와 기능을 간략하게 요약하면 다음과 같다.

인간의 마음에는 의식과 무의식이 있으며, 무의식은 또한 개인적 무의식과 집단적 무의식으로 이루어져 있다. 그리고 의식의 중심에는 자아가 있다. 이 자아가 외부세계인 사회나 현실과 관계를 맺고 적응해 가면서 그 시대나 사회에 적합한 자신만의 적응방식을 갖게 되는 것을 페르소나라 한다. 인간이 궁극적으로 도달해야 할 성숙의 목표는 의식층과 무의식층을 모두 포함한 전 인격의 핵심인 '자기(self)'의 완성에 이르는 것이다. 그러기 위해서는 무의식층에 억눌려 있는 그림자를 자신의 의식에 통합하는 것이 중요하다. 이 과정을 개성화 과정 또는 자기실현의 과정이라고 한다.

1) 성격의 구조

융은 인간이 전체적 성격을 갖고 태어나며, 일생을 통해 타고난 전체성을 분화하고 통합해 간다고 보았다. 그는 전체 성격의 정신수준을 의식과 무의식으로 나누고, 무의식을 다시 개인적 무의식과 집단적 무의식으로 세분화했다. 그에 의하면, 의식계와 무의식계는 특성과 기능에 따라 전자에는 '나'(ego)가 있고, 후자에는 '그림자' '아니마'(anima), '아니무스'(animus), 자기(self)라 부르는 요소가 들어 있다. 또한 의식과 무의식 모두는 인간의 심리적 복합체, 곧 콤플렉스로 이루어지며, 이 가운데 집단적 무의식을 구성하는 콤플렉스(complex)는 다른 말로 원형(archetype)이라고 부른다.

이때 콤플렉스는 핵의 요소를 지니고 있는데, 융은 그것을 '감정적으로 강조된 심리적 내용 또는 내용을 중심으로 한 심적 요소의 어떤 일정한 군집'이라고 정의한다. 의식을 자극할 때 대개 불쾌한 감정반응을 일으키는 것이 보통이지만, 그렇다고 콤플렉스의 내용이 반드시 열등감과 관계 있는

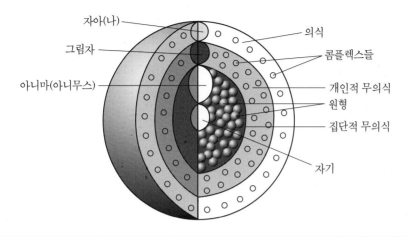

[그림 2-1] 마음의 구조

출처: 이부영(2001). 아니마와 아니무스(p. 34). 한길사.

것만은 아니다. 콤플렉스는 열등감뿐만 아니라 희로애락의 모든 감정작용
을 일으킨다. 즉, 잘 통합된 의식의 질서를 일시적 또는 장기적으로 교란시
켜 얼굴이 굳어지거나 창백해지거나 혹은 목소리가 떨리는 증후를 나타내
게 한다. 혹은 자신도 모르게 말실수를 하거나, 약속을 까맣게 잊어버리거
나, 별안간 다른 사람처럼 화를 낼 수도 있다. 우리의 마음속에 이런 현상
을 일으키는 콤플렉스는 하나가 아니라 여럿이다. 무수히 많은 체험이 무
수히 많은 콤플렉스를 만들어 내기 때문이다.

(1) 의식

의식이란 알고 있는 모든 것으로서 자아를 통해서 나오는 모든 정신적
내용을 말한다. 내가 아는 모든 것, 내가 기억하는 모든 것, 나의 생각, 나
의 지각, 나의 느낌으로 알고 있는 모든 것, 내가 아는 세계를 의미한다.

(2) 무의식

우리 안에 존재하여 의식적인 삶에 영향을 주고 있으나, 우리가 미처 모르고 있는 미지의 정신세계다. 무의식은 떼어버려야만 하는 혹이 아니라 샘물과 같은 것이어서 무한한 가능성을 지닌 에너지를 저장하고 있다. 무의식에 속한 것은 방어해야 할 위험한 충동이라기보다는 체험을 통해 의식의 것으로 동화되어야 할 것들이다. 무의식에는 개인적 무의식과 집단적 무의식 두 종류가 있다.

개인적 무의식은 태어난 이후 자라는 동안 개인생활에서 체험한 내용들 가운데 잊어버린 것, 도덕관이나 가치관 때문에 현실에서 받아들이기 어려워 억압된 심리적 경향, 고의로 눌러버린 괴로운 생각이나 감정 그리고 자극의 강도가 미약하여 의식에 미처 도달하지 못한 지각의 내용 등으로 구성되어 있다. 이러한 무의식층은 개인의 특수한 생활체험과 관련되어 있어서 개인성격의 특성을 이룬다.

집단적 무의식은 개인적 경험 이전에 선험적으로 존재하는 무의식이다. 이것은 시간과 공간을 초월해 모든 인간에게 보편적으로 존재하는 것으로서 문화나 인종에 관계 없이 존재하는 가장 원초적인 행동유형을 이룬다. 신화를 산출하는 그릇이며, 우리 마음속의 종교적 원천이기도 하다.

2) 그림자

그림자(shadow)는 첫 번째 나타나는 무의식의 이미지로서 모든 인간이 가지고 있다. 자아는 자신이 어떤 그림자를 가지고 있는지 모른다. 자아에게는 보이지 않는 무의식의 그늘에 속한 인격이기 때문이다. 이 그림자는 의식에 가장 가까이 있는 무의식의 내용이며, 자아의 어두운 분신이라 할 수 있다. 때문에 자아의식이 강하게 조명되면 될수록 그림자의 어둠은 짙어지게 마련이다. 다시 말해, '선한 나'를 주장하면 할수록 '악한 나'가 그

뒤에 도사리고 있어서, 그것이 선한 의지를 뚫고 나올 때 느닷없이 악한 충동의 제물이 되어 사회적 물의를 일으키는 경우가 있다. 개인적 무의식에 있는 열등한 인격인 그림자는 의식화의 첫 단계에 해당된다.

그러나 무의식의 내용이 밖에 있는 어떤 대상에 투사되면 우리는 우리 안에 있는 것을 투사대상 속에서 경험하게 된다. 그리고 그 경험을 통해서 자신의 무의식의 내용을 깨달을 수 있는 기회를 갖게 된다. 인간은 자신의 의식이 받아들이지 않는 좋지 않은 성격경향은 투사를 통해 모두 남들에게 돌리고 자신에겐 없다고 생각하려는 경향이 있다. 그러므로 투사된 그림자를 자신의 것으로 되찾아오는 작업에는 많은 노력과 용기가 필요하다. 그림자가 의식에 동화되면 의식의 시야가 넓어지게 된다. 그리고 그림자의 부정적인 작용도 건설적이고 창조적인 기능으로 바뀔 수 있다. 이 그림자는 개인적인 투사를 통해서 볼 수 있다. 간혹 집단적으로 투사하는 경우도 있는데, 이것은 지역, 국가, 인종 간의 갈등에서 일어난다. 또한 원형적 투사의 예는 문학작품 『지킬 박사와 하이드』 『흥부와 놀부』 『콩쥐와 팥쥐』 『가짜와 진짜』 등에서 찾아볼 수 있으며, 특히 신화에서 자주 발견된다.

▣ 나는 어떤 그림자를 가졌는가?

그림자는 투사를 통해 나타나는데, 상대방에게 감정적으로 예민해지고 부정적인 태도를 보이는 것으로 드러난다. 만약 친구 중 한 사람이 나의 결점을 비난할 때 심한 분노가 끓어오르는 것을 느낀다면 바로 그 순간 내 자신이 의식하지 못했던 그림자의 일부를 발견한 것이라 볼 수 있다. 그림자는 격정을 불러일으키고 가장 적응이 안 되는 부분에서 노출된다. 무의식의 '아픈 곳'이 건드려지기 때문이다. 아픈 곳이란 곧 격한 감정을 포함하고 있는 무의식의 콤플렉스다. 예를 들어, 평소 점잖았던 사람이 차를 운전하다가 상대방이 크게 잘못한 상황이 아닌데 자신도 모르게 욕설까지 퍼부으며 분노하는 경우를 볼 수 있다. 이것은 무의식의 그림자가 통제받을 겨를도 없이 순간적으로 튀어나온 경우다.

이렇게 드러난 내용은 자신의 그림자이므로 이 그림자를 의식화시켜야만 한다. 의식화 작업을 할 때 그림자의 미숙한 감정들이 작은 폭발을 통해 의식으로 드러나면서 차츰 순화될 수 있다.

3) 외적 인격과 내적 인격

융은 자아가 외부의 집단세계에 적응하는 행동양식을 외적 태도 또는 페르소나라고 하였다. 그리고 무의식세계에 적응하는 내적 태도를 마음이라고 했다. 외적 태도나 내적 태도는 인격체처럼 일정한 특징을 가지고 있어 이를 외적 인격, 내적 인격이라고 하였다.

(1) 페르소나

페르소나(persona)는 연극할 때 쓰는 가면을 뜻하는 것으로 외적 인격에 속한다. 페르소나는 집단정신의 한 단면으로 인간이 속해 있는 집단에서 통용되는 행동양식, 가치규범, 행동규범, 사고방식, 감정반응으로 화폐와 같은 것이다. 이것은 사회적인 외부세계와 관계를 맺는 데 필요한 본질적인 행동양식이나 인생의 목표가 아니다. 다만 집단이 개인에게 요구하여 어릴 때부터 부과되고 형성된 것으로서 집단정신의 기능적 콤플렉스라 할 수 있다. 외적 인격인 페르소나는 관계적인 기능을 한다. 우리나라에서 통용되는 집단 페르소나 중 강하게 작용하는 것들로는 체면이나 도리, 본분 같은 것을 들 수 있다. 권위주의사회일수록 페르소나를 더 중요하게 생각한다. 이것에 너무 집착하면 외부세계에서만 움직이게 되므로 의식이 무의식을 단절시켜버리게 된다. 그렇게 되면 그에 상응한 보상기능으로 의식의 해리가 생길 수 있다.

(2) 아니마, 아니무스

아니마(anima), 아니무스(animus)란 무의식에 있는 내적 인격의 특성을 지닌 것으로서 남성의 무의식 속에 있는 여성성을 '아니마', 여성의 무의식 속에 있는 남성성을 '아니무스'라고 부른다. 이것은 남성이 여성에 대해 또 여성이 남성에 대해 인류 태초로부터 경험한 모든 것의 침전물이다. 다시 말해 남성이 여성에게 그리고 여성이 남성에게 반응하도록 선험적으로 결정된 여러 형태 유형의 조건들을 말한다. 여성 안에 있는 내적 인격과 남성 안에 있는 내적 인격은 서로 다르다. 여성성과 남성성이란 사회적 통념을 넘어선 보편적, 원초적 특성을 말하는데, 각기 다른 내적 인격의 특성을 갖추고 있는 남성과 여성은 각기 여성성과 남성성이 보충됨으로써 전인격적인 하나의 체계를 이루게 된다.

남성과 여성은 본질적으로 동일한 심리적 전제를 가지고 있다고 하나, 실제로는 생물학적 구조, 생리적 기능, 심리적인 특성에 있어서 매우 다르다. 대체로 남성들은 사고와 판단, 이념이나 사상, 철학처럼 추상적인 것을 추구하기를 좋아한다. 이에 비해 여성들은 수용적이며, 분석하고 판단하기보다는 느낌으로 세계를 받아들이려는 경향이 있다. 이런 차이점은 사회적 통념으로서의 남녀관에 의한 전통적 편견 때문이 아니라 의식적 태도가 다른 데다가 무의식에도 서로 다른 요소가 숨어 있기 때문이다.

무의식적인 측면에서 여성과 남성의 서로 다른 면을 한마디로 지적한다면 아니마는 기분(mood)을, 아니무스는 의견(opinion)을 만들어 낸다. 즉, 남성의 기분이 어두운 무의식의 배경에서 나오듯 여성의 의견도 무의식적인 선험적 전제에서 나오는 것이다. 이처럼 남성의 무의식의 아니마, 여성의 무의식의 아니무스의 특징은 단지 남녀의 의식에서 배제된 내용만으로 이루어지는 것이 아니라 더 깊은 원형적 토대에서 나온다.

따라서 남성과는 다른 심리를 지닌 여성은 남성이 전혀 눈뜨지 못한 것들을 가르쳐 줄 수 있다. 말하자면 여성은 남성에게 영감을 주는 매체가 될 수 있는 것이다. 그래서 남성보다 뛰어난 여성의 예감능력은 남성에게 유익한 경고를 주기도 한다.

아니마는 남성의 무의식 속에 있는 여성적 요소로 신화 속 여신의 모습에서 엿볼 수 있다. 아니무스는 여성의 무의식 속에 있는 남성적 요소로 신화 속 영웅의 모습에서 엿볼 수 있다. 아니마, 아니무스가 발전되지 못하면 어린아이 같은 심리작용을 일으키게 된다. 이때 남성의 경우 아니마, 즉, 변덕스러운 기분으로 표현되며, 여성의 경우 아니무스, 즉 로고스적인 것으로 표현된다. 그러므로 아니마가 미숙한 남성은 기분이 안 좋으면 감정이 폭발하고 변덕스러워지고 짜증을 낸다. 그리고 아니무스가 미숙한 여성은 파괴적인 말로 논쟁을 벌이고 독선적인 성향을 나타낸다. 반면 남성의 아니마가 잘 발전되면 예감능력과 공감능력이 높아지며, 여성의 경우 아니무스가 잘 발전되면 지혜로운 여성이 된다.

4) 원형

원형이란 누구에게서나 볼 수 있는 인간정신의 보편적이며 근원적인 핵이다. 그것은 인간의 선험적 조건을 말하는 것으로서 태어날 때 부여받은 지리적 조건이나 문화, 가치관, 인종, 시간, 공간을 초월하여 태고부터 현대까지 이르는 긴 시간 동안 수없이 반복되어 왔고, 또 반복되어 갈 인류의 근원적인 행동유형을 가능하게 하는 것이다. 국가와 문화권과 종족과 시대를 불문하고 모든 인간이 한결같이 생각하고 느끼고 행동하고 말하는 것의 유형들이다. 인류가 죽음에 대해, 사랑과 미움에 대해, 어린이에 대해, 노인에 대해, 위대한 부모의 힘에 대해, 조물주에 대해, 현자의 지혜에 대해, 또 남성이 여성에 대해, 여성이 남성에 대해 느끼고 생각하고 행동하는 모든 것, 곧 태초로부터 있어 온 모든 체험의 침전물이 바로 원형이다. 원형이란 보편적이고 반복적인 체험이 시공을 넘어 인간 안에서 계속해서 재생

될 수 있는 가능성이자, 그런 가능성을 지닌 틀을 말한다. 그러나 원형 자체는 인식하기 어렵고 상(像)을 통해 유추할 수 있다. 우리는 그 존재를 신화와 민담의 세계에서 발견할 수 있다.

(1) 자기

자기(self)란 의식과 무의식의 모든 정신현상 전체를 말하는 것으로 전체 인격의 통일성과 전일성을 나타낸다. 인간은 누구나 무의식 속에 '전체'가 되고자 하는 욕구를 갖고 있다. 우리의 자아가 의식에만 머무르지 않고 무의식에까지 포함되어, 그야말로 "있는 그대로의 '나'라는 존재의 전체"가 되려고 하는 것이다. 자기는 이처럼 의식과 무의식이 통틀어 하나를 이룬 한 인간의 전부를 말한다. 다른 누구도 아닌 "'나'라는 존재의 전체"를 말한다는 뜻에서 진정한 개성과 같은 말이라고 볼 수 있다. 이때의 개성은 의식에 나타나 있는 자아의 일회성이나 특수성을 말하는 것이 아니라 의식과 무의식을 통틀어 일컫는 전체로서 한 인간의 전인격적인 성품을 의미한다.

(2) 자기실현

융은 성격발달을 자기실현의 과정이라고 보았다. 자기실현이란 말 그대로 '자기가 되는 것'이다. 우리의 무의식 속에는 정신활동의 무한한 가능성이 남아 있어서 언젠가 쓰이기를 기다리고 있는데, 자기실현은 바로 그런 가능성들을 살려서 자기의 전체 정신을 실현하는 것이다. 말하자면 우리로 하여금 어느 누구도 아닌 바로 '나 자신'이 되게 해 줄 가능성을 우리의 자아의식이 받아들여 실천에 옮겨 주는 능동적인 행위를 말한다. 따라서 자기실현이 되느냐 되지 않느냐는 대부분 개인의 자아의 태도에 달려 있다. 다시 말해 자아가 무의식에 관심을 두어야만 무의식이 지닌 상징의 의미를 파악할 수 있고 그때 비로소 자기실현이 이루어지는 것이다. 이처럼 무의식과 의식이 합일하기 위해서는 자아의 결단과 용기와 인내심이

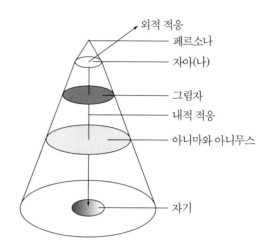

외적 적응
페르소나
자아(나)
그림자
내적 적응
아니마와 아니무스
자기

[그림 2-2] 자기실현-무의식의 의식화 과정

출처: 이부영(1999). 그림자(p. 40). 한길사.

필요하다.

자기실현은 다른 말로 개성화(individuation)라고도 한다. 개인이 '나 자신의 전부'가 됨으로써 진정한 개성을 실현한다는 뜻이다. 자기실현은 무의식을 의식화함으로써 가능하다. 그러나 자기실현은 결코 유쾌한 작업이 아니다. 때때로 그것은 자아의 욕구나 의지와 정반대로 실천되어야 하기 때문이다. 자기란 언제나 '나'를 넘어서는 것임을 감안할 때 자기실현은 반드시 완전해지는 것이라기보다는 비교적 온전해지는 것(wholeness)이라고 한다. 그러므로 인간이 자기실현이 성취될수록 지극히 평범한 사람의 모습을 갖추어 가게 된다. 이러한 자기실현은 한 개인의 과제일 뿐 아니라 전 인류의 과업이기도 하다.

(3) MBTI(Myers-Briggs Type Indicator)

성격검사도구인 MBTI는 융의 심리학적 유형론을 바탕으로 하여 캐서린(Catharine Briggs)과 이자벨(Isabel Myers)이 1900년에서 1975년까지 연구

개발한 성격유형 선호지표로서 JP지표를 확장하여 포함시켰다. JP지표에 대해 융은 "판단형의 사람(J)은 의식적 성격측면을 더 잘 드러내고, 인식형(P)의 사람은 무의식적인 성격을 더 많이 드러낸다."고 하였다. MBTI에서는 JP지표의 기능을 포함해 16개의 성격유형으로 확장하여 자신과 타인의 성격역동을 이해하는 데 쓰이고 있다.

MBTI는 융의 성격발달이론을 토대로 하고 있다. 즉, 인간은 태어날 때부터 훗날 자신의 성격유형의 바탕이 되는 선호경향을 가지고 태어나서 유아기, 아동기, 청소년기에는 주로 자신의 선천적 주기능만 사용하다가 나이가 들어 감에 따라 자신의 선호경향성에 따라 점차적으로 성격유형을 발달시켜 간다고 보는 것이다. 그러므로 성격유형이라는 것은 고정적인 틀이 아니고 개인이 일생 동안 자신의 생활환경과 역할이 지니는 역동적인 관계를 통해 끊임없이 발달·성장시켜 가는 것이라 할 수 있다.

융은 인간이 중년기까지는 각자가 타고난 주기능을 발달시켜 가고 중년기 이후로 넘어서면 서서히 반대되는 기능을 발달시켜 인격의 원만성에 기초한 완숙에 도달한다고 보았다.

융의 심리적 유형에는 두 가지 측면이 있다. 첫째는 일반적인 태도에서 볼 수 있는 유형으로 내향적 태도(I)와 외향적 태도(E)를 말한다. 둘째는 정신의 각 특수기능을 중심으로 적응과정에서 가장 흔히 쓰는 분화된 기능에 따라 구분하는 기능유형이다. 정신의 기능은 사고, 감정, 감각, 직관기능의 네 가지로 분류된다. 그중 사고와 감정을 합리적 기능이라고 구분하고 감각과 직관을 비합리적 기능이라 구분하는데, 각각의 두 기능은 서로 극을 이루어 대립된다. 정신의 이러한 네 가지 기능은 분화의 정도에 따라 가장 분화된 기능을 우월기능 또는 주기능이라 하며, 나머지는 모두 보조기능으로 보는데, 그중에서 가장 미분화된 보조기능을 열등기능이라고 한다. 열등기능은 무의식화된 기능이지만 언제나 열등한 채로 남아 있는 것이 아니라 분화되어야 할 기능일 뿐이다. 그러므로 열등기능의 분화발달은 자기실현의 가장 중요한 과제이자 핵심 과정이라고 할 수 있다.

4. 자기이해를 위한 연습

당신의 중요한 과거경험들은 당신의 성격에 지울 수 없는 도장이 아니다. 초기경험들이 발달에 어떻게 영향을 미치는가에 대해서는 학자들마다 견해가 서로 다르기는 하지만, 성격발달에서 과거경험이 중요하다는 것은 모두가 강조한다. 다음의 과제들은 중요한 과거경험에 대한 인식을 증진시킬 것이다. 말하자면 아동기 때의 사건들, 장면들 및 정서적 경험에 관한 기억을 자극해 줄 것이다. 그리고 각 단계들은 현재 발달의 뿌리를 탐색하는 데 도움이 된다. 초기발달이 진행되었던 물리적 · 정서적 환경을 재구성해 봄으로써 자신을 이해하는 데 도움이 될 것이다.

1) 첫 번째 연습: 초기기억을 회상하기

우선 편안한 자세로 자리를 잡는다. 그리고 눈을 감고 조용한 시간을 갖도록 한다. 가장 초기의 기억들 중에서 되도록 초등학교 입학 전의 기억들을 네 가지 적어 보도록 하자. 초등학교 입학 첫날도 기억할 수 있다면 중요한 기억이 될 것이다. 기억들을 적을 때 무슨 일이 있었는지뿐만 아니라 그것에 관하여 어떻게 느낌이 들었는지 또는 어떤 생각을 하였는지도 적는다. 그리고 그 각각의 기억에 번호를 매긴다.

2) 두 번째 연습: 초기기억을 구체화해 보기

조용히 눈을 감고 열 살 이전에 살았던 집을 생각해 보자. 각 방의 광경,

소리 및 냄새를 떠올려 보고 또한 각 방과 관계된 경험들과 느낌들을 되살려 보자. 그 집에 누구와 살고 있는가? 좋아하는 장소는 어디인가? 비밀장소는 어디였는가? 당신에게 중요했던 그곳에서 당신은 무엇을 하였는가? 가장 불쾌하거나 불편한 것으로 기억되는 방이나 장소는 어디였는가? 왜 그랬을까? 당신의 집에서 주요한 분위기는 무엇이었는가? 그 집에서 살고 있었던 동안 가장 중요한 경험은 무엇이었는가? 이 경험은 당신에게 어떤 의미가 있다. 그것이 당신의 발달에 과연 어떤 영향을 미쳤는지를 생각하고 기록해 보자.

3) 세 번째 연습: 초기기억들이 현재의 모습에 시사하는 점

이 초기기억들이 당신의 현재의 성격에 관하여 무엇인가를 시사해 준다고 생각하는가? 그 기억 속에서 다른 사람들과 어떤 관계를 맺고 있는지, 환경에 대해 능동적 혹은 수동적으로 관련짓고 있었는지, 새로운 상황에 접근하였는지, 자신에 대해서 어떻게 느꼈는지를 깊이 생각해 보도록 한다. 그리고 번호를 매긴 각각의 초기기억에 대한 당신의 관찰 및 해석을 기록한다. 기억들을 해석하면서 또한 반복되는 되는 주제들을 살펴보고, 통합되는 전후관계들을 살펴보자.

4) 네 번째 단계: 통합하기

네 가지 초기기억들에서 어떤 통합되는 주제들이 있는가? 통합되는 주제들이 발견되었다면 기록해 보자. 그리고 그것이 현재의 나의 삶에 어떤 영향을 끼치고 있는지를 생각해 보자.

5. 마치면서

자기이해를 위한 정신역동과 융의 심리유형론을 이해하고 활용하는 것
이 자기실현에 도움이 될 수 있을까? 융은 모든 사람에게는 자신을 통합해
가려는 마음이 있으며, 자기실현이 되느냐 되지 않느냐는 대부분 개체의
자아의 태도에 달려 있다고 보았다. 그는 심리학적 유형론에서 누구나 마
음 안에 주기능 또는 우월기능과 열등기능을 가지고 있다고 하였다. 열등
기능은 그림자에 해당한다고 할 수 있으며, 이 무의식화된 정신기능을 의
식화하는 것이 바로 자기실현의 과정이다. 이 과정은 열등기능에 대한 인
식에서부터 시작된다. 열등기능은 우리의 기능을 떨어뜨린다. 예를 들면,
이유 없이 불쾌한 느낌이 들고 화가 나고 짜증스럽고 수치감을 느끼는 경
우가 이에 해당된다. 열등기능을 분화시키는 것은 많은 시간이 걸린다. 하
지만 열등기능이 제대로 기능할 수 있게 되면 새로이 경험한 것과 새로이
발견한 능력에 대한 무한한 기쁨을 느끼게 된다. 이는 무의식적인 것을 의
식화함으로써 자신의 인격의 중심으로 나아간다는 뜻으로 자기실현에 조
금 더 가까이 가는 것이다. 그러므로 열등기능을 누르거나 감추려 하지 말
고 용기 있게 받아들이고 적극적으로 분화시키려는 노력이 필요하다.

제 **3** 장

자아존중감

제3장
자아존중감

지희는 어린 시절 지방에 위치한 작은 마을에서 농사를 짓는 부모님과 함께 자연을 벗하며 살았다. 특히 동물들과 노는 것을 좋아했던 지희는 동물들에 대해 많이 알고 배우고 싶어 했다. 그래서 애완용 햄스터와 고양이 그리고 개 두 마리를 수년간 키워 오면서 그것이 당연히 자신이 할 일이라고 믿었다. 아닌 게 아니라 그녀는 동물들을 훈련시키고 돌보는 일에 점점 더 탁월한 재능을 보였을 뿐 아니라 그 일이 무척 즐겁기도 했다.

부모님은 어려운 형편 가운데서도 딸이 고등학교 때부터 지방의 대도시에서 공부할 수 있도록 뒷바라지를 해 주었다. 그녀는 많은 독서를 통해 문학적인 자질을 풍부히 갖추고 있었다. 하지만 전공을 선택할 때는 문과와 이과 사이에서 많은 고민을 하다가 결국 동물에 대한 사랑으로 인해 이과를 선택했다.

지희의 선택으로 말미암아 그녀가 고3이 되었을 때 처음으로 부모님과 갈등을 겪게 되었다. 성적이 좋았던 딸이었기에 부모님은 그녀가 사범대나 간호대에 가서 안정된 직업을 갖길 바랐다. 그러나 딸이 부모의 뜻과 달리 지방의 수의과에 지원했다는 소식을 듣고는 이만저만 실망한 게 아니었다. 어머니는 장래문제에 있어서 아버지보다는 좀 더 개방적이긴 했지만 수의학과를 마땅치 않게 여기기는 마찬가지였다.

지희는 대학 시절 내내 부모님의 뜻을 어겨 마음을 아프게 해드렸다는 자책감을 느껴야 했다. 그러다 졸업반이 되었을 때 어릴 적 고향에서 같이 자라며 오빠라고 불러온 남자친구가 진지한 태도를 보이기 시작했다. 그동안엔 가끔 결혼에 대한 암시를 했을 뿐 구체적인 이야기는 전혀 없었던 터였다. 그런데 대기업에 취직을 하고 나더니, 지희에게 졸업하면 곧바로 결혼하자고 제의를 해 온 것이다. 지희는 공부를 계속하고 싶다는 뜻을 밝혔다. 남자친구는 그 말에 몹시 괴로워했다.

자존감이 없었더라면 지희는 주변 사람들이 보여 준 이런 식의 압력을 아마 극복하지 못했을 것이다. 자신의 삶을 위해서는 자신이 내리는 결정이 최선의 것이라는 믿음을 고수하지 못하고, 부모와 남자친구의 인정을 받기 위해 그들이 원하는 것을 택했을 것이다.

그러나 그녀는 자신의 의지에 따라 대학원에 진학하겠다고 결정을 내렸고, 이를 위해 더욱 열심히 공부했다. 그리고 노력에 따르는 개인적인 만족과 보상도 받았다. 날이 갈수록 그녀는 자신이 진정 하고 싶은 일이 수의사라는 확신을 갖게 되었다. 남자친구는 처음에는 매주 전화를 해 왔지만, 몇 달이 지나자 지희에 대한 애정이 식어 결국 다른 사람을 사귀게 되었다. 그는 추석이 되어 고향을 찾은 그녀에게 새 여자친구에 대한 이야기를 꺼냈고, 그 순간 지희는 무척 당황했다. 고등학교 · 대학교 시절의 동아리활동을 통해 사귄 많은 친구들과의 교제가 큰 위로가 되리라 생각했던 것과는 달리, 남자친구를 생각보다 깊이 사랑했던지 이별 후의 시간은 무척 괴로웠다.

그 후로 고향에서의 일과 여러 가지 다른 일들로 인해 그녀에겐 긴장감과 실망감이 이어졌다. 부모는 그녀가 선택한 장래에 계속 실망감을 드러냈다. 특히 똑똑했던 딸에게 기대를 많이 했던 아버지는 그녀가 인간에게 쏟아야 할 재능을 동물에게 허비하고 있다는 안타까운 생각에 이만저만 속상한 것이 아니었다. 그래서 연휴가 끝나 학교로 돌아온 지희의 기분은 아주 엉망이었다. 고향에서 보낸 며칠 내내 부모님과 남자친구로부터 버림받았다는 기분에 사로잡혀 있었기에 자신의 일을 계속할 수 있을까 하는 심각한 회의에 빠지기도 했다.

그러나 결국 그녀는 자신의 삶에서 공부가 아주 중요하다는 것을 깨닫고, 수의사가 되겠다는 결심으로 다시 일상으로 돌아갔다. 그리고 지도교수와 의논하여 대학원에 진학하기로 마음먹었다. 그리고 나자, 겨울방학 동안 고향집에 머물면서 부모님과 갈등을 겪는 것이 정서적으로 도움이 되지 않을 거라는 생각이 들었다. 그래서 고향에는 일주일만 머물고, 영어학원에 다니기 위해 다시 학교 기숙사로 돌아오기로 계획을 세웠다.

다시 한 번 언급하지만 만일 지희가 낮은 자존감을 갖고 있었더라면 이런 상황에서 유연하게 대처하지 못하고 자신을 학대했을 것이다. 혹은 아예 집에 가지 않은 채 부모님에게 상처를 줬다는 죄책감에 시달려야 했을 것이다.

수의학과 대학원을 다니면서부터 그녀는 차츰 고향의 가족이나 친구들에 대한 의존에서 벗어나게 되었다. 그리고 얼마 후 다시 아르바이트 일자리도 찾을 수 있었다. 그녀는 부모님이 원하는 사범대학이나 간호대학을 졸업하여 고향에 내려가 사는 안정된 생활이나, 졸업과 동시에 첫 남자친구와 결혼해서 만들어 가는 가정생활과는 사뭇 다른 삶을 꾸려 가고 있었다. 하지만 그녀는 자신의 선택에 따른 보상이 주어지는 새로운 삶을 살고 있었다. 그리고 일상에서 문제가 생길 때마다 친구나 선생님과 의논하면서 좌절감을 극복해 갔다.

대학원을 졸업한 후, 지희는 집으로 돌아가 몇 달간 부모님과 함께 살면서 소도시에 있는 동물연구 클리닉에서 실습을 시작했다. 물론 이때쯤엔 부모님도 딸이 선택한 장래를 받아들였다. 하지만 부모님과 몇 년 떨어져 지낸 때문인지, 그녀는 부모님과 함께 있으면서 독립적인 삶을 살기는 힘들 것 같다는 생각이 들었다. 그래서 몇 달 후 적당한 집을 구해 이사를 했다.

하고 싶은 일과 독립생활 덕분에 지희는 다시 행복감을 느낄 수 있었고, 동물연구 클리닉에서 함께 일하는 동료인 진수와 교제하게 되었다. 아직 결혼해서 정착할 준비가 되어 있지 않은 지희는 약혼이라도 해두자는 남자친구의 제안을 거절했다. 직장에서 매일 만나고 있으므로 나머지 시간만큼은 그와 떨어져서 자신만의 시간을 갖고 싶었기 때문이다. 진수는 이런 지희의 의사를 존중했고, 둘의 만남은 계속되었다.

지희는 이처럼 중요한 인생의 과도기마다 독립적인 행동과 의사결정, 창조성, 자신감을 보여 주었다. 그녀가 낯설고 심지어 위협적이기까지 한 상황에서도 품위를 잃지 않고 어려운 상황을 잘 견디어 낼 수 있었던 것은 확고한 자아존중감을 갖고 있었기 때문이라고 할 수 있다.

자아존중감(self-esteem)이란 한마디로 자신이 가치 있는 존재라고 믿는 것이다. 즉, '내겐 내가 필요로 하는 것과 원하는 것을 주장할 자격이 있고, 나의 노력으로 얻은 결과를 즐길 수 있는 권리도 있으며, 나의 행복은 스스로 만들어갈 수 있다.' 는 믿음인 것이다(Nathaniel Branden, 1992).

이처럼 자아존중감은 평가적 요인으로서 자아개념과 달리 인지적인 평가보다 정서적 평가요소를 더 가지고 있다. 따라서 자아존중감은 자신에게 있는 '생의 가치와 유능성' 을 확신하고 자신을 가치 있는 존재로 보는 정도를 나타낸다.

1. 자아존중감

1) 자아존중감의 개념

우리는 다른 사람과의 관계 속에서 자신의 가치, 느낌, 관점을 갖게 되므로 당연히 자존감에 있어 서로 영향을 주고받는다. 나는 다른 사람과 비교해서 얼마나 소중한가? 다른 사람에 대해 긍정적으로 느끼는 만큼 나 자신에 대해서도 그렇게 느끼는가? 나 자신을 다른 사람과 동등하게 보는가? 이같은 질문에 대한 대답은 자신과 타인을 향한 태도와 행동을 결정하므로 우리의 자존감에도 영향을 끼친다.

따라서 자존감은 그동안 형성해 온 자신의 실제적 자아와 이상적 자아를 비교해 보면 알 수 있다. 실제적 자아가 이상적 자아에 아주 가까이 접근해 있는 사람도 있지만, 대부분은 이상적 자아에까지 이르지 못한다. 완벽주의자들은 늘 실제적 자아를 이상적 자아와 비교하여 이상적 자아에 이르지 못할 때마다 자신을 손상시킨다. 그럴 때 자존감 또한 낮아지게 된다. 그러나 자신의 실패를 따지기보다 추구할 목표를 먼저 생각하는 사람은 자신에

〈표 3-1〉 자존감의 수준

자존감	현실성	자신에 대한 느낌
건강한 자존감	현실적	나는 타인과 동등하다
우월의식	비현실적	나는 타인보다 우월하다
낮은 자존감	비현실적	나는 타인보다 열등하다

게 늘 새로운 동기를 부여하게 되므로 자존감이 낮아지지 않는다.

건강한 자존감은 자신을 비현실적으로 평가하지 않고 다른 사람에 대해 우월감이나 열등감도 갖지 않는다. 따라서 자존감의 수준은 자신의 긍정적인 특성과 부정적인 특성 그리고 변화하기를 원하는 자신의 모습 안에서 통합적으로 평가되어야 한다.

자아존중감은 심리적 행복의 중요한 초석이다. 이 자존감을 기초로 한 내적인 과정을 통해서 자기효능감이 길러지는데, 자기효능감이란 삶에서 일어나는 여러 가지 인간관계와 성취결과, 특히 문제대처능력에 대한 인식을 기초로 하여 얼마나 성공적으로 행동할 수 있는지에 대한 신념을 말한다. 이러한 자존감은 자신감, 자랑스러움, 만족스러움, 자유로움, 사랑받고 있음, 이해받고 있음, 인정받고 있음 등 긍정적인 느낌을 경험하는 상태로 표현된다. 반면 자존감이 낮을 때는 자신의 됨됨이에 대해 낮은 가치를 부여함으로써 자신과 타인 안에서 부정적인 측면을 더 많이 보게 된다.

2) 낮은 자아존중감의 순환구조

자아존중감을 높이기 위한 첫 단계는 낮은 자존감에서 비롯된 문제들을 인정하는 것이다. 낮은 자존감을 가진 사람들에게서 발견되는 특징은 부모나 교사 같은 주요 타자로부터 받은 부정적인 메시지를 자신에게 반복해서 적용한다는 점이다. 말하자면 다른 사람은 내게 무엇이라 말하는가,

나를 어떻게 보는가, 나에 대해 어떻게 느끼는가, 나를 어떻게 대하는가
등 타인과의 관계에서 생기는 자신에 대한 메시지, 관점, 느낌, 행동을 그
대로 반영하게 되는 것이다. 이들은 주요 타자들이 하는 방식대로 자신을
바라보고 느끼고 행동하게 되므로 낮은 자존감을 지속시키는 순환구조에
들어가게 된다. 즉, 내면의 부정적인 자기대화에서 시작하여 부정적인 자
기묘사, 부정적인 자기느낌, 부정적인 행동으로 이어지는 것이다. 그리고
이 순환구조는 자신의 성취에 대해 스스로 내리는 평가나 다른 사람들의 태
도에 의해 계속 반복된다.

　낮은 자존감에서 가장 빈번하게 나타나는 문제는 죄책감이다. 죄책감은
나쁜 행동에서 비롯된다기보다 자신이 나쁜 사람이라는 신념에 바탕을 두
고 있다. 많은 경우 성추행을 경험했거나, 유년 시절에 반복적으로 모멸감
을 느꼈던 사람에게서 이런 특징이 나타날 수 있는데, 이들은 실제의 삶에
서 ‘자신이 나쁘다’는 사실이 거의 증명되지 않음에도 불구하고 가해자의
견해와 느낌을 수용한다. 낮은 자존감을 지닌 사람들에게서 볼 수 있는 또

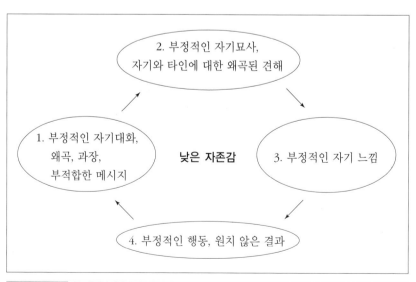

[그림 3-1]   낮은 자존감의 순환구조

하나의 특징은 비평에 대한 '과민한 반응'이다. 이들은 건설적인 말에도 긍정적으로 반응하지 못한다. 충고와 격려, 제안의 말들을 오히려 무시 또는 거절의 메시지로 듣는다. 그래서 마음의 상처를 입고 분노를 터뜨리거나 방어하는 태도로 반응한다.

빈번하게 '부끄러움'이나 '당혹감'을 느낀다든지, '비난' 받는 느낌, '자기부인'의 느낌을 갖는 것 또한 자존감이 낮은 사람에게서 자주 볼 수 있는 태도다. 이들은 수치심과 죄책감으로 강화된 자기의식으로 인해 거부당할 것이 두려워 자신의 필요를 불안정하고 수동적인 태도로 요청하거나, 아니면 자신의 느낌을 표현하기 어려워한다. 이들은 자신의 성취나 인격을 지나치게 비하한다. 이런 태도는 가끔은 자만심에 대응하는 시도 혹은 겸손에서 나온 것일 수도 있지만 대개의 경우 자신에 대한 부정적인 신념에서 나오는 것이다.

2. 자아존중감의 특징

1) 자아존중감은 성장하면서 변화한다

자아존중감은 인간이 태어나면서부터 가지고 있는 것이 아니다. 그리고 한 번 세워지고 나면 변화시킬 수 없는 것도 아니다. 자아존중감은 환경과 삶의 경험에 의해 영향을 받는다. 즉, 신체적, 정신적, 정서적 발달의 영향을 받으며, 부모님과 선생님, 가까이에서 돌봐주는 사람들, 친구관계에 의해서도 영향을 받는다. 학업능력과 흥미개발을 통해서도 영향을 받을 수 있다.

자존감 발달에 있어서 가장 중요한 요인으로는 두 가지를 꼽을 수 있다. 첫째는 개인의 성공과 실패에 대한 경험이고, 둘째는 중요한 타인으로부터 받은 존중과 수용 및 관심인데, 자존감 발달은 이 두 요소의 정도에 따라 달라진다. 또한 가족과의 초기경험도 자존감의 발달에 중요한 역할을 하는데, 자존감을 높이는 데는 주요 타자인 어머니와의 상호작용과 관심이 결정적인 요인이다.

프로이트와 같은 심리학 이론가들은 자존감의 핵심이 5세까지 발달하며, 그 이후에는 크게 변화하지 않는다고 믿었다. 그러나 사회학습 이론가들과 발달심리학자들 그리고 실증적인 연구결과들은 이들이 내세운 가정에 이의를 제기하며, 자존감의 형성이란 전 생애를 통해 계속되는 과정이라고 주장한다. 자존감은 인생의 주기에 따라 변화하는데, 이때 외적 요소와 내적 요소들로부터 영향을 받게 된다. 이러한 영향으로 말미암아 자아존중감은 삶의 변화과정과 과도기를 겪는 동안 증가하기도 하고 감소하기도 한다.

자존감의 형성은 자신을 독특하고 가치 있는 사람이라고 받아들이는 것이 핵심과정이다. 그것은 영구적인 것이 아니며, 여러 가지 요소에 의해 좌우되는 다양한 요소들의 혼합체라고 할 수 있다. 만약 비관적인 상황에 있거나, 주어진 상황에서 정체하고 있다면 자존감을 저하시키지 못하도록 자신과 상황을 수용할 수 있어야 한다. 따라서 자존감을 유지시킨다는 것은 계속해서 스스로 노력해야 하는 역동적인 과정이다.

2) 자아존중감은 자아정체감을 확립해 가는 데 기여한다

자아정체감이란 청년기의 급격한 신체적 변화와 함께 자신의 정체성을 확인하기 위해 직업적, 교육적, 성역할 안에서 새롭게 형성되는 자아의식을 말한다. 이런 자아정체감은 자기 안으로 숨어버리거나, 삶을 공허한 묵상 속에 가두기만 할 경우 발달이 불가능하다. 자존감은 인간의 태도, 행동, 정서의 통합체이기 때문에 실제의 삶에서 지속되는 과정이지, 삶의 현실에서 동떨어진 추상적인 것이 아니다. 그렇기 때문에 안정된 자신의 동일성에 대한 자아정체감을 확립해 가는 데 기여할 수 있다.

　자아존중감은 과거의 사건들에 의해 통제받는 것은 아니지만 과거의 영향을 받는 것은 사실이다. 부정적인 사건뿐만 아니라 긍정적인 사건에 의해서도 영향을 받으며, 자신의 태도와 감정에 의해서도 영향을 받는다. 자아존중감은 단순히 '기분이 좋다'라는 정서적 차원에만 국한되는 것이 아니다. 긍정적인 사건이 일어났을 경우 우리는 어떤 일이 일어났는지를 인식하는 동시에 그 경험으로부터 야기되는 보상을 즐긴다. 그리고 이 부분을 우리의 긍정적인 자존감의 일부로 내재화시킨다. 이런 경험으로부터 갖게 되는 성취감과 자신감은 자존감의 필수적인 요소들이다. 반면 우리는 부정적인 사건과 경험에 직면했을 경우에도 그것을 현실로 받아들일 줄 알아야 한다. 이때에는 그 부정적인 사건을 지속적인 것으로 바라보지 말고 오히려 사건이 재발하지 않도록 혹은 그런 사건을 긍정적으로 변화시킬 수 있도록 노력해야 한다. 격언 가운데 '한 번의 실수는 병가지상사'라든지, '실패는 성공의 어머니' 등 실수와 실패를 긍정적인 기회로 보게 하는 말들이 많이 있다. 자존감은 실패를 수용하고 실패를 통해 새로운 것을 배울 때 발달한다. 불행하게도 삶 속에는 우리의 통제범위를 넘어서는 사건이나 상황이 종종 일어나는데, 우리 힘으로 변화시킬 수 없는 사건이나 상황은 어쩔 수 없이 수용해야 한다. 예를 들어, 사고로 인해 얼굴에 흉터를 입은 사람이 있다고 했을 때, 그는 어쩔 수 없이 생긴 부정적인 부분을 자신의 일부로 받아들이되, 그것이 자신의 자존감을 통제하지 못하도록 조절해야 하는 것이다. 자신에게 상처가 되는 사건이 있다고 해서 계속해서 '우리 오빠는 알코올중독자다' '우리 아버지는 신용불량자다' 또는 '나는 역기능가정에서 자랐다'라는 사실에 자신의 정체성을 고정시키는 것은 이중으로 본인을 희생시키는 것이 되기 때문에 자아정체성 확립을 더디게 할 것이다. 그러므로 부정적인 경험은 현실로 받아들이되, 그러한 경험에 자신을 결코 묶어 두지 말아야 한다.

3) 자아존중감에 영향을 미치는 외적 · 내적 요인

자아존중감에 영향을 미치는 외적인 요소는 셀 수 없이 많다. 특히 교육, 결혼, 직업, 소득, 친구들의 수나 질, 가정환경, 도덕적 또는 종교적 가치 등이 중요한 요소들이 될 수 있다. 다른 심리적 특성들과 마찬가지로 자존감을 평가하는 데 있어서 중요한 것은 양보다는 질이다. 또 자신이 바라는 것과 현실적으로 성취할 수 있는 것의 일치 여부가 중요하다. 예를 들어, 1년에 2,500만 원을 버는 두 사람이 있다고 하자. 그중 한 사람은 5,000만 원을 벌고 싶어 하는 사람이고, 다른 한 사람은 2,000만 원만 벌어도 사는 것이 충분하다고 생각하는 사람이다. 전자는 자신의 능력에 대해 부족함을 느끼고 따라서 불안정하고 낮은 자존감을 갖게 될 것이다. 반면 후자는 자신에 대해 유능감을 느껴 긍정적인 자존감을 갖게 된다고 볼 수 있다.

자존감의 내적인 요소들은 인간관계, 유능함과 성취감, 위기와 상실에 대처하는 능력, 삶의 의미에 두는 가치 등이 발달되면서 형성된다. 말하자면 외부현실을 고려하면서 그 현실을 내부적인 기대, 태도, 감정, 가치관과 통합시킴으로써 만들어지는 것이다.

여기서 중요한 것은 내적인 요소와 외적인 요소 사이의 관계다. 다른 사람들에 의한 현실적인 외부요소와 자신이 중요하다고 생각하는 내적인 가치 사이에서 균형을 유지해야 하는 것이다. 가장 바람직한 균형은 60%의 내적 요소와 40%의 외적 요소로 이루어질 때다. 즉, 자신에 대해 타인이 인정해 주는 것보다 스스로 내리는 평가가 더 중요한 것이다.

4) 자아존중감은 심리적 행복의 핵심적인 요소다

자아존중감은 자기애적으로 되거나 자기중심적으로 되는 것을 의미하는 것이 아니라 안정적이고 긍정적인 삶의 완성을 의미한다. 한마디로 자신의 강점과 약점을 수용하는 것이다. 다시 말해 약점을 무시하거나 거부하지 않는 동시에 강점을 인정하고 강조할 수 있는 긍정적이고 현실적인 평가방법을 발달시키는 것이다.

자신에게 문제가 있다면 문제영역을 수정할 필요가 있고, 이를 위해 현실적인 목표를 세워야 한다. 예를 들어, 평균체중보다 20kg가 더 나가는 몸무게로 인해 여러 가지 문제를 야기한다고 하자. 그럴 경우 영양학적으로 확실한 원리에 기초한 체중감량 프로그램을 세우고 지속적인 적절한 운동을 통해 체중감량을 해 간다. 한 달에 1~2kg의 비율로 자신의 목표에 도달하게 되면 상상하던 자신의 모습을 현실로 느낄 수 있게 될 것이다. 이렇듯 적절한 체중과 건강한 삶의 스타일을 유지하는 것도 자존감을 강화시켜 준다.

그러나 문제들 중에는 자신의 영역 밖에서 야기된 것이기에 만족스럽게 해결될 수 없음을 인정해야 하는 문제도 있다. 인간의 삶과 성격은 각자가 원하는 대로 완벽하게 만들어지지는 않는다. 이때는 자신의 약점과 문제들을 받아들이되, 그것이 자존감을 저하시키는 요인이 되지 않도록 해야 한다. 예를 들어, 자신의 체중을 적절히 유지할 수 없는 사람도 있을 수 있다. 그럴 경우에는 체중을 통제하기 위한 지속적인 관심은 갖되, 체중의 문제를 자신의 문제로 있는 그대로 통합시켜 수용해야 한다. 그러지 않고 체중으로 인해 자신에게 분노를 느껴 자기학대를 하거나, 자기연민에 빠짐으로써 괴로움을 자주 경험하게 된다면 자존감 발달에 문제를 일으키게 되고, 이어서 심리적 안녕에 심각한 영향을 미치게 된다.

3. 자아존중감과 자기실현

1) 자기실현의 이론적 배경

자기실현(self-actualization)의 사전적인 의미는 자신의 계획이나 사상 따위를 사실화하여 현실 속에서 행동으로 실현해 가는 과정을 말한다. 인간이라면 누구나 선천적으로 자아를 실현하고자 하는 동기 또는 욕구를 갖고 있다(Maslow, 1979). 이런 욕구는 인간을 성장·발달하게 하고, 자아를 실현시켜 심리적인 건강과 성숙을 이루는 원동력이 된다. 자기실현에는 위계적 체계가 있어서 하위단계가 어느 정도 충족되어야만 다음 단계로 발달한다.

[그림 3-2] Maslow의 욕구체계

(1) 생리적 욕구

생존과 직결된 욕구로서 배고픔, 갈증, 성욕, 배설욕, 수면 등이 있다. 생리적 욕구는 가장 기본적이고 강력한 욕구를 말하며, 어느 하나라도 채워지지 않으면 인간은 그 욕구를 충족시키려는 동기에 지배당하게 된다.

(2) 안전욕구

매슬로우는 생리적 욕구가 해결되면 그 다음으로 안전욕구가 지배적으로 나타난다고 보았다. 안전욕구란 안전, 평안함, 보호질서, 공포와 불안으로부터의 해방 그리고 확실성 유지에 대한 욕구를 말한다. 물리적 안전과 심리적 안전을 모두 포함하기 때문에 물리적 침입이나 공격으로부터의 안전과 더불어 심리적 안정감까지 추구하게 된다. 따라서 조직과 질서가 전혀 없는 완전한 허용과 자유는 근원적인 안전욕구를 위협하기 때문에 오히려 불안감을 일으킬 수 있다.

(3) 사랑과 소속의 욕구

그 다음 단계는 타인과의 접촉, 모임, 사랑 등에 대한 욕구다. 이 욕구는 사회적인 욕구로서 생리적 욕구와 안전욕구가 어느 정도 만족되었을 때 비로소 그 중요성을 느끼게 된다. 외로움과 소외를 싫어하고, 다른 사람들과 사랑을 주고받으면서 긴밀하고 따뜻한 관계를 갖고 싶어 하는 것이다. 그러나 계속적인 접촉과 친밀한 관계유지를 추구할 수 없게 만드는 바쁜 현대사회는 사랑과 소속의 욕구를 좌절시키고 있다.

(4) 자존감의 욕구

생리적 욕구와 안전욕구 그리고 사랑과 소속의 욕구가 어느 정도 충족되면 자존감의 욕구가 지배적으로 나타난다. 타인이 소중하게 대해 주기 때문에 갖게 되는 자존감과, 자신은 가치가 있으며 어떠한 상황에서도 자신은 적절한 존재로 생각하는 자존감이다. 이 욕구가 채워지면 자신의 능력, 가치, 적절함에 대한 확신을 가지는 반면, 이 욕구가 채워지지 않으면 계속해서 인정받기를 원하게 되어 결과적으로는 열등감을 경험하게 된다.

(5) 자기실현의 욕구

자기실현은 앞의 모든 욕구를 어느 정도 충족시킨 인간이 새롭게 추구하는 욕구로서 자신의 모든 잠재력과 능력을 인식하고 충족시키려는 것을 말한다. 건강한 사람은 이전 단계의 욕구들이 충족되었다고 느끼면 누구나 자기실현의 동기를 강하게 느끼게 된다. 여기서 자신의 잠재력과 재능을 충족시키려는 자기실현은 자신의 소명을 이뤄 가는 형태를 띠기도 하고, 자신의 속성을 더 이해하고 수용하여 증진시키는 형태를 띠기도 하며, 한 인간으로서의 통합을 추구하는 형태를 띠기도 한다. 이렇게 진정한 자기가 되고자 하는 욕구를 자기실현의 욕구라고 한다.

때문에 비록 자신이 가치 있는 인간이라고 느낀다고 해도 자기실현의 욕구를 충족시킬 수 있는 기회를 얻지 못하면 자신에 대한 만족감을 얻을 수 없을 뿐만 아니라 좌절감까지 느낄 수 있으므로 심리적으로 건강하다고 할 수 없다.

매슬로우는 보통사람들의 동기를 결핍동기 또는 D-동기(Deficiency motivation)라고 하였다. 이는 우리 체내의 어떤 결핍으로 인해 생기는 동기다. 결핍동기는 신체적인 욕구에만 그치는 것이 아니라 안전, 소속감과 사랑 그리고 자존감의 욕구에까지 영향을 끼친다. 이 욕구들은 충족시켜 줄 어떤 특정한 목표물을 찾음으로써 욕구로 인한 긴장감을 해소하려 한다. 이에 비해 존재동기, 즉 B-동기(Being motivation) 노력을 요구하는 자아실현의 욕구는 '결핍을 보충하기 위한 동기 이상의 것을 말한다. 존재동기는 다만 존재의 상태에서 충분한 인간성(full humanness)을 즐겁고 자연스럽게 자발적으로 표현하는 것을 말한다.

그러므로 B-동기는 D-동기와는 달리 사물이나 현상을 대할 때 있는 그대로 보는 경향이 있어서 D-동기보다 더 풍부하고 정확하게 지각할 수 있다. 예를 들어, B-동기에 의한 사랑의 욕구는 소유적인 성격을 띠지 않고 사랑의 본래 모습인 이타적인 사랑으로 나타난다. 반면에 D-동기에 의한 사랑은 소유욕에 차 있기 때문에 채워지지 않는 감정을 채우려고 한다. 따라서 D-동기에 의한 행동과 감정이 강박적이고 집착이 강하다면, B-동기에 의한 행동은 자발적이고 자연스럽다.

2) 자아존중감과 자기실현

매슬로우는 인간이 자신의 잠재력을 발달, 성장, 완성시키고자 하는 본능적 욕구를 가지고 태어난다고 보았다. 그래서 인간은 균형을 유지하거나 좌절을 회피하는 것에만 관심이 있는 것이 아니라 성장에 더 많은 관심을 갖고서 현실세계에서 자신을 실현해 가고자 하는 욕구가 있다고 하였다.

대부분의 인간은 생리적, 안전, 소속과 사랑, 자존감 등의 욕구에 강하게 동기화된 까닭에 다른 사람들로부터 수용받지 못할 것을 두려워하지만, 자기실현을 한 사람은 자신이 속해 있는 사회로부터 독립성을 유지해 갈 수 있다. 그래서 사회적 환경의 영향에 따라 판에 박힌 듯 단조롭게 살아가는 경향이 적고 보다 자발적이며 자유롭고 자연스럽게 살아간다. 그렇다고 인습을 무시한다는 것이 아니라 인습에 얽매이지 않는다는 뜻이다. 대신 그는 주로 자신의 내적 성장이나 잠재력의 개발, 생애를 통해 이루고자 하는 사명 등에 동기화되어 있다.

이처럼 인간의 욕구들은 위계적으로 구성되어 있어서 하위 욕구가 충족되면 곧이어 다른 욕구가 발생하여 그것을 충족시키고자 한다. 그러므로 자기실현의 욕구가 실현되기 위해서는 자존감의 욕구가 어느 정도 충족되어야 비로소 가능하다. 아직 자존감의 수준이 낮은 상태에서 자기실현을 하고자 할 경우 그 성장의 욕구는 왜곡되기 쉽다.

3) 자기실현을 한 사람의 성격특성

(1) 효율적인 현실지각
주변세계에 있는 물체와 사람을 자신이 원하거나 필요한 방식으로 보지 않고 선입관 없이 객관적으로 지각할 수 있다.

(2) 자신과 자신의 본성을 수용함
자신의 약점이나 결함에 대해 수치감 또는 죄책감을 느끼지 않으며, 자신의 본성을 있는 그대로 받아들이고 수용한다.

(3) 자발성, 솔직성, 자연스러움
자신의 정서에 대해 가식이 없고 정직하며, 자신의 본성에 따라 자발적이고 자연스럽고 솔직하게 행동한다.

(4) 시선을 자신이 아닌 다른 곳에 둘 수 있음
자신의 일을 수단으로서의 직업이 아니라 마땅히 해야 하는 어떤 것으로 본다. 따라서 일을 사랑하며, 책임감과 소명의식을 갖고 열정적으로 일할 수 있다.

(5) 사적인 생활과 독립에 대한 욕구
자기만족을 위해 타인에게 의존하지 않고 자신의 동기와 원칙에 따라 스스로 결정할 수 있는 능력이 있다.

(6) 자율적 기능

사생활과 독립에 대한 욕구와 밀접한 관련이 있는 것으로서 더 이상 결핍동기에 의해 동기화되지 않고 성장동기에 의해 자기 내부로부터의 만족을 추구한다.

(7) 계속적인 신선한 감상력

자아실현자들은 경험(자연, 음악, 미술 등)을 항상 새롭게 감상할 수 있는 능력이 있다.

(8) 신비로운 혹은 '절정'의 경험들

때때로 종교적 경험과 비슷한 절정의 경험을 하는데, 이런 경험을 하는 동안 자아가 초월하면서 자신감과 더불어 무엇인가를 성취할 수 있을 것 같은 심오한 의식을 갖게 된다.

(9) 사회적 관심

모든 인간에게 사회적 관심으로서의 형제애를 가질 수 있으며, 타인에게 강하게 이입된 감정과 애정을 느낄 수 있다.

(10) 깊은 대인관계

보통 수준의 대인관계를 맺는 사람들보다 더 확고하고 깊은 대인관계를 가질 수 있다.

(11) 민주적인 성격구조

사회계층이나 교육수준, 정치, 종교, 인종에 구애받지 않고 모든 사람들에게 관대하고 수용적이다.

(12) 수단과 목적, 선과 악의 구별

수단과 목적을 분명하게 구별할 줄 알며, 수단보다는 목표나 목적을 훨씬 중요하게 여긴다. 또한 선과 악, 옳고 그른 것을 구별할 수 있다.

(13) 적대감 없는 유머감각

비웃거나 냉소적인 것이 아닌 따뜻한 유머감각을 가지고 있다.

(14) 창의성

모든 활동 속에서 창의성과 독창성, 자발성을 발휘하며, 실수를 두려워하지 않는다.

(15) 문화적 동조에의 저항

문화적 동조에 휩쓸리지 않고 아예 초월하기 때문에 특정한 틀을 강요하는 문화에 저항하거나, 사회적 관례를 고의적으로 모욕하지 않는다.

4. 자아존중감을 증진시키기 위한 연습

다음의 연습은 자아존중감을 증진시키고, 자아존중감에 대한 이해를 넓히기 위한 것이다. 삶에서의 중요한 요소들을 평가하고, 변화시키기 위한 준비작업으로 사용하면 도움이 될 것이다. 요리책에서와 같이 꼭 짜인 틀을 가진 연습이 아니므로 자신에게 잘 맞도록 과정을 변형시켜도 좋다. 만약 이런 연습을 통해 자신의 자존감의 문제점을 발견했다면 전문가를 찾아 도움을 받아 보는 것도 좋을 것이다. 현실적이고 수용적이고 긍정적인 자존감은 심리적 행복의 핵심이기 때문이다.

1) 첫 번째 연습: 사실을 인정하기

이 연습은 혼자 해 보길 권한다. 본 연습이 끝나면 자신의 배우자 또는 가장 친한 친구와 이야기를 나눠 보아도 좋을 것이다. 준비물로 종이와 연필이 필요하고, 시간은 약 한 시간 정도 소요될 것이다. 먼저 종이 위에 자신의 자존감에 기여했다고 생각되는 모든 긍정적인 사건들, 해 냈던 훌륭한 일들, 좋은 인간관계들, 학업적 또는 직업적으로 성취한 것들, 좋았던 감정들과 경험들, 새롭게 학습한 것들에 대해서 생각해 보고 적어 본다. 자신에 대한 비판거리나 비평할 것들을 제외한 모든 긍정적인 부분들을 기록하는 것인데, 크고 작은 것에 상관없이 또 기간의 길이에 상관없이 모든 것을 포함시키도록 한다. 예를 들어, 여섯 살 때 삼촌으로부터 낚시하는 법을 배웠던 일, 어떤 학회의 대표로 뽑혔던 일, 한국말을 잘 못하는 외국인 친구가 한국생활에 적응할 수 있도록 도왔던 일, 5년 이상 지켜 온 우정, 악기나 스포츠를 배운 것, 직장에서 성과급을 받은 것, 어떤 모임의 멤버가 된 것 등이 있을 수 있다. 더 좋은 예를 생각해 보면, 어떤 훈련 프로그램을 좋은 성적으로 마친 것, 고교시절에 반에서 가장 인기 있는 학생으로 뽑혔던 것, 자녀의 탄생을 지켜 본 경험, 매우 가까운 인간관계를 유지한 것, 중요한 경기에서 우승한 경험, 기부금 모금을 주최했던 일, 자기 방을 독특하게 꾸민 것 등도 있을 것이다. 실제적으로 해냈던 일들과 함께 그때 느꼈던 즐거운 감정도 기록해 보는 것이 좋다. 자신에 대한 '자랑'이 아닐까 두려워하지 말고 담대하게 적어 보도록 하자.

리스트를 작성한 다음 그것들을 한 번 읽어 본다. 그리고 그중에서 가장 기분 좋게 느꼈거나, 자신의 자존감에 가장 크게 기여했다고 생각하는 것을 하나 선택해 본다. 그 다음 자신의 리스트를 친구와 나누어 보면서 추가시킬 내용이 없는지 함께 생각하고 적어 본다. 기분이 좋지 않을 때 이 리스트를 보고 힘을 얻을 수 있도록 활용해 보는 것도 효과적이다.

2) 두 번째 연습: 부정적인 면들을 통합시키기

자존감은 개인의 긍정적인 특성, 경험, 인간관계 그리고 능력을 인정함으로써 형성된다. 그렇다면 개인의 부정적인 특성, 성공적이지 못한 경험, 상처받거나 거절당했던 인간관계 그리고 스스로 적절하지 못하거나 유능하지 못하다고 생각하는 분야는 어떻게 다뤄야 하는가? 대개는 그런 부분을 부정하거나 아니면 거창한 자기성장 프로그램에 참여할 수도 있으며, 그것도 아니라면 결국 부정적인 자존감에 빠져버리게 될 것이다. 이번 연습에서는 부정적인 면들을 이해하고 통합시키는 대안적인 방법을 제시하려고 한다. 자존감을 희생시키지 않고도 부정적인 면들을 현실적으로 받아들일 수 있을 것이라 생각한다.

먼저 두 개의 리스트를 만들어 본다. 하나는 과거에 존재했던 부정적인 사건이나 감정에 대한 리스트이고, 다른 하나는 자신의 현재 삶에 존재하는 부정적인 사건이나 감정에 대한 리스트다. 과거에 존재했던 부정적인 사건들의 예는 욕설을 퍼붓는 부모 밑에서 자란 것, 대학시험에 실패했던 일, 훈련 프로그램에서 낙제했던 경험, 끝이 좋지 않았던 인간관계, 시합에서 졌던 경험, 가게에서 좀도둑질로 잡혔던 사건 등이 될 수 있다. 리스트를 모두 작성하면 과거에 존재했던 부정적인 경험들이 현재 어떠한 결과를 초래했는지에 대해 합리적이고 객관적으로 생각해 본다. 계속해서 죄의식을 느끼고 수치스러워하는 것은 이성적이지 못한 태도이며, 자기파괴적이라는 사실을 인식할 수 있어야 한다. 인간이라면 누구나 후회스러운 크고 작은 경험들이 있게 마련이며, 또 주변에 알려졌을 경우 당혹감을 느끼게 될 일도 있을 수 있다. 그러나 과거를 변화시킬 수는 없어도 과거를 통해 무언가를 배울 수는 있다. 우리는 현재의 삶과 자존감에 에너지를 쏟아 부어야지, 과거에 대한 죄의식이나 수치심에 빠져 자신을 질책하거나 자기비하를 할 필요는 없다. 죄의식은 자존감에 아무런 도움을 주지 못한다.

특히 현재 삶에 존재하는 부정적인 면들은 가능하면 더 구체적이고 명백하게 적을 필요가 있다. 예를 들어, 용돈관리를 제대로 하지 못해 빚을 지고 있다거나, 책임감 없는 행동이나 무관심으로 인해 우정에 문제가 생겼을 수도 있고, 불면증이나 흡연문제로 고민하고 있을 수 있으며, 진로문제로 큰 어려움을 겪고 있을 수도 있다. 또한 특별한 흥밋거리나 취미생활이 없어서 삶이 지겹게 느껴질 수도 있고, 현재 다니는 학교에 불만족스러울 수도 있을 것이다. 작성한 리스트를 다시 읽어 보면서 각각의 문제를 다음의 두 가지 범주로 분리해 본다. 첫 번째 범주에는 자신이 긍정적으로 변화시켜서 자존감을 향상시킬 수 있는 문제들을 분류해 넣는다. 그리고 두 번째 범주에는 삶에서 부정적인 면을 있는 그대로 받아들일 수밖에 없는 문제들을 포함시킨다. 예를 들어, 삶이 지겹다고 생각하는 문제는 다른 사람들과의 상호작용을 늘리는 활동적인 프로그램에 참여함으로써 긍정적으로 변화시킬 수 있을 것이다. 혹은 사회교육원 같은 교육과정에 등록하거나, 사회공동체모임에 활발히 참여하거나, 그것도 아니면 새로운 스포츠를 배우든지, 가치 있는 자원봉사활동을 할 수도 있다. 또 한 예로, 심리적인 어려움을 겪는 문제라면 전문적인 치료를 통해 해결될 수 있을 것이다. 심리치료를 받는다는 것은 결코 문제의 심각성을 드러내거나 자신의 약점을 밝히는 것이 아니다. 오히려 치료자로부터 문제를 해결하고 자존감을 개발하는 가장 효과적이고 효율적인 도움을 받을 수 있을 것이다.

그러나 어떤 문제들은 우리가 변화시킬 수 없는 것들일 수 있다. 설령 변화시킬 수 있다고 하더라도 너무 많은 시간과 노력을 필요로 할 수 있다. 이런 경우 문제해결을 위한 가장 좋은 방법은 그 문제를 수용하는 것이다. 예를 들면, 한 주부가 형편없는 요리솜씨로 인해 어려움을 겪고 있긴 하나, 그 문제를 변화시키는 일에 전혀 관심이 없을 수 있다. 또 다른 예로 직장에서 승진하지 못한 경우라든지, 아무리 노력해도 좋은 학점을 받지 못하는 경우 혹은 친구들과 가깝게 지내려고 노력하지만 그들이 원하지 않는 경우 등을 생각해 볼 수 있다. 이런 경우 그 사실을 있는 그대로 받아들이는 것이다. 우리에게 있는 부정적인 부분과 문제들에 반드시 해결책이 있는 것은 아니다. 그럴 때는 그 부분과 문제를 그대로 수용하되, 그것이 자존감으로 통합될 때 자존감을 부정적으로 지배하지 못하게 해야 한다.

3) 세 번째 연습: 자아존중감을 위한 새로운 요소

자존감은 정적인 것이 아니라 태도나 행동이나 감정같이 변화하는 것이다. 5년 전에는 개인적으로 큰 만족감을 주었던 요소나 일이 현재는 그만한 만족감을 주지 못할 수 있다. 삶은 계속되는 과정이므로 지금까지 자신이 이루어 놓은 것에만 의존해서 살 수는 없다. 과거에 이루어 놓은 성취와 인간관계가 자존감을 위한 중요한 요소인 것은 분명하지만, 자존감을 지속적으로 유지하기 위해서는 새로운 인간관계와 새로운 경험들이 필요하다.

다음의 연습에서는 심상적인 기법을 사용하려고 한다. 우선 침대나 소파에 편하게 누워서 긴장을 푼다. 그리고 다가올 5년 동안 자신의 삶에서 가장 가치 있게 여겨질 것이 무엇일지 가능한 한 명확하고 선명하게 상상해 본다. 그 5년 동안 어떻게 행동할 것인지 또 어떻게 보고 듣고 냄새 맡고 느낄 것인지 여러 가지 단서들을 생각해 보고, 정말로 그런 상황에 있는 것처럼 상상해 본다. 이때 수동적인 관찰자가 아니라 적극적인 참여자가 되어 상상하는 것을 보다 생동감 있게 만들어 보도록 한다. 어떤 사람들과 어떻게 지내게 될지, 어떤 새로운 기술들을 배우게 될지, 어떠한 삶의 성취들을 이루어 낼지 그리고 얼마나 더 나은 자존감을 갖게 될지 등 진심으로 자랑스럽게 여기고 진심으로 바라는 상황을 상상해 보는 것이다. 내적인 자신감과 만족감뿐만 아니라 외적인 삶의 만족감에도 관심을 두는 것이 바람직하다. 그런 다음 다가올 5년 내에 할 수 있을 경험들 중에서 자존감을 증진시킬 수 있을 것이라 생각되는 심상을 적어도 세 가지 이상 만들어 본다. 그리고 이러한 심상들을 현실로 만들기 위해 밟아야 할 단계들을 하나씩 생각해 보고, 각각의 과정과 이에 따른 단계들을 반복해서 상상해 보도록 한다. 그리하여 목표에 다다르고 내적인 행복을 즐기게 되면 자신감과 성취감을 느끼면서 상상을 끝낸다.

4) 네 번째 연습: 자아존중감과 인간관계

스스로 높은 자존감을 갖고 있다고 생각할지라도 친밀한 인간관계를 갖지 못하거나 타인으로부터 원하는 반응을 얻어내지 못한다면 그 자존감은 실제로 높다고 볼 수 없다. 그러므로 자신의 인간관계에 대해 살펴보고 그 경험들이 자존감의 증진에 어떤 영향을 끼쳤는지를 생각해 본다. 이제까지의 연습은 혼자 하는 것이었으나, 이번 연습은 친구들과 같이 하는 것이 더 효과적이다.

우선 자신이 자존감을 증진시키기 위해서 다른 사람들과 함께 혹은 다른 사람들을 위해 무엇을 하고 있는가를 생각해 본다. 예를 들면, 누군가를 실제적으로 혹은 감정적으로 도와주는 것, 충고나 도움말을 해 주는 것, 긍정적인 모델로 행동하는 것, 친구들과 같이 지내거나 이야기하며 즐기는 것, 자신을 위해 재미있는 시간을 보내는 것 또는 타인을 위해서 함께 있어 주는 것 등이 있을 수 있다. 자존감은 타인의 의견에 전적으로 의존하는 것이 아니지만 타인이나 타인의 반응에 어느 정도 영향을 받는 것이 사실이다. 그렇다면 자존감에 영향을 미치는 인간관계를 발전시킬 수 있는 긍정적인 방법으로는 어떤 것들이 있을까? 자신이 다른 사람들을 위해 그리고 다른 사람들과 함께 할 수 있는 한두 가지의 구체적인 활동들을 생각해 본다. 예를 들어, 서로의 취미를 나눌 수 있는 두세 명의 친구를 찾는다든지, 새로운 그룹을 만들어 어떤 활동을 시작한다든지, 아니면 사람들에게 자신을 보다 많이 드러낼 수 있도록 노력한다든지, TV 보는 시간을 줄이고 사회적인 활동에 더욱 시간을 보낸다든지 하는 일들이 있을 수 있다. 친밀한 인간관계는 안정적인 자존감을 촉진시킨다.

5. 마치면서

자아존중감은 심리적 행복을 이루는 핵심적인 구성요소다. 자존감은 스스로 주장하거나 강요해서 변화시킬 수 있는 것이 아니다. 그러나 자신의 부정적인 태도와 행동, 감정만 변화시킨다면 자존감이 좀 더 긍정적이고 안정적으로 변화될 수 있다. 자존감을 더욱 증진시키고 유지시키기 위해서는 부정적인 면을 받아들이는 동시에 자신의 장점을 인정하고 강화해야 한다. 그리고 자존감을 발전시키는 경험들을 인식하고 친밀한 인간관계를 맺는 것 또한 중요한 과제다.

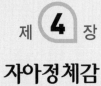

제 **4** 장

자아정체감

제4장

자아정체감

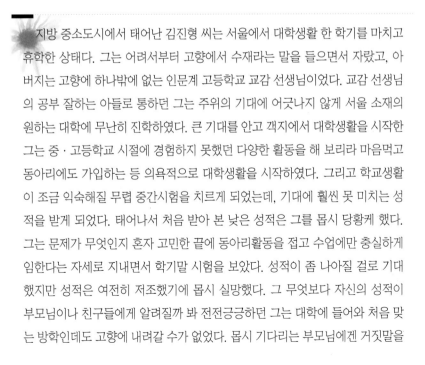

지방 중소도시에서 태어난 김진형 씨는 서울에서 대학생활 한 학기를 마치고
휴학한 상태다. 그는 어려서부터 고향에서 수재라는 말을 들으면서 자랐고, 아
버지는 고향에 하나밖에 없는 인문계 고등학교 교감 선생님이었다. 교감 선생님
의 공부 잘하는 아들로 통하던 그는 주위의 기대에 어긋나지 않게 서울 소재의
원하는 대학에 무난히 진학하였다. 큰 기대를 안고 객지에서 대학생활을 시작한
그는 중·고등학교 시절에 경험하지 못했던 다양한 활동을 해 보리라 마음먹고
동아리에도 가입하는 등 의욕적으로 대학생활을 시작하였다. 그리고 학교생활
이 조금 익숙해질 무렵 중간시험을 치르게 되었는데, 기대에 훨씬 못 미치는 성
적을 받게 되었다. 태어나서 처음 받아 본 낮은 성적은 그를 몹시 당황케 했다.
그는 문제가 무엇인지 혼자 고민한 끝에 동아리활동을 접고 수업에만 충실하게
임한다는 자세로 지내면서 학기말 시험을 보았다. 성적이 좀 나아질 걸로 기대
했지만 성적은 여전히 저조했기에 몹시 실망했다. 그 무엇보다 자신의 성적이
부모님이나 친구들에게 알려질까 봐 전전긍긍하던 그는 대학에 들어와 처음 맞
는 방학인데도 고향에 내려갈 수가 없었다. 몹시 기다리는 부모님에겐 거짓말을

둘러대고, 방학 중에 공부를 열심히 해 보겠다는 생각에서 강의실과 하숙집을 오가며 지냈다. 하지만 자리에 앉아 공부를 해도 도무지 집중이 되지 않고 잡념만 떠올라 책상 앞에 오래 앉아 있을 수가 없었다. '내가 이렇게 못난 사람이었던가' 하는 생각만 나날이 깊어 가고 자신이 하루아침에 몰락한 신세같이 느껴졌다. 그렇게 방학을 보내고 다시 새 학기가 시작되었다. 막상 새 학기가 시작되자, 다른 학생은 다 활기차 보이는데 자신만 풀이 죽어 있는 것 같았고, 그렇게 위축된 모습을 보이기 싫어 점점 사람들을 피하게 되었다. 특별한 이유도 없는데 쉽게 피로를 느꼈으며, 감기에도 자주 걸려 결석이 잦게 되었다. 늘 혼자로 주변 사람들과 대화가 없다 보니, 수업에 관한 정보도 놓쳐 불이익을 받는 일도 생겼다. 2학기 중간시험에서도 성적을 만회하기는커녕 지난 학기보다 더 못한 결과를 얻게 되었다. 태어나서 처음 심한 열등감에 시달리게 된 그는 더욱 불안해지기 시작했다. 대학에서 요구하는 팀 발표과제는 그를 더욱 힘들게 만들었다. 발표준비모임에서 대체로 가만히 앉아 있기만 하는 그에게 던져지는 학우들의 시선이 따갑게 느껴지기 시작했다. 학교생활에도 점점 흥미를 잃어 갔다. 결국 그는 대학생활이 자신에게 맞지 않는 것은 아닌지 회의에 빠지게 되었고, 자신에게 적합한 다른 일이 있을지 모른다는 생각에 휴학까지 마음먹게 되었다. 어느 날 그는 혼자 점심식사를 하러 학교식당에 갔다가, 고향 선배로서 아버지의 제자이기도 한 학과 조교를 만나게 되었다. 의례적인 인사를 주고받은 후 함께 식사를 하다가 진형 씨는 휴학 이야기를 꺼내게 되었다. 조교는 일과 후에 만나서 좀 더 이야기할 것을 제안했고, 그날 저녁 두 사람은 다시 만나게 되었다. 조교는 그의 학교생활에 대해 이것저것 물었고, 앞으로의 계획에 대해서도 물어보았다. 하지만 현재의 어려움에 압도되어 장래에 대한 물음에 답할 수 없었다. 선배에게 고민을 털어놓고도 싶었지만 고향의 부모님에게 알려질까 두려워 솔직한 대화를 나누지는 못한 점이 못내 미안했다. 그의 마음을 헤아렸는지 선배는 헤어지면서 그에게 학교 상담실에서 상담을 받아 볼 것을 제안했다.

자아정체감을 가진 개인은 '나는 누구인가?' '나는 어떤 삶을 살고 있는가?' '이 거대한 사회 속에서 나는 어디에 위치하는가?' 등과 같은 의문에 답을 가지고 있다. 또한 자아정체감을 가진 개인은 대인관계나 역할행동, 삶의 목표, 가치, 이념 등에서 자신의 고유성을 자각하고 스스로 통합성과 일관성을 견지해 나가려는 의식적인 노력을 기울이게 된다.

1. 자아개념과 자아정체감

1) 자아개념

개인은 성장과정을 거치면서 다양한 경험을 하게 되는데, 그 과정을 통해 자신에 대한 생각, 즉 자아개념을 확립해 나간다. 자아개념은 살아가면서 쌓아 온 경험 중 수용할 수 있는 부분에 해당하는 것으로 일상생활 중 보고 듣는 것을 여과하는 기능을 한다. 로저스(Carl Rogers)는 이 과정에서 감각적인 경험이 학습된 자아개념과 일치하는 경험을 했을 때는 경험을 정확하게 구분하고 인식하고 통합하며, 일치하지 않는 경험은 배제하는 선택적 지각이 발생한다고 보았다.

이에 따라 자아개념과 일치하는 경험은 검증과정이 약화되어 쉽게 받아들여지게 되고 불일치하는 경험은 자기개념에서 배제하는 방식으로 경험의 왜곡이 발생할 수 있다. 우리의 전체 경험 중 스스로 인식하는 경험은 [그림 4-1]에서 볼 수 있듯이 자아개념과 일치하는 부분에 해당한다. 이렇듯 개인이 전체 경험 중 일부를 자신의 것으로 선택하고 인식하는 과정은 대부분 무의식적으로 발생하게 된다. 예를 들어, 스스로 운동신경이 없다고 생각하는 학생이 체육 수행평가에서 낮은 점수를 받게 되면 그는 이 경험이 비교적 자기개념에 합치하기 때문에 이를 받아들이기가 용이할 것이

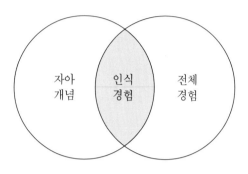

[그림 4-1] 개인 전체 경험의 선택적 지각과정

다. 반대로 높은 평가를 받게 되면 자기개념에 맞지 않는 이런 결과를 처리
하기 위해 운이 좋았다거나 다른 이유 등을 찾아 자기개념과 경험을 합치
시키려는 노력을 하게 될 것이다. 이렇듯 사아개념은 개인의 경험을 선택
적으로 지각하게 하는 여과기능과 함께 행동의 방향과 목표를 조정하는 자
기충족적 예언의 기능도 하게 된다. 이는 결국 개인의 자아정체감에 영향
을 미치는 순환적 변인으로 작용하게 된다.

2) 자아정체감

심리학자 에릭슨(E. Erikson)은 개인의 신체적, 심리적 성장에 기초하여
주체성을 확립해 나가는 과정이 바로 자아정체감(self-identity)의 내용이라
고 보고, 이를 주관적 · 객관적인 면으로 나누어 다음과 같이 설명하였다
(윤진, 김인경, 1983).

주관적 측면의 정체감은 개별적 정체감(individual identity)과 자아정체
감(ego-identity)으로 다시 구분된다. 에릭슨은 개별적 정체감을 '자신에 대
한 동질성과 연속성에 대한 느낌'(feeling of sameness and continuity of
self)으로 설명하고 있다. 개별적 정체감은 시간과 공간이라는 삶의 조건을
초월해서 내 안에 존재하는 '나'에 대한 인식에 해당한다. 이에 비해 보다

넓은 의미를 갖는 자아정체감은 개인이 자신의 성격체계 내에서 동질성과 연속성을 지니고 유지되는 핵심적 자기(core self), 정서, 인식, 행동, 경험을 조직하고 통합하는 자기구조(self-structure)에 대해 갖는 인식체라고 할 수 있다.

객관적인 측면의 자아정체감은 심리사회적 정체감(psychosocial identity)을 말한다. 이는 자신의 사회적 소속집단에 대한 귀속감 혹은 일체감을 가지는 것을 의미하며, '한국사람 김○○' '○○대학교 학생 박○○' 등 사회적 맥락 속의 자신에 대한 생각을 말한다.

2. 자아정체감의 발달

1) 에릭슨의 전생애발달이론

자아정체감은 개인적 특성뿐 아니라 타인에 대한 동일시와 자기경험의 통합을 통해 형성된다. 자아정체감은 상당부분 호감 가는 사람에 대한 동일시(identification)를 통해 형성되는데, 주 동일시의 대상은 부모이지만 그 외의 여러 사람이 될 수도 있다. 에릭슨은 정체감은 '여러 가지 부분적인 동일시의 종합'이라고 말하였다.

일상 속의 '성취경험' 또한 정체감 형성의 주요 자료다. 인간이 출생 이후 겪는 크고 작은 경험들, 예를 들면 걸음마를 하고 달리고 놀이하고 읽고 쓰는 일 모두는 자아정체감 발달에 기여하게 된다. 이 과정을 통해 스스로를 '어떠한 일을 할 수 있는 사람'과 같은 방식으로 자신을 인식하게 된다. 성취경험은 개인의 긍정적 자아정체감 형성의 기초가 된다는 의미에서 그 자체도 중요하지만, 중요한 것은 그 성취내용이 개인이 속한 사회문화적 가치체계와 일치할 때 긍정적이고 지속적인 정체감의 일부가 될 수 있다는 것이다.

에릭슨은 정체감 형성을 청년기의 주요 발달과업으로 보았다. 하지만 정체감 형성이라는 과제는 또 하나의 전 생애 발달과업(life span developmental task)으로서 일생을 통해 지속적으로 이루어지는 변화의 과정을 내포하고 있다.

정체감에 관한 우리나라 고교생과 대학생들을 대상으로 한 연구를 보면 연구대상의 연령이 높아질수록 자신에 대한 인식이 명백해지는 것을 알 수 있다. 그리고 연구대상 중 삼분의 일 정도만이 자아를 '불변의 핵' (unchanging core)을 가진 것으로 느끼고 있다는 결과를 보고하고 있다(윤진, 김인경, 1983).

인간은 발달과정을 거치면서 자신에 대한 다양한 감각을 키워 나간다. 자기 자신에 대한 감각에 속하는 정체감에는 앞서 말한 '할 수 있는 것' 과 '할 수 없는 것' 에 대한 감각이 있을 수 있다. 만일 청년기에 이르기까지 성공적인 발달단계를 거쳤다면 불신보다는 더 많은 신뢰를, 수치심이나 의심보다는 더 많은 자율성을, 죄의식보다는 주도성을 그리고 열등감보다는 근면성에 대한 감각을 더 많이 발달시켰을 것이다. 이런 자기개념 획득의 과정을 거쳐 청년기에 이르게 되면 '나는 누구인가?' 라는 질문을 스스로에게 던지게 되는 것이다. 청소년기는 자신에 대한 확신이 서지 않아 이 문제를 자문하고 있는 중에 환경이 그들에게 그러한 질문을 시작하는 상황에 처하게 된다. 그런 의미에서 진로의 결정과 관련된 청소년기의 과제는 나를 찾는 가운데 사회적 역할을 찾는 것이라고 볼 수 있다.

〈표 4-1〉의 대각선 아래에서 위로 향하는 칸의 내용은 인간발달의 8단계와 각 단계의 특징에 관한 에릭슨의 이론을 담고 있다. 에릭슨은 인간발달이 점성적(epigenetic) 특성을 가진다고 보았다. 점성적 발달이란 문자 그대로 하위단계 위에(epi, upon의 의미) 상위 단계의 발달과정이 발생한다 (genetic, emerge)는 의미로 하위단계의 발달과업의 성취를 바탕으로 각 단

〈표 4-1〉 인간발달단계이론: 청년기의 발달과 정체위기

1	2	3	4	5	6	7	8
							자아통합 대 절망
						생산성 대 침체	
					친밀감 대 고립 (사랑)		
시간조망 대 시간혼미	자기확신 대 자기의식	역할실험 대 역할고착	일 배우기 대 일 마비	정체성 대 역할혼미 (충실성)	성역할분화 대 양성혼동	지도, 복종 대 권위혼돈	이념적 관여 대 가치혼란
			근면성 대 열등감				
		주도성 대 죄의식					
	자율성 대 수치 및 의심(의지)						
기본적 신뢰 대 불신 (희망)							

출처: Erikson, 1968; 김도환, 정태연(2002). 청년기의 자기탐색. 동인.

계 발달과업이 발생한다는 뜻이다.

에릭슨은 자신의 개인적 경험을 바탕으로 청년기의 발달과업을 보다 자세하게 다루었다. 정체성과 역할혼미의 칸을 중심으로 좌우에 제시된 것은 정체성을 세워 나가기 위해 겪게 되는 여러 가지 경험과 관련된 내용들이다.

예를 들어, 맨 앞 칸에 제시된 시간조망능력은 삶의 계획을 세우고, 그 계획을 주어진 시간 안에 이루어 내기 위해 요구되는 시간을 예상하고 배분하는 능력이다. 다음은 장래의 목표성취에 대한 자신감과 관계된 자기확신으로 이것은 과거에 경험한 긍정적 자기의식에 기초한다.

청년기는 다양한 역할을 탐색할 수 있는 좋은 기회다. 이 시기에 여러 가지 역할경험을 통해 자기이해를 높이게 되는데, 이는 정체감의 바탕이 된

다. 하지만 억압적이거나 순응적이기만 한 사람은 스스로 탐색하기보다는 주어진 역할에 고착되어버리기 쉽다.

청년기는 진로 선택과 관련된 내외적 압력이 강한 시기다. 이 시기에 자신이 하고 싶은 일을 시도해 보는 것이 중요한데, 부정적 자기개념이 너무 강하면 원하는 일을 시도하는 데 에너지를 투입하지 못해 발달에 방해를 받게 된다.

또한 청년기는 다음 단계 발달과업인 친밀감 형성의 기초를 닦는 시기로 원가족을 벗어나 친밀한 이성관계를 맺고 자신에게 맞는 성역할 분화가 요구되는 시기이기도 하다.

청년기에 이르면 생활반경이 넓어지면서 사회적 압력이나 요구도 증가하게 된다. 보다 확대된 관계경험을 통해 청소년들은 권위의 서열을 가늠하고, 복종과 동조의 정도를 결정하는 사회적 기술을 익힌다. 이 단계에서는 권위에 도전하고 반항하는 사춘기적 습성인 냉소주의를 넘어서, 보다 현실적이고 적응적인 태도와 가치를 명료화한다. 정체확립의 요구가 증가하는 이 시기에는 믿고 따를 만한 신념을 갈구하는 경향이 있다. 이런 특성으로 인해 일부 청년들을 현실적으로 검증되지 않은 이상론에 빠져들기도 한다.

'자기정의' '자기규정'에 관한 다양한 의문과 혼란은 역할에 대한 참여와 도전을 통해 그 해답을 얻을 수 있다. 이러한 참여는 기회이기도 하지만 정서적인 불안정을 야기할 수 있다. 하지만 이러한 상태는 필연적인 정체위기(identity crisis)이며, 사회적인 목적, 삶의 방향이라는 복잡한 요소 간에 통합을 얻기 위해 필요한 과정이다. 자아정체를 확립하기 위해 개인은 사회의 기대에 부응하면서 자신의 특성과 욕구를 충족시키는 삶의 방향을 찾아야 한다. 이때 추구하는 목표는 개인적으로나 사회적으로 모두 적응적인 것이어야 하며, 자기파괴적이거나 사회적으로 용인되지 않는 것이어서는 곤란하다. 에릭슨은 후자와 같은 역할 채택을 '부정적 자아형성'(negative identity formation)이라고 하였으며, 그 결과는 주로 사회적 일탈행동으로 나타나 사회적 제제의 대상이 된다. 에릭슨은 자아정체감이 개인의 생리적, 심리적, 사회적 요구라는 세 가지 요소에 부합되는 것으로 보았다.

청년기에 이른 사람이 정체감을 갖기 위해서는 자신의 신념을 발견해야 하며, 자신의 태도와 이상이 무엇인지 알아야 한다. 자신이 누구인지를 알 때에 무엇을 할지, 사회 속에서 어떤 역할을 할지 알 수 있기 때문이다. 에릭슨은 역할 이데올로기라는 개념을 통해 청년기의 덕목을 설명했다. 어떤 역할이든지 모든 사회적 역할에는 그 역할을 규정하는 이데올로기가 반드시 수반된다. 일반적으로 사람들은 가톨릭 신부님이 가진 이데올로기와 직업군인 혹은 정치가가 가진 이데올로기 간의 유사점과 차이점을 구분해 낼 수 있다. 개인이 자신의 정체위기를 해결하기 위해서는 자신이 선택하려는 역할에 헌신해야 하며, 그것은 결국 그 역할이 내포하고 있는 이데올로기에 헌신하는 결과를 가져온다. 예를 들어, 초등학교 교사가 되고자 하는 대학생이 자신의 꿈을 이루기 위해 기울이는 노력에는 그 직업 혹은 역할이 가진 이데올로기를 내면화하는 노력이 자연적으로 수반된다. 에릭슨은 이러한 과정을 통해 청소년기의 주요 덕목인 충성(fidelity)을 획득할 수 있다고 보았다.

청년기에 진로를 탐색하면서 특정한 가치, 이데올로기, 역할에 헌신하는 경험은 개인으로 하여금 복잡한 체험들을 단순화시켜 환경을 구조화할 수 있게 해 주는 기능을 하기도 한다. 결국 한 개인이 청소년기에 사회 속에서 자신의 역할을 발견하고 한 이데올로기에 헌신하게 된다면 이를 통해 정체감의 주요 토대가 마련될 것이다. 반대로 헌신할 만한 사회적 역할이나 가치를 발견하지 못하면 정체감 위기에 이르게 된다. 그리고 이는 미해결 발달과업으로 남아 적응상의 취약점으로 작용할 수 있다.

2) 마르시아의 정체감수준이론

마르시아(Marcia, 1966)는 대학생을 대상으로 진로 선택, 종교, 정치 이데올로기에 대한 참여, 위기경험을 묻는 면접결과를 기초로 자아정체감의 성취수준을 네 가지로 구분하였다.

가장 하위단계의 발달수준은 정체감 확산상태(identity defusion status)인데, 이 수준에 속하는 사람은 자신의 직업과 관련된 계획을 세우는 일이나 이념적 세계관에 동조하거나 참여하지 않고 무슨 일이든 쉽게 중단해버리는 행동특성을 보인다.

다음 단계의 성취수준은 혼란과 불안이 뒤섞인 심리적 과정을 경험하지 않고 제한된 사회적 역할을 조급하게 받아들이는 정체감 유실 단계(identity foreclosure status)다. 이 단계에서는 자신에 대한 충분한 탐색과정을 거친 주관적이고 자기주도적 선택을 하기보다 사회적으로 바람직하다고 여겨지는 것 혹은 자신에게 환경적으로 주어진 것을 큰 고민 없이 선택한다.

그 다음 수준은 정체감 유예상태(identity moratorium status)다. 우리사회에서는 그다지 장려되는 일이 아니지만, 서구사회의 경우 고교졸업 후 대학진학이라는 본격적인 진로결정을 미루고 자신을 탐색하기 위한 일종의 심리적인 유예기간을 갖는다. 이때 학업을 잠시 접고 여행을 하거나 다른 여러 가지 직업세계를 경험해 보기도 한다. 하지만 우리 사회에서는 이 시기에 자유롭게 이해받으면서 유예상태를 가진다는 것이 현실적으로 힘든 일이다. 이 단계의 사람은 여러 가지 직업적 혹은 이념적 대상에 대해 적극적인 참여를 보이지만, 그러한 경험은 안정감이나 만족감이 낮은 형태의 위기를 겪고 있다. 일종의 역할실험을 통해 여러 대안들을 탐색하는 능동적인 실험을 하고 있다고 볼 수 있다.

정체감과 관련된 가장 상위의 성취수준은 정체감 성취 상태(identity

achieved status)다. 이 시기는 위기를 수반하는 참여를 넘어서, 비교적 안정되고 적극적인 참여를 할 수 있는 단계다. 이 단계에 속한 사람에게서 볼 수 있는 가장 두드러진 특징은 환경변화와 같은 외적인 상황에 영향을 덜 받는 성숙한 정체감을 가지게 되는 것이다. 에릭슨은 정체감 성취 이전에 정체감 유예의 기간을 거치는 것이 중요하다고 강조했다. 그는 간혹 별 어려움 없이 정체감 성취의 단계에 도달한 듯이 보이는 사람이 환경적 충격에 쉽게 무너지고 역할혼미를 경험할 가능성이 높다고 보았다. 그는 젊은 날 진로 탐색과 관련된 고민이 이런 허약함을 방지할 수 있는 심리적 힘을 기르는 바탕이 됨을 강조하였다. 마르시아는 자아정체감을 수준별로 분류했지만 자아정체감이 각 단계별로 순차적 발달과정을 거치는 것은 아니다.

〈표 4-2〉 자아정체감의 발달유형

참여＼위기	있다	없다
있다	자아정체성 성취	자아정체성 유실
없다	자아정체성 유예	자아정체성 확산

마르시아는 개인의 정체감 발달수준이 일상생활에서 어떻게 기능하는지 알아보기 위한 연구를 하였다. 그는 대학생들에게 똑같은 스트레스 상황을 주고 정체성수준에 따라 개념획득과제 수행능력, 요구수준, 권위주의의 정도, 부정적인 정보에 대한 태도 등이 어떤 차이를 보이는가를 보았다. 그 결과 정체감 성취집단은 스트레스 상황에서도 개념획득과제를 잘 수행했고, 권위적인 태도를 보이는 비율이 낮았으며, 부정적인 정보를 들었어도 자존감이 흔들리는 정도가 적었다. 정체감유예집단의 경우 과제수행능력이 정체감 성취집단에 비해 떨어졌지만 다른 영역의 반응은 큰 차이를 보이지 않았다. 정체감유실집단에서 가장 두드러진 특징은 권위주의적 가치에 맹종하는 경향이 높다는 것이다. 이들은 자신에 대한 부정적인 정보를

접했을 때 심한 자존감 저하를 보였으며, 정체감성취집단에 비해 비현실적 목표를 설정하는 경향을 보였다. 정체감확산집단의 경우 정체감성취집단과 응답내용에 강한 대비를 이룰 것이라는 예상과는 달리 자아정체감 점수에서만 가장 낮은 점수를 보였다.

　정체감을 탐색하고 확립해 가는 것은 적응을 요구하는 '사회적 삶'과 '개성적 삶'의 균형을 취하는 것이다. 개성적 삶의 주요 조건은 '나답게 살아간다'는 것인데 이는 결국 자신을 발견하고 성숙한 방향으로 나아갈 수 있도록 노력하는 것이라고 할 수 있다.

3. 성적 자아정체감

　성적 정체감은 자아정체감의 중요한 한 부분이다. 일반적으로 아동은 2세 이후가 되면 자신의 남아 또는 여아로서 성에 맞게 적절하게 행동하는 것을 배우게 된다.

　생물학적 성은 하나의 성과 다른 성을 구분하는 성적이고 생식적인 특성들을 포함한 남성 또는 여성으로서 신체적 존재로서의 성을 말한다. 이에 비해 성적 정체감(gender identity)이란 자신이 남자인지 여자인지에 관한 내적인 느낌을 반영하는 심리상태를 말한다. 스톨러(R. J. Stoller, 1991)는 자신의 생물학적 성을 수용하고 편안하게 느끼는 것을 긍정적 성적 정체감의 기준으로 보았다. 그의 정의에 따르면, 긍정적 성적 정체감을 가진 여성은 자신의 능력의 사용 여부를 떠나 임신, 출산, 수유 등에 관한 자신의 역할과 능력에 대해 편안해하며, 남성 또한 자신의 생물학적, 사회적 역할을 쉽게 받아들인다. 성적 정체감은 단순한 생물학적 성(sex)의 개념과 구별되는 여성 혹은 남성의 속성과 그와 관련된 사회문화적 태도, 행동양식 등을 포함하는 것으로 볼 수 있다.

생득적으로 주어진 성에 적합한 형태로 사회화 과정을 밟아 가는 것이 일반적인데, 생득적 성에 대하여 심한 불편과 부적절감을 느끼면서 스스로를 반대의 성을 가진 사람으로 생각하는 것은 성정체성의 문제로 볼 수 있다. 성정체성에 문제가 생겨 자신의 생득적 성과 반대되는 성으로 전환하는 것을 성전환자 혹은 트랜스젠더라고 부른다. 동성애(homosexuality)란 개인의 성적활동 대상자가 동성일 경우를 일컫는 용어로 이성애(hetero-sexuality)와 대비되는 개념으로 사용된다. 동성애적인 것이 같은 성에 속해 있는 사람끼리 주고받는 일반적인 온정, 이해나 사랑을 포함하고 있다면, 이는 동성정서적(homoemotional) 요인이 작용하는 것으로 볼 수 있다. 따라서 동성애를 전적으로 성과 관련된 경험으로 보는 것은 매우 제한적인 관점이라고 할 수 있다.

동성애에 관한 한 비교적 보수적인 입장을 취해 온 우리 사회에서도 이 주제와 관련해 많은 변화가 생겼다. 최근에는 동성애자의 권익 옹호를 위한 자조집단들의 대외적 활동을 우리 주변에서 어렵지 않게 목격할 수 있다.

동성애의 역사에 대한 기록을 보면, 예로부터 동성 간의 성적 접촉은 존재해 온 것으로 알려져 있다. 고대 그리스에서는 여성을 노예들과 같은 반열에 둘 만큼 남녀차별이 심하여 공적인 정치나 학문의 장은 남성들만을 위한 것이었는데, 귀족계급의 남성이 남자노예를 성적 대상으로 삼는 일이 흔히 있었다고 한다. 또한 당시 귀족남성들 간의 성관계는 자연스러운 것으로 여겨졌으며, 때로 미화되기까지 했다. 이후 로마시대에도 남성들 간의 동성애를 어쩔 수 없는 현상으로 용인하는 분위기였다.

하지만 서구 역사의 주요 근간이 되는 기독교 문화권에서는 지속적으로 동성애의 문제를 금기시하였다. 기원전에 쓰인 기록에는 이를 사형에 해당하는 중죄로 명기하고 있다. 중세 기독교가 지배적 종교였던 서구에서는 반동성애의 전통이 이어져 왔으며, 오늘날까지도 기독교 근본주의적 입장을 취하는 사람들의 경우 이들 동성애자를 극단적 혐오의 대상으로 보는 시각을 고수하고 있다. 심리치료 전문가 와인버그(Weinberg, 1986)는 이를 동성애 공포증(homophobia)이라고 이름 붙인 바 있다.

동성애에 대한 연구들도 초기에는 동성애의 병리적 요인을 강조한 동성애혐오적인 연구들이 많이 이루어졌다. 이후 발표된 동성애의 원인에 대한 연구들은 크게 두 개의 이론적 입장으로 나누어 볼 수 있다. 첫 번째는 동성애와 이성애 간의 차이점의 원인을 생물학적인 것에 두고 동성애의 생리적, 생화학적 원인에 관심을 둔 연구들인데, 이 입장의 연구는 결론이 나지 않은 채로 남아 있다. 두 번째 입장은 정신분석학적 입장으로서 동성애자들의 정신역동적인 측면과 대인관계에 초점을 둔다. 이후 동성애의 정신병리적 측면에 초점을 둔 연구들에 도전하여 동성애가 정신질환이 아니라는 점을 지지하는 연구들도 발표되고 있다.

지금까지 동성애에 대한 정신의학적 관점에는 많은 변화가 있었다. 동성애혐오적 시각에 입각한 논의와 연구의 문제점들에 대한 인식이 확산되면서 1973년 미국 정신의학협회는 회원들의 정식투표를 거쳐 동성애 자체가 정신의학적 장애가 아니라는 결정을 내렸다. 이들은 정신의학적 장애에 포함되는 '성적 방향장애'는 '성적 관심이 기본적으로 동성에게 향한 사람들이 장애나 갈등을 겪으면서 자신의 성적 방향을 달리하고 싶어 하는 사람들'이라는 조항을 두어, 주관적 고통 여부를 정신과적 장애나 치료대상을 결정하는 주요 기준으로 삼고 있다.

대부분의 사회는 동성애보다 이성애가 자연스러움을 강조하는 지배적 가치체계를 가지고 있고, 이로 인해 서구에서는 동성애자에 대한 차별적 시각이나 대우에 대한 문제가 계속 제기되어 왔다. 우리 사회에서도 최근에 이르러 성정체성과 관련된, 특히 동성애에 대한 논의는 점차 개방적으로 다루어지고 있는 추세다.

4. 정체감의 위기를 넘어서

청년기를 고통스럽게 회고하는 사람들을 주위에서 찾는 일은 그다지 어려운 일이 아니다. 이들이 공통적으로 하는 이야기는 미래를 향해 열려진 가능성의 이면에 존재하는 현실적인 불안정과 방황의 부담을 무겁게 느꼈다는 것이다. 청년기는 이전까지 비교적 먼 장래의 일이었던 현실생활에 대한 고민들이 비로소 눈앞의 문제로 다가오는 시기다. 그리하여 기존에 가지고 있던 정체감이 우리가 해야 하는 선택이나 결정에 제대로 해답을 주지 못하는 위기에 직면하게 된다. 청년기는 자기정체감에 대한 답을 찾기 위해 무의식적인 노력을 쏟게 되는 시기를 거쳐, 이 문제가 의식적인 수준으로 올라올 만큼 심각해지는 것이다.

청년기의 정체감 위기를 극복하기 위해서는 자기객관화와 자기수용을 위해 노력하고, 자신의 희망과 이상을 실험해 보고 이를 실행할 수 있는 용기를 갖기 위해 노력하며, 주위의 도움을 구할 것을 권유하고 있다. 이 내용을 보다 자세히 살펴보면 첫 번째, '자기객관화'란 자신을 있는 그대로 보는 것을 말한다. 자신에 대해 가감 없는 시선을 갖는 것은 내면을 탐색하는 새로운 노력이 요구되는 과제이며, 올바른 자아정체감 확립을 위해 필수적으로 요구되는 과제다.

두 번째, '자기수용'은 자신을 있는 그대로 받아들이는 것이다. 여기에는 자신의 좋은 면뿐 아니라 그렇지 못한 면을 어떻게 다룰 것인가에 대한 도전도 포함된다. 일반적으로 인간에겐 자신이 부족하다고 생각하는 면을 무시하거나 회피하려는 경향이 있다. 하지만 심리학자 아들러(Adler)는 부족한 점이 개인의 삶에 발전적 에너지원으로 작용하는 것으 강조하고 있다.

세 번째, 자신의 꿈과 이상을 현실적으로 테스트해 보라는 것은 자칫 관념적 가치에 빠지기 쉬운 청년기에 경험의 기회를 십분 활용하여 자신의 가능성을 점검해 보라는 의미다. 이는 결정적 시기에 일어날 수 있는 시행착오를 예방하고 보다 현실적인 판단을 할 수 있는 바탕이 된다.

네 번째, 일을 계획하는 것이 중요하지만 이를 실제 행동으로 옮기는 데는 적지 않은 불안과 망설임이 따르게 된다. 이를 넘어서기 위한 용기와 지혜가 요구된다.

다섯 번째, 세상을 살아가면서 필요할 때 적절한 도움을 줄 만한 사람을 찾아 도움을 청할 줄 아는 열린 마음을 가지는 것은 매우 중요한 개인의 능력이다.

5. 정체감 확립을 위한 연습

인간이 건강하게 살아가는 지름길은 나답게 살아가는 것이다. 이에 대해 심리학자 에릭슨은 개인의 심리적 발달에서 무엇보다 중요한 것은 정체감을 확립하는 것이라고 보았다.

1) 첫 번째 연습: 현재 정체감 점검하기

먼저 조용한 장소에 자리를 잡고 다음에 관한 생각을 정리해 보자. 종이를 준비하고 자기에 대한 느낌, 나에게 중요한 삶의 문제 등을 10개 정도 적어 본다.

이 장을 공부하면서 자신에 대해 어떤 생각을 가졌는가? 자신은 정체감을 확립했다고 생각하는가? 아니면 정체감 혼란상태에 있다고 생각하는가? 가족이 처한 재정적인 상태나 부모님의 가치관, 살아온 지역의 특성과 같은 환경요건이 자신에 대한 생각에 영향을 미쳤다고 생각하는가? 특히 현재 자신의 전공이나 직업을 선택하는 데 위와 같은 요인들이 어떤 영향을 미쳤는지에 대해 생각해 보자.

2) 두 번째 연습: 정체감 형성과정 알아보기

우리는 혈연으로 맺어진 가족을 비롯해 많은 사람들과 더불어 살아가고 있다. 지금까지 살아오면서 한때 누군가를 이상적인 존재로 생각한 적이 있는가? 있었다면 그렇게 생각한 이유는 무엇이었는가? 혹시 그 생각이 지금 바뀌었다면 그 이유는 무엇인가? 당신이 이상적인 사람으로 생각하는 (했던) 그(녀)는 건강한 성격의 소유자였는가? 그(녀)의 성격을 어떻게 평가했는가? 어떤 점이 건강한 성격으로 생각되는지, 그렇지 않다면 어떤 점이 건강하지 않은지 구체적으로 기술해 보자.

3) 세 번째 연습: 정체감 형성에 기여한 사건 알아보기

지금까지 살아온 시간 중 특별히 즐거웠던 시기는 언제인가? 또 특별히 가슴 아픈 경험을 했는가? 그렇다면 당시의 어려움을 어떻게 해결했는가? 지금 그 시절을 되돌아보면 어떤 생각이 드는가?

4) 네 번째 연습: 정체감 만족도 점검

현재 자신의 모습에 만족하는가? 변화를 원한다면 어떻게 바꾸고 싶은지 자신이 바라는 대로 바람직하게 변화된 모습을 그려 보자.

6. 마치면서

청년기는 자신이 누구인지에 대한 답을 구하는 데서 출발하여 자기 인생에 대한 결정을 확실하게 내리게 되기까지 무력감과 불안감, 회의 등 심리적인 어려움을 겪는 시기다. 자기 정체를 확립한다는 것은 결코 쉬운 과제가 아니므로 대부분의 사회에서는 시행착오를 허용하는 유예기를 주어 청년기의 자아탐색을 돕고 있다. 하지만 개인적 가치탐색을 위한 청년기의 방황에 대해 서구사회보다 비교적 덜 관용적이라 할 수 있는 우리 사회의 경우, 청년들이 자칫 자기 정체를 제대로 탐색하지 못한 채 내몰리듯 다음 역할을 찾아가는 경우를 많이 볼 수 있다.

이 단계의 과제는 정체감의 완전한 확립이 아니다. 자아정체감은 결코 청소년기나 성인 초기에 완성에 이를 수 없는 과제이며, 다만 이 시기에는 정체감 형성의 토대를 갖추는 것이 중요하다. 그러므로 청년기에 부과된 자아정체감 확립의 위기를 극복하기 위해서는 무엇보다도 자신을 객관화시켜서 볼 수 있는 열린 마음과 자신에게 맞는 역할을 다각도로 탐색해 보는 열린 자세와 지혜가 요구된다.

제 **5** 장

대인관계

제5장

대인관계

30대의 최진영 씨와 김은주 씨는 대학시절에 만나 3년간의 교제 끝에 결혼한 동갑내기 부부다. 이들 두 사람은 첫 만남에서 서로의 다른 점에 끌렸다. 낯을 좀 가리는 편이었던 남편은 가는 곳마다 인사하기 바쁜 아내의 활달하고 사교적인 성격이 좋았다. 대가족 속에서 성장한 아내는 다양한 사람들과 잘 지내는 편이었고, 그런 특성은 결혼생활에도 영향을 미쳤다. 아내는 주말이나 휴일에 주로 친정에 가거나 친구들과 어울려서 영화나 연극 관람을 하는 등 모임에 바빴다. 남편 최 씨는 아내가 좋아하는 이런저런 모임에 참석하기는 하지만 그 자리가 편안하거나 썩 유쾌하지는 않았다. 그는 여러 사람이 어울리는 떠들썩한 모임보다는 둘만의 오붓한 외식 혹은 친한 친구 부부와 어울리는 친교 정도가 좋다고 생각했다. 남편은 결혼을 하게 되면 같이 지낼 시간이 더 많아질 것이라고 여기고 그런 시간을 기대했다. 아내 역시 남편과의 결혼생활에 대해 기대를 가졌다. 그녀는 남편의 자상하고 다정다감한 면에 매력을 느껴 결혼했지만, 남편이 기대하는 두 사람만의 시간을 갖는 것엔 그다지 익숙하지 않아 어색했다. 그래서인지 남편이 자신의 기대나 요구를 이야기할수록 부담이 느껴졌고, 남편 친구 부부와의 만남도 그다지 즐겁지가 않았다. 이러한 기대의 차이는 두 사람 사이의 긴장과 갈등을 고조시켰다. 결국 아내는 남편이 추구하는 대인관계양식이 너무 고립적이고 편협하다며 불만을 토로했고, 남편은 그런 아내에게 새로운 관계 맺기를 두려워하여 익숙한 관계에만 집착한다며 맞대응을 했다. 아내는 한번 화가 나면 귀를 막고 입을 닫아버렸다. 남편은 이런 아내의 태도 때문에 화가 나지만 이를 참고 문제에 대해 이성적으로 이야기하려고 애를 쓰곤 했다. 이후 갈등이 있을 때마다 부부는 이런 식으로 행동의 차이를 보였다. 이런 과정을 겪으면서 두 사람은 서로에 대해 가졌던 환상이 깨어졌다는 생각에 깊은 좌절감을 느끼게 되었다.

이 와중에 아내는 남편이 다른 여성과 만나고 있다는 사실을 알게 되었다. 그녀는 참을 수 없는 분노를 느꼈고, 남편은 심각한 사이가 아니라고 변명했으며, 결국 두 사람은 이혼의 위기를 맞고 말았다. 남편은 자신의 일시적인 외도가 야기한 일련의 사태를 겪으면서 스스로를 되돌아보게 되었다. 그는 자신이 채워지지 않는 친밀감의 욕구를 아내가 아닌 다른 사람에게서 구했다는 사실을 깨달았고, 그것이 자기파괴적인 행위였음을 인정하게 되었다. 그리고 흔히 이런 상황에 처한 남성들이 하듯이 오히려 아내를 원인제공자로 비난하고 나서는 행동을 하지는 않았다. 그는 자신의 잘못을 인정하고, 관계를 깨끗이 정리할 것을 약속했고, 아내에게 진심으로 사과하였다. 이런 남편의 태도는 아내로 하여금 두 사람 사이에 가로놓인 친밀감과 관련된 문제와 결혼관계 속에서의 자기 역할에 대해 다시 생각해 보는 계기를 제공했다. 두 사람은 이 일로 결혼관계를 끝내기보다는 다시 노력하는 것이 두 사람 모두가 원하는 바라는 사실을 확인하고 함께 상담을 받기로 하였다.

상담과정을 통해 이들은 두 사람 모두 만족스럽고 안정된 결혼생활을 원했지만, 그것을 이루어 나가는 데 필요한 이해와 기술이 부족했음을 인식하게 되었다.

아내의 경우 결혼을 하면 서로 맞추어 가며 잘살 수 있을 거라고만 막연히 생각했지, 그것이 노력과 시간을 요구하는 일이라고는 생각지 못했다는 점을 깨달았다. 남편은 자기 나름대로 만족스러운 부부관계를 위해 애를 썼지만, 그런 자신의 노력이 아내에게 어떻게 받아들여지는지에 대해서는 생각하지 못했음을 인식할 수 있었다.

친밀한 대인관계는 심리적 안녕의 필수적인 요소다. 타인과의 관계 속에서 경험하는 존중과 배려는 개인의 자존감을 강화하며 세상을 살아가는 데 필요한 심리적 자원이 된다.

"지옥은 바로 타인들이다."라고 했던 프랑스 철학자 사르트르(Jean-Paul Sartre)의 냉소적인 비유는 대인관계에서 일상적으로 경험하는 고통과 실망 혹은 소외감의 정도가 얼마나 클 수 있는지를 말해 준다.

1. 대인관계와 친밀감

대인관계의 어려움을 호소하는 사람들을 보면 타인으로부터 인정받는 것에 지나치게 민감한 심리상태에 그 원인이 있는 경우를 흔히 볼 수 있다. 다른 사람들에게 인정받는 것을 자존감의 일차적인 원천으로 삼고, 수동적 대인관계를 유지할 경우엔 만성적인 대인관계문제라는 함정에 빠지기 쉽다.

심리학자들은 이에 대해 심리적 건강의 유지에 요구되는 친밀한 관계, 지지적인 관계에 대한 균형적 태도를 가질 것을 조언한다. 즉, 대인관계의 중요성과 가치에 대한 인식을 바탕으로 자기주도적으로 관계능력을 향상시키려는 노력을 견지하는 것이다. 여기서 자기주도적이 되기 위해서는 관계 속에서 자신의 정서와 생각을 인식하고 이의 만족을 추구하는 것이다.

사람들의 대인관계 유지 양식은 다양하다. 이러한 관계 유지 양식의 개인차는 출생 이후 사회화 과정을 거치면서 발달하게 된다. 개인의 사회화에 주요 기능을 담당하는 기구는 가족으로서, 특히 주요 양육자와의 초기 관계 경험의 질이 이후의 대인관계에 영향을 미치게 된다.

2. 가족관계경험과 대인관계

생애초기의 주요 양육자와의 관계경험은 개인의 정신건강과 성격에 지속적으로 영향을 미친다. 그중 애착이론(attachment theory)과 대상관계이론(object relation theory)에서는 초기양육자와의 관계경험이 개인의 자기(self), 타인(others), 관계(relation)에 대한 정서적 느낌과 인식의 기초임을 강조한다.

1) 초기 애착경험과 대인관계

세계보건기구(WTO)의 위촉으로 고아들의 정신건강을 연구한 심리학자 보울비(Bowlby)는 대인관계의 유형을 결정하는 주요 요소로 애착관계에 주목하였다. 대인관계에 결정적 영향을 미치는 애착관계는 아이의 욕구에 적절하게 대응하는 민감한 양육에 의해 그 질이 결정된다. 유아기의 안정애착경험은 이후 안정적이고 만족스러운 대인관계를 맺는 데 필요한 사회적 유능감 형성의 기초가 된다. 애착의 질은 아동이 양육자와 분리되었다가 짧은 시간 후에 재회하는 과정을 보는 '낯선상황실험'에서 활성화되는 특성별로 분류된다. 애착관계는 안정애착, 불안정-회피애착, 불안정-저항애착, 불안정-혼돈애착의 네 가지 유형으로 다음과 같은 특성을 보인다.

생애초기 안정애착을 경험한 유아는 타인에 대한 신뢰감뿐 아니라 자신에 대한 신뢰감을 동시에 발달시켜 애착욕구와 탐색욕구를 균형 있게 행할 수 있다. 안정애착경험을 가진 아동은 타인을 '자신을 좋아해 주는 사람'으로 느끼며, 자신은 '사랑받을 만한 존재'라고 느끼게 된다. 이러한 정서는 이후 또래친구와의 관계에서 자신감의 밑바탕이 되고, 보다 편안하게

〈표 5-1〉 애착의 유형

안정 애착	어머니와 함께 있을 때 편안하게 놀고, 낯선 사람에 대한 두려움이 적으며, 어머니를 안전기지 삼아 낯선 상황을 탐색한다. 낯선 상황에서도 어머니와 함께 있으면 안정감을 느낀다. 어머니가 떠나면 놀이를 중단하고 울지만 어머니가 돌아오면 매우 반기고 어머니에게 다가간다. 애착행동과 탐색행동 간의 균형을 유지한다.
불안 · 회피 애착	어머니를 안전한 탐색기지로 삼지 않는다. 어머니와 낯선 사람 모두에게 유사한 반응을 보인다. 어머니와 떨어져도 심하게 울지 않고 어머니가 돌아오면 외면하는 등 신체적 접촉과 상호작용을 거부한다. 어머니와 떨어지거나 어려움에 처해도 어머니에게 위안을 구하지 않는다.
불안정 · 저항 애착	어머니와 떨어질 때나 낯선 상황에서 어머니가 함께 있어도 울음을 터뜨린다. 탐색행동을 거의 하지 않고, 어머니에게서 떨어지려 하지 않으며, 어머니 옆에만 있으려 한다. 어머니와 떨어질 때도 심하게 울고, 재회 시에 더 오래 울며, 어머니에게 안기고 싶어 하면서도 안아 주면 밀어내는 양가감정과 행동특성을 보인다. 어머니가 주는 과자나 장난감 등을 던지거나 발로 차는 등 거부하며 분노를 표현하기도 한다. 지나친 애착행동으로 인해 탐색행동을 하기 어렵다.
불안정 · 혼란 애착	회피와 저항이 뒤섞인 반응을 보인다. 낯선 상황에서 어머니가 돌아오면 다가가서 안겼다가, 이내 화난 듯이 밀쳐버리거나 어머니로부터 더 멀리 가는 양극적인 반응을 보인다. 이런 반응은 어머니에 대한 욕구는 강하나, 어머니로부터 무시당하거나 구박받은 경험이 있어서 애착과 거부당하는 공포가 공존하기 때문에 나타나는 반응으로 볼 수 있다.

긍정적이고 친밀한 관계경험을 형성하게 한다. 위 〈표 5-1〉에서 제시되고 있는 초기양육자와의 정서적 상호작용방식은 개인의 행동 패턴을 결정짓는 내적 작동모델(internal working model)로 내면화되어, 생의 초기뿐 아니라 청년기와 성인기, 노년기에 이르기까지 개인의 대인관계에 영향을 미치게 된다.

2) 대인관계 유형과 발달단계

복잡한 환경 속에서 삶을 영위해 가는 인간은 누구나 기본적인 불안(basic anxiety)을 안고 살아가는 존재다. 사람들은 기본적 불안해소를 위해 적응 책략을 사용하며, 이는 대인관계 패턴으로 드러나게 된다. 사람들이 타인을 대하는 태도에는 일관성이 있으며, 일관적 태도는 불안으로부터 자기를 보호하는 기능을 가진다.

카렌 호나이(Karen Horney)는 사람들이 관계 속에서 불안을 다루는 방식을 다음의 세 가지로 구분했다.

〈표 5-2〉 관계불안 처리 유형

접근형	불안할 때 사람들에게 접근하여 애정을 구하거나 의존, 복종하며 자신을 방어한다.
저항형	사람들에게 대항하는 방식, 예를 들어 공격적인 태도를 취하거나 적대시하는 행동을 통해 자기를 방어한다.
회피형	사람들을 피하거나 숨는 방식으로 자신을 방어한다.

일반적으로 생애초기 가족관계에서 유용성을 경험했던 방식이 이후 주로 사용하는 방어책략이 된다. 신경증적 행동 패턴이란 위의 자기방어책략 중 한 가지를 과도하게 사용하는 것이라고 볼 수 있다.

카렌 호나이는 성격의 조기결정론에 대해 부정적이었으며, 인간의 성격 변화능력에 대한 낙관론을 다음과 같이 피력하였다. "인간은 자신의 잠재력들을 발달시키고 훌륭한 존재가 되려는 욕망이 있을 뿐 아니라 그럴 능력도 가지고 있는데, 타인에 대한 그리고 자신에 대한 관계가 장애를 받으면 이 잠재력들이 저하된다. 나는 인간이 살아 있는 한 변화할 수 있으며, 계속 변화한다고 믿는다. 그리고 나의 이해가 깊어질수록 이 신념도 커졌다."(Horney, 1973)

정신의학자 설리반(Sullivan)은 개인의 평생발달에 영향을 미치는 대인
관계경험의 주요 내용을 연구하였다. 그는 〈표 5-3〉에서 제시되고 있는
발달단계별 대인관계 경험양식이 자아의 진화과정으로 볼 수 있는 개인의
성격에 중요한 요소로 작용한다고 보았다(〈표 5-3〉 참조).

〈표 5-3〉 설리반의 발달단계에 따른 주요 대인관계 경험

기간	연령	자아체계	주요 대인관계 경험
유아기	0~18개월	미분화상태	• 젖을 먹는 스트레스 • 모의 양면성에 대한 두려움 • 모의 도움 없이 간헐적으로 스스로 만족감 경험 • 타인의 보호에 완전 의존
아동 전기	18~20개월	성역할 인지	• 인간상 형성 • 극화-성인역할놀이 • 악의, 고립경험-'세상은 내 뜻대로 되지 않는다.' • 의존
아동기	5~11세	욕구 통합 -내적 통제	• 사회화-협동, 경쟁 • 통제에 대한 학습 • 삶의 방향성 • 의존
청소년 전기	11~13세	다소 안정적	• 동성 또래친구와의 관계유지 욕구 • 순수한 대인관계 시작 • 평등한 기회에 대한 욕구 • 다소 혼란한 독립의 욕구
청소년 중기	12~17세	혼란스럽지만 안정적	• 강한 성욕 • 이중 사회성 욕구: 이성에 대한 성욕, 또래에 대한 친근감(동성애로 이어질 수도 있는 혼란감)
청소년 후기	17~20대 초	통합, 안정	• 불안에 대한 강한 안전욕구 • 집단에 대한 소속감 • 독립감
성인기	20~30대	통합적	• 사회화-안정 • 부모로부터의 독립

출처: 노안영, 강영신(2003). 성격심리학. 학지사, pp. 169-170.

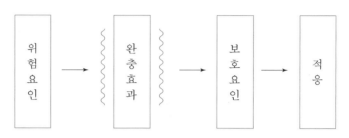

[그림 5-1] 보호요인의 완충효과

가무지(Garmezy) 등은 열악한 환경 속에서도 바람직하게 성장하는 개인들의 특성, 특히 심리적 탄력성(resilience)에 주목하였다. 연구결과 이들에게는 열악한 환경에 의한 각종 위험요인을 완화해 주는 보호요인들이 있음을 밝혀내었다. 위험요소가 많은 환경 속에서도 적응수준이 높은 개인은 자존감, 자기효능감, 낙관성, 문제해결력 등이 다른 집단에 비해 상대적으로 높았다. 그리고 사회적으로 가족관계의 질, 부모의 지지적인 양육태도와 같은 가족특성, 친척, 친구, 교사, 이웃주민 등의 사회적 지지와 보호기관과의 연계 같은 사회환경적 요인의 바람직성이 발견되었다. 위험요인이 높은 생활환경에서 좋은 관계 네트워크는 성격변인과 함께 개인의 성장과 발달을 방해하지 못하게 하는 완충효과를 가진다.

위 논의들은 초기 발달결정 변인 못지않게 전 생애 속에서 각 단계의 개인적, 환경적 변인이 적응의 주요 요소임을 말해 주고 있다. 이들은 개인이 스스로를 과거에 지배당하는 무기력한 희생자로 여기기보다는 자신의 대인관계특성을 인식하고 현재와 미래지향적 관점을 취하며, 만족스러운 관계를 주도적으로 만들어 나가기를 권유하고 있다.

3. 대인관계의 범위와 특징

대인관계 패턴에는 개인차가 있다. 마당발을 자처하며 넓은 범위의 교유를 좋아하는 사람이 있는가 하면, 소수의 사람과 친밀한 관계를 유지하는 것을 선호하는 사람도 있다. 삶의 다른 영역과 마찬가지로 대인관계 또한 성장을 위한 의식적인 노력이 필요하다.

이를 위한 첫걸음으로 먼저 자신이 가지고 있는 대인관계의 특성을 점검해 볼 필요가 있다. 자신의 인간관계특성을 이해하는 좋은 방법은 현재 맺고 있는 친밀한 관계의 범위를 점검해 보는 것이다.

[그림 5-2]와 같이 다섯 개의 동심원을 그려 보는 작업은 자신이 맺고 있는 관계의 특성을 알 수 있는 한 방법이다. 원의 중심에는 본인이 자리하고 있다. 그리고 중심에서 멀어질수록 그 범위에 속하는 사람의 숫자는 많아지지만 친밀감의 정도가 떨어지며, 원의 중심에 가까워질수록 해당하는 사람의 숫자는 적어지지만 친밀감의 정도가 커지는 특성이 있다. 친밀한 관계의 속성에 대해 우리가 알아두어야 할 것은 관계가 가까워질수록 신뢰감이나 관심, 정서적 유대의 정도가 높아져 심리적 만족감에 기여하는 정도

[그림 5-2] 대인관계의 범위

가 커지지만, 그 관계가 악화될 경우 개인이 느끼는 상처와 실망의 정도 또한 더 커진다는 점이다.

각 관계 범위별 특징을 살펴보면 다음과 같다.

① 범위 E

서로 마주치면 인사를 나누는 정도로 개인적인 접촉은 전혀 없는 '주변적인 관계' 에 해당한다. 서로 이름도 모를 수 있다. 이 범위에 속하는 사람의 예를 들면, 같은 통근버스를 타고 다니는 사람, 자주 가는 상점의 점원, 같은 건물에서 근무하는 사람 등이 있을 수 있다. 따라서 그 숫자는 셀 수 없는 경우가 많다.

② 범위 D

이 범위에 속하는 사람은 서로 이름도 알고 상대방에 대한 약간의 정보가 있다. 혹시 마주친다면 일상적인 이야기를 나누는 정도의 '아는 사이' 지만, 개인적이거나 정서적인 접촉은 없는 경우에 해당한다. 거주지나 직장 혹은 학교를 옮긴다든지 하는 중요한 결정을 내릴 때 고려의 대상이 되지 못하며, 이들과의 관계가 소원해진다든지 나빠져도 정서적인 상실감은 별로 느끼지 못한다.

③ 범위 C

이 범위의 사람은 '친구' 라고 생각하는 어느 정도 친밀한 사이다. 서로 대화도 하고, 정서적인 교감이 이루어지며, 비교적 자주 접촉하며, 서로 관심을 기울이는 관계다. 이 관계가 어쩔 수 없이 끝난다면 심하지는 않지만 어느 정도 상실감을 느끼게 된다. 개인에 따라 한두 사람에서 많게는 열 명이 훨씬 넘는 사람과 이런 관계를 유지할 수 있다.

④ 범위 B

'특히 가까운 사이' 에 해당된다. 이들은 당신에 대해 아주 잘 알고 있으며, 당신도 이들과 함께 있을 때는 긍정적이건 부정적이건 사적인 감정을 거리낌 없이 드러낼 수 있다. 이들과의 관계는 거주지나 직장과 같은 물리적 환경이 바뀌더라도 지속하려고 노력하게 된다. 그 이유는 이들의 존재 자체가 심리적 안녕의 주요 요소이기 때문이다. 이 관계는 동고동락하는 가운데 서로 보살피며, 인생에 연속성을 주며, 평생지기가 될 수도 있다. 사람에 따라 한 사람에서 네 사람 정도와 이 관계를 맺고 있을 수 있으며, 평생을 따져 본다면 더 많은 숫자의 사람과 이런 관계를 맺을 수 있다. 만일 이 관계가 끝난다면 상실감을 경험하게 될 것이다.

⑤ 범위 A

'매우 가깝고 친밀한 사이'에 해당하며, 단짝친구, 배우자, 형제자매 등이 이 관계의 대상이 될 수 있다. 이들 앞에서는 자유롭게 자신의 속마음을 털어놓을 수 있고 자신의 강점뿐 아니라 약점, 느낌 등을 거리낌 없이 드러낼 수 있다. 실제로 한두 사람 정도와 이런 친밀한 관계를 맺고 있는 경우가 많다. 평생 다섯 명 혹은 그 이상의 사람과 이런 관계를 유지할 수 있다. 이 관계는 심리적 안녕에 핵심적인 영향력을 가지며, 어떤 이유로든 이 관계를 끝내게 될 때는 깊은 상처와 상실감을 경험하게 된다.

이와 같이 대인관계의 범위는 다양하며, 여러 가지 요소가 작용한다. 사회심리학자들은 사람들 간의 사회적 상호작용에 개입하는 변인들에 대한 연구결과를 다음과 같이 내놓고 있다.

먼저 신체적 매력이 인간관계에 미치는 영향에 관하여 살펴보자. 다른 사람을 처음 만났을 때 가장 먼저 눈에 띄는 것은 얼굴 생김새부터 옷차림 등이 포함된 외모일 것이다. 디온 등(Dion, Berscheid, & Hatfield, 1972)은 신체적 매력이 인상 형성에 미치는 효과에 대해 연구하였다. 이들은 학생들을 대상으로 신체적 매력이 높은 남녀와 중간 정도의 남녀 그리고 매력이 떨어지는 남녀의 사진을 관찰하도록 했다. 그리고 이들의 성격과 능력특성 등을 추측해서 평가해 보게 했다. 그 결과 학생들은 신체적 매력이 높은 사람이 낮은 사람보다 자신감이 더 높고 자신의 주장을 분명히 하며, 더 따뜻하고 감수성이 예민하고 사회성도 좋고 더 사교적일 것이라고 평가하였다.

월스터(Walster, 1969) 등은 사람들은 신체적 매력수준이 유사한 사람에게 끌린다는 맞춤가설(matching hypothesis)에 대해 연구하였다. 이들은 댄스파티를 열어 무작위로 파트너를 소개한 뒤, 파티 중간 즈음 파트너에 대한 만족도를 조사하였다. 그 결과 파트너의 신체적 매력이 높을수록 만족도가 높은 것으로 나타났다. 6개월 후 파티 참가자들을 대상으로 당시 댄스 파트너를 계속 만나고 있는지를 물었다. 신체적 매력이 비슷한 수준의 사람들은 이후에도 데이트를 계속하고 있는 것으로 나타났다. 이에 대해 월터스 등은 원래 교제 초기에는 얼굴이 잘생기거나 아름다운 사람에게 매력을 느끼지만, 신체적인 매력이 큰 사람에게 자신도 매력적일지 여부를 가늠했을 때 현실적인 기준이 작용하게 된다고 보았다. 머스테인(Murstein, 1972) 등은 데이트 중인 커플과 약혼한 커플의 사진연구를 통해 약혼한 커플의 외모가 더 유사함을 보고하였다. 신체적 특성 외에도 사람의 전체적인 인상 결정에 처음 제시된 정보가 이후 제시된 정보보다 사람의 인상을 형성하는 데 결정적인 역할을 하는 것을 초두효과(primacy effect)라고 한다. 애쉬(Asch, 1946) 등은 실험을 통해 어떤 사람에 대해 '지적이고 근면하고 충동적이고 비판적이고 완고하고 질투심이 많다.' 처럼 긍정적인 정보를 먼저 주고 부정적인 정보를 나중에 주는 식으로 한 집단에게 말해 주었다. 또 다른 집단에게는 동일한 정보를 반대의 순서로 주었다. 긍정적인 정보를 먼저 들은 집단은 부정적인 정보를 먼저 들은 집단에 비해 훨씬 호의적인 인상을 형성하였다. 첫 번째 피험자집단의 90%가 그 사람을 관대할 것이라고 예측한 반면, 두 번째 집단의 경우 10%만 같은 평정을 하였다. 초두효과가 발생하는 이유는 일반적으로 누군가에 대해 인상을 형성할 때 후속

정보에 주의를 덜 기울이는 경향이 있기 때문이다. 크라글란스키와 웹스터 (Kruglanski & Webster, 1996)는 불확실성과 애매한 것을 좋아하지 않는 폐쇄욕구가 높은 사람이 초두효과가 높은 편으로 나타났다. 또한 애쉬는 사람들이 타인에 대한 인상을 형성할 때 암묵적 성격이론(implicit personality theory)을 적용한다고 주장했다. 암묵적 성격이론이란 특정한 성격을 가진 사람은 관련된 다른 특성도 가졌을 것이라고 가정하는 경향을 말한다. 예를 들어, 한 학생이 따뜻한 성격을 가졌다고 할 경우 그가 대인관계도 좋을 뿐더러 학업수행도 잘할 것이라고 믿기 쉽다는 것이다. 사람들 간의 관계 형성과 유지에 개입되는 변인들은 우리의 일상에서 다양하게 관찰되는데, 이러한 연구결과들은 상황에 따른 인간행동의 특성에 대해 설명하고 있다.

4. 우정관계와 건강성

1) 우정관계

좋은 친구관계는 삶의 소중한 자산이다. 영국의 철학자 베이컨(Francis Bacon)은 우정관계를 통해 "기쁨은 두 배가 되고 슬픔은 반이 된다."고 했다. 혈연으로 맺어진 가족이나 직장동료관계 등 필연적인 관계와 우정관계가 구분되는 점은 무엇보다 자발성이라고 할 수 있다.

일찍이 아리스토텔레스(Aristoteles)는 친구를 유용한 친구, 쾌락을 위한 친구, 완전한 친구의 세 가지 형태로 나누고 이를 다음과 같이 설명하고 있다. 첫 번째, 유용한 친구란 성취욕이 강하고, 진취적인 유형의 사람들끼리 자신의 이익을 도모하기 위해 사귀는 친구를 말한다. 두 번째, 쾌락을 위한 친구란 말 그대로 함께 어울려 놀기 위한 목적으로 깊이 없이 사귀는 친구들이다. 세 번째, 완전한 친구란 상대방의 좋은 성품을 동경해서 맺어진 우정관계를 말한다. 그는 첫 번째와 두 번째 관계를 '제한적이고 피상적인 우정'이라고 불렀고, 마지막 세 번째 유형인 완전한 친구는 만족도가 매우 높지만 현실적으로는 찾아보기 힘들다고 보았다.

로벤탈(Lowenthal, 1975)은 미국의 고교 졸업반 학생부터 노인에 이르는 성인을 대상으로 연구한 결과, 친구관계 핵심 요소를 다음의 여섯 가지로 정리하였다. 첫째, 흥미와 태도, 행동의 유사성, 둘째, 이해와 격려, 관용적 자세의 상호성, 셋째, 생활공간상의 상호근접성, 넷째, 사귐의 기간이 길어 편안함을 느끼고 친구관계를 통해 누릴 수 있는 편리성, 다섯째, 서로에게 도움이 되는 구조적 호혜성, 여섯째, 닮고 싶은 역할모델이 될 수 있는 매력성이 그것이다. 그 외에도 다양한 경제적, 사회적, 개인적 속성들이 우정관계의 주요 요소로 작용할 수 있다.

라이트(Wright, 1978) 등은 우정관계에 크게 두 가지 기준이 작용한다고 보았다. 첫째는 자발적 상호의존의 정도(voluntary interdependence: VID)로서 여가시간을 보내거나 어떤 일을 결정하는 것처럼 친구의 행동에 의해 영향을 받는 정도를 말한다. 둘째는 개인적인 준거(person-qua-person: PQP)인데, 친구 간에 독특하고 진실하며 그 어떤 다른 사람과 바꿀 수 없는 관계로서 두 사람만의 특징적인 상호작용의 내용을 말한다. 우정관계란 이 두 가지 특성을 묶은 것이다. 혹자는 우정은 동성 사이에서만 가능하며, 이성 사이의 우정은 가능하지 않다고 생각한다. 그런가 하면 가능하다고 주장하는 이도 많다. 하지만 동성 간의 우정과 이성 간의 우정이 구별되는 점은 후자의 경우에 우정이 애정으로 변할 가능성이 상존한다는 것이다. 또한 애정관계가 우정관계와 다른 점은 두 사람 간의 자발적 상호의존의 정도가 훨씬 높고 매력관계 유지가 일시적이 아니라 보다 '영원한 관계'를 전제로 하며, 대상자의 수가 단 한 명이라는 배타성을 가진다는 특징이 있다.

바람직한 친구관계란 심리적인 만족감을 높이고, 서로 잠재력 실현을 도와주며, 존중받고 배려하는 사랑과 수용의 관계라고 볼 수 있다.

2) 관계건강성

매슬로우는 인간은 어느 정도 안전욕구가 충족되면 친밀한 관계욕구, 사랑하고 존중받고 싶고 존중하고 싶은 성장욕구가 활성화된다고 하였다. 이상적으로 볼 때 친밀한 관계는 모두의 성장을 돕는 관계라고 할 수 있다. 하지만 친밀한 관계라고 해서 성장욕구가 항상 충족되는 것은 아니며, 오히려 성장을 저해하는 관계를 유지해 나가는 경우도 볼 수 있다. 아무리 좋은 사이일지라도 친밀성이 더해지고 개방과 기대치가 높아지면서 두 사람 사이의 견해차나 갈등이 발생할 수 있다. 친밀한 관계에서 갈등이나 견해차가 지속적으로 발생한다면 이는 현재 관계방식에 변화가 필요함을 나타내는 사인이라고 해석할 수 있다. 이러한 갈등사태는 일차적으로 위기로 감지되며, 스트레스의 원인이 될 수 있다. 친밀한 관계에서 흔히 사용되는 역기능적 문제해결방식은 상대방에게 일방적으로 변화할 것을 요구하거나, 문제를 회피하는 방식으로 상대방을 조작하는 것이다. 상대방에게 변화를 요구할 경우 갈등이 밖으로 불거지는 어려움을 겪을 수 있지만 이를 두려워하여 회피적으로 대응하는 것도 바람직한 방법은 아니다. 논쟁적이지 않으면서 자기주장을 하는 방법이 가장 바람직하다. 사람들이 자기주장을 못하는 이유는 크게 세 가지로 나누어 볼 수 있다. 첫째는 거절당하는 데 대한 두려움이 크고, 둘째는 변화에서 요구되는 갈등이나 새롭게 지게될 짐을 회피하고 싶은 마음이 있을 수 있다. 마지막으로 상대방의 능력이나 의지를 과소평가하기 때문일 수도 있다.

친밀한 관계가 성장을 방해하는 가장 흔한 형태는 의존관계다. 이는 관계에 속한 한쪽이나 두 사람이 이전에 충족되지 못한 애정욕구나 미해결과제의 해결을 현재 관계 속에서 지속적으로 추구하는 것으로 나타난다. 타인에 대한 정서적 애착을 통해 자신의 결핍감에 대한 보상을 추구하려는 것을 중독관계(addictive relation-ship)라고도 한다(Stanon Peele, Archie, &

Brodsky, 1974). 이들은 관계에서 모든 위안을 구하며, 정서적으로 전념하기 때문에 일체의 다른 대인관계나 활동에서 점차 철회하고 폐쇄적이고 고립적인 관계형태를 보이게 된다. 이와 대조적으로 보다 원숙한 관계는 성장하고 발전하고 싶은 도전을 받는 관계다.

일상적 관계의 건강성을 유지하는 것은 매우 중요한데 이를 가늠해 볼 수 있는 질문은 다음과 같다(Eastwood, 2004).

- 이 관계로 우리 둘 사이가 향상되었는가?
- 이 관계가 우리를 바람직한 방향으로 변화시키고 성장하도록 자극하는가?
- 우리들은 이 관계 이외에도 다른 흥미 있고 의미 있는 관계를 맺고 있는가?
- 연인이나 배우자관계의 경우 좋은 친구가 되기도 하는가?
- 서로 사랑을 주고받을 수 있는 욕구를 지니고 있는가?
- 자신의 개성을 포기하지 않고도 친밀감을 유지할 수 있는가?
- 이 관계를 떠나도 스스로 가치 있는 한 사람인가?

이와 같은 질문에 대해 스스로 답해 보면서 자신의 관계가 중독적 관계인지 성숙한 관계인지를 판단할 수 있다.

5. 대인관계양식과 관계의 질

1) 자기개방과 자기소외

자신을 개방하는 솔직함은 좋은 대인관계 형성의 중요한 요소로 작용한

다. 인간관계를 발전시키지 못할 때 그 원인을 살펴보면 일차적으로 솔직
함에 요구되는 자기이해의 부족과 관련된 경우가 많이 있다.

심리학자 주라드(Jourard, 1975)는 대인관계에서의 자기개방에는 사람들
이 가진 '있는 그대로의 자기'와 '남에게 보이기 위한 자기' 두 가지 요인
이 관여한다고 보았다(이형득, 1989). 사람들은 타인으로부터 인정이나 칭
찬을 받기 위해 있는 그대로의 자기 느낌이나 욕구를 억압하는 면이 있다.
타인에게 수용되고자 하는 의식이 너무 강해 주객이 바뀌는 현상이 심화되
면 결국 어느 것이 있는 그대로의 참자기인지 구별하지 못하고 자신의 고
유한 정서나 사고가 둔화되는데, 이런 현상을 자기소외라고 한다. 참자기
를 알기 위해서 가장 먼저 해야 할 일은 자신의 감정이나 태도, 행동을 솔
직하게 탐색해 보는 것이다. 사람이 자기 자신을 솔직하게 탐색하고 제대
로 이해한다는 것은 결코 쉬운 일이 아니지만 개인의 심리적 성장에 필수
적으로 요구되는 일이다. 자신을 이해하고 수용하면서 다른 사람으로부터
인정받는 것은 자존감의 형성에 매우 중요하다. 이때 관계 속에서 비추어
지는 자기 모습에 대한 타인의 피드백은 그 내용이 긍정적이든 부정적이든
간에 개인의 자기개념에 영향을 미친다. 특히 친밀한 사람이 주는 피드백
은 더 큰 비중으로 작용한다.

여기서 특별히 유념해야 할 점은 자기개방의 정도에 관한 것이다. 사람
들 간의 관계에서 한쪽이 자신의 속내를 털어놓으면 다른 쪽에서도 그렇
게 하는 경향이 있다. 이를 사회심리학자들은 상호고백효과(disclosure
reciprocity)라고 한다. 그러나 이 상호고백효과는 어느 정도 시간이 필요
하며, 갑자기 이루어지기는 힘들다. 한쪽에서 일방적으로 자기개방을 하
게 되면 이는 상대에게는 자칫 자기개방을 요구하는 압력으로 느껴져 부
담을 줄 수 있다. 그러므로 자기개방은 관계의 친밀도에 따라 속도와 수위
를 조절해야 한다. 언제 어떻게 자신을 솔직하게 드러내 보일지를 아는 것
은 매우 중요한 대인관계기술이다. 친해지고 싶은 마음이 앞서서 섣부르

게 자기개방을 하게 되면 상대방에게 부담을 주어 오히려 관계 발달을 방해하는 요소로 작용할 수 있다. 그러므로 자기개방이 관계발전에 효과를 발하기 위해서는 관계의 정도에 맞게 자기를 개방해 나가는 지혜가 필요하다.

2) 조이와 해리의 마음의 창

심리학자 조이(Joe)와 해리(Harry)는 [그림 5-3]과 같이 사람의 마음을 창문에 빗대어 인간관계 속에서 작용하는 자기개방과 타인에 의한 피드백의 역할을 도식화하고 있다.

이 모형에 따르면, 개인이 심리적 안녕에 도움이 되는 인간관계를 발달시킨다는 것은 B와 C, D의 영역을 좁히고 A의 영역을 넓히는 것을 의미한다. B의 영역이 넓은 사람은 자기도취적 특성을 보이는 경우가 많다. 자신은 문제가 없다고 생각하는데도 어쩐지 타인과 친밀한 관계를 발전시키지 못하고 피상적인 수준의 대인관계에 머무는 사람이다. 이는 자기이해가 부족한 경우라고 볼 수 있다. C의 영역이 넓은 사람은 자기표현을 하지 않아

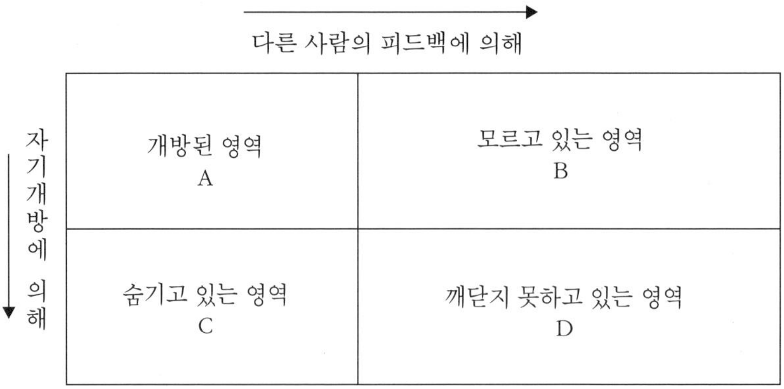

[그림 5-3] Johari의 마음의 창

타인의 입장에서는 쉽게 접근하기 힘든 사람이다. 일반적으로 만난 지 얼마 되지 않은 사이에서는 자신에 관한 이야기를 자제하기 때문에 이 영역이 넓게 마련이다. C의 영역을 넓게 소유하고 있는 사람은 자기 자신을 비교적 정확히 이해하기는 하나, 스스로 이해하는 자신을 수용하지 못하므로 남에게 있는 그대로 내어놓기를 싫어하거나 주저하게 된다. 그로 인해 대인관계를 발전시켜 나가는 데 불안과 긴장을 느낀다. 그리고 자기를 은폐하기 위해 지나친 에너지를 쓰기 때문에 자기 기능을 충분히 발휘하는 생산적인 삶을 사는 데 방해를 받기 쉽다. 이들에게는 특별히 왜곡된 자아개념의 치유를 통한 자기수용과 자기개방의 용기와 훈련이 필요하다. D의 영역은 의식되지 않은 자기 혹은 우리가 갖고 있는 무의식의 영역이다. 이 영역은 그 크기와 내용을 알 수 없지만 언제나 존재하며, 개인을 움직이는 힘으로 작용한다. 적절한 자기개방을 통해 숨기고 있는 영역이 줄어들수록 또 자기성찰이 깊어질수록 이 영역은 줄어든다. 특히 정신분석적 입장을 취하는 치료나 상담에서는 현재의 기능을 방해하는 억압된 과거의 외상적 경험이나 미해결과제(unfinished business)라고 표현되는 이 무의식영역을 의식화시키는 것을 정신건강 회복의 주요 요소로 본다. 이런 자기탐색은 과거에 인간관계에서 겪었던 크고 작은 아픈 감정들을 묻어 두지 않고 드러내어 이해하고 인정하는 것을 말하는데, 이것은 매우 중요한 과정이다. 그 이유는 억눌린 감정들은 우리의 현재 생활을 왜곡하는 식으로 작용하기 때문이다. 이런 방식으로 자신의 상처를 치유하는 것이야말로 자기실현의 첫걸음이라고 할 수 있다.

3) 대화 유형과 대인관계만족도

대인관계만족도에 영향을 미치는 가장 큰 변수는 관계에서 발생하는 감정의 처리방식이다. 가족치료자 버지니아 사티어(Virginia Satir, 1993)는 자

신과 타인의 감정을 옳게 자각하고 이를 적절히 표현하는 것이 심리적 건
강을 높이고 대인관계의 만족도를 높인다고 보았다. 자신의 감정이나 타인
의 감정을 인식하고 표현하는 능력에는 자존감의 수준이 큰 영향을 미친
다. 사티어는 자신의 감정을 무시하거나, 타인의 감정을 무시하거나, 아니
면 자신과 상대의 감정을 모두 무시하는 대화유형은 대인관계의 만족감을
떨어뜨린다고 보았다. 개인이 대인관계 속에서 감정을 다루는 방식은 가족
관계 속에서 학습하게 된다. 다음은 대인관계 속에서 드러나는 역기능적
대화의 유형과 그 특성이다.

일반적으로 일상적으로 나누는 대화 속에는 자신에 대한 것, 상대방에
대한 것, 상황에 대한 것 등의 세 가지 정보를 담고 있다. 이를 토대로 '나는
중요하지 않다' '너는 중요하지 않다' '아무에게도 관심 없다' '상처받을
까 봐 두렵다' 등과 같은 숨겨진 메시지를 발견할 수 있다. 대인관계의 기
술과 만족도를 높이기 위해서는 자신이 어떤 맥락에서 어떤 형태의 대화 유
형을 보이는지 인식하고 균형자적 대화 양식을 익히기 위해 노력하는 것이
바람직하다고 할 수 있다.

〈표 5-4〉 대인관계와 대화 유형, 행동특성

대화 유형	정서, 표현모드	행동특성
회유형	자기감정 무시, 타인 중심 표현	타인의 기분, 비위 맞추기
비난형	상대방 감정 무시, 자기 중심 표현	비난을 통해 상대를 통제
계산형	자신과 타인에 관한 감정 억압	이성적이고 합리적인 표현, 정서적인 거리감 유지
혼란형	감정, 표현 불일치	부적절한 표현과 반응
균형형	감정, 표현의 균형	적절하고 솔직한 표현과 반응

회유형	비난형
계산형	혼란형

[그림 5-4] 대인관계 유형별 상징적 자세

6. 건강한 대인관계를 위한 연습

이 장 초반 제시된 사례에서 보았듯이 다른 사람과 관계를 맺고 유지하는 방식은 사람마다 다르다. 사교적이고 외향적인 사람이 있는가 하면 사람들과 어울리기보다 혼자만의 사적인 시간을 즐기고 말수가 적은 내향적인 사람이 있다. 이런 개인의 차별적 특성은 인간관계양식의 개인차로 이해하는 것이 바람직하다.

살아가면서 인간관계를 질적, 양적으로 발전시키는 것은 중요한 일이다. 하지만 이 과정에서 유념해야 할 점은 만인에게 권장할 만한 최상의 대인관계기술이나 스타일은 존재하지 않는다는 사실이다. 각자 자신이 가장 편안하고 즐거움을 가져다주는 대인관계의 형태가 무엇인지에 대한 인식을 높이는 동시에, 자신만의 스타일을 고집함으로써 얻는 것과 잃는 것이 무엇인지를 생각해 보고, 보다 만족감을 높이는 방식을 선택하는 능력을 키워나가는 것이 개인의 심리적 안녕을 확보하고 발전시키는 데 요구되는 주요 과제다.

1) 첫 번째 연습: 관계의 범위 인식하기

이 연습은 앞에서 다루었던 관계의 범위에 관한 내용을 자신에게 적용시켜 봄으로써 대인관계에 대한 인식을 증진시키기 위한 것이다.

A. 범위 D에 속하는 사람들을 생각하며, 다음의 질문에 답해 보자.
① 이 범위의 사람은 이웃사람일 수도 있고 직장동료, 학교친구 혹은 교회 등에서 만난 사람일 수도 있는데, 당신에게는 어떤 사람들이 여기에 해당되는가?
② 당신은 이 범위의 사람들을 대하는 자신의 방식을 편안하게 느끼고 있는가?
③ 당신이 선호하는 친교스타일은 어떤 형태인가? 여러 사람들과 어울리는 것을 좋아하는 편인가? 아니면 적은 수의 사람들 혹은 한두 명의 사람과 만나는 것을 좋아하는 편인가?
B. 범위 C에 속하는 사람들을 생각하며, 다음 질문에 답해 보자.
① 이 범위에 속하는 사람들의 이름을 다 적어 보고 이들과의 관계의 질은 어떠한지 생각해 보자.
② 이 중 누구와 어떤 활동을 할 때 의미와 즐거움을 느끼는가?
③ 이 범위의 친구들 중 당신의 입장을 생각해 주지 않는 친구는 누구이

며, 어떤 활동을 할 때 그렇게 느끼는가?

④ 위의 ③ 문항에 속하는 친구가 있다면 그와의 관계에 변화를 주거나, 정리할 생각이 들거나, 끝낼 필요성을 느끼는가?

C. 범위 B에 속하는 사람들을 생각하며, 다음 질문에 답해 보자.

① 현재 여기에 속한 친구의 이름을 적어 보라. 그리고 몇 명이나 되는지, 동성은 몇 퍼센트고 이성은 몇 퍼센트가 되는지 살펴보자.

② 이 친구들과의 우정은 몇 년이나 지속되어 왔으며, 요즈음도 자주 만나는가? 그리고 만나면 주로 어떻게 시간을 보내는가? 어떤 이야기를 주로 하는가?

③ 위 질문들에 답하면서 당신이 알게 된 자신의 대인관계 패턴은 어떤 것인가?

④ 당신의 대인관계 패턴에 만족하는가? 아니면 변화를 원하는가? 변화를 원한다면 구체적으로 어떻게 변했으면 좋겠는가?

D. 범위 A에 속하는 사람들을 생각하며, 다음 질문에 답해 보자.

① 이 범위에 속하는 사람(들)은 누구이며, 그와의 관계에서 어떤 점을 특히 소중하게 생각하는가?

② 당신은 이 범주에 속한 사람(들)을 존경하고 신뢰하는가? 이와 관련해서 특별히 기억되는 순간을 회상해 보자.

③ 당신은 이들과의 관계 속에서 자유롭게 자신을 개방하고 자신의 느낌이나 생각을 나눌 수 있는가? 이에 해당되는 인상적인 에피소드를 기술해 보자.

2) 두 번째 연습: 관계의 질 향상시키기

이 연습문제는 당신이 예전부터 알고 지내던 친구나 새롭게 사귄 사람과 더욱 친밀한 인간관계를 만들기 위해 필요한 것이다. E와 D의 범위의 사람들과의 관계에서는 예의를 지키고 존중하는 태도를 잃지 않는 것이 중요하다. 따라서 그런 주의가 필요한 만큼 자기노출이나 상호개입에 제한이 있을 수밖에 없다. 그러므로 이 연습은 특별히 'C 범위'에 속한 우정관계를 보다 가깝고 친밀한 'B 범위' 차원으로 끌어올리기 위한 것이다.

A. 대상

이 연습의 대상은 새로 사귄 친구도 될 수 있고, 더 가까워지고 싶고 함께 지내고 싶은 오래된 친구가 될 수도 있다. 남녀 불문하고 친구는 누구나 대상이 될 수 있지만 애정대상인 이성친구는 제외된다. 그 이유는 친구관계인 두 사람이 애정관계로 얽히게 되면 우정관계가 깨어질 수 있을 뿐 아니라, 더욱이 서로 강한 성적인 끌림이 없는 경우엔 결국 실망스럽고 가슴 아픈 연애사건만 남기고 친구를 잃는 결과를 초래할 수 있기 때문이다.

B. 과정

C 차원의 우정관계는 흔히 같은 직장이나 학교에서 만난다든지, 운동이나 다른 활동을 함께 한다든지, 아니면 한 동네에 살고 있거나 자녀들끼리 서로 놀이친구라든지 하는 경험을 공유하면서 발전한다. 같이 시간을 보내면서 공통의 관심사를 발견하고 직업이나 정치, 취미활동 등의 주제를 놓고 서로 이야기도 나누게 되는데, 이렇게 함께하는 경험이 우정관계의 접착제 구실을 한다.

C. 방법

우정관계가 B범위로 발전하기를 바란다면 다음 세 가지 방법을 앞으로 몇 개월 동안 꾸준히 실천해 볼 것을 제안한다.

① 개인적 자기노출: 자기노출이란 자신의 정서나 꿈에 관한 것이든 아니면 구체적인 인생경험이나 가족 이야기이든 간에 '나는 누구이고 나에게 중요한 것은 무엇인가'를 드러내는 내용을 이야기하는 것이

다. 이런 방식으로 상대에게 자기를 노출시키는 것은 서로 상대방의
생각과 감정을 공유하는 효과를 가져와 관계를 깊어지게 한다.

② 관심사 나누기: 일반적으로 지인을 만나면 흔히 하는 인사말 중 하나
는 '언제 식사나 한번 하지요.' '언제 차나 한잔 합시다.' 등일 것이
다. 이 말이 잘못된 것은 아니지만 이런 방법을 통해서는 관계의 차원
을 변화시키기 어렵고, 지금의 관계를 유지시키는 데만 도움이 될 뿐
이다. 더 친밀해지고 싶다면 같이 등산을 간다든지, 운동을 한다든지
무엇이든 당신에게 특별한 의미가 있는 활동에 친구를 초대하여 특별
한 의미를 이야기하는 것이 좋다. 이렇게 의미 있는 활동을 함께 하면
서 상대방이 어떤 것을 공유하기를 원하는지 살펴보도록 한다.

③ 도움 요청하기, 부탁하기: 필요한 책을 빌려달라고 하거나, 쇼핑을 함
께 가서 물건을 고르는 데 도움을 달라거나 혹은 차를 좀 태워달라는
정도의 부탁을 해 본다. 아니면 급작스럽게 시골에 계신 부모님께 가
야 할 일이 생겼을 때 자녀를 며칠 부탁한다든지, 주말에 같이 시험공
부를 하자고 한다든지 혹은 집의 가구 배치를 도와달라거나, 이 책의
연습문제를 같이 풀어 보자는 등 중요한 부탁을 해 보는 것도 좋을 것
이다.

D. 유의점

이 연습문제를 실행에 옮기면서 이 방법이 우정을 더 깊어지게 하는 효
과가 있는지 살펴본다. 때로 누군가와 가까워지게 되면 그동안 몰랐던 부
분을 발견하게 되어 종종 실망하게 될 수도 있다. 하지만 이 부분은 좋은
친구를 얻기 위해 감수해야 할 모험이다.

3) 세 번째 연습: 의견을 조율하기

가까운 사이에도 의견차나 갈등이 있을 수 있다는 것을 알고 의견조율의 문제를 제대로 다루는 것은 매우 중요한 삶의 기술이다. 부부사이나 친밀한 친구관계에서의 '의사조정기술'은 그 관계가 일상에서 차지하는 비중이 큰 만큼 더욱 중요하다. 이 연습문제는 '적당한 타협'이 문제를 해결하는 최선의 방법이라는, 흔하지만 잘못된 생각에 도전하는 것이다. 적당한 타협이 갖는 전형적인 함정은 이 방법이 겉보기엔 그럴듯하지만 사실 누구의 뜻에도 맞지 않을 뿐더러 때로 받아들이기 힘든 경우도 있다는 것이다. 이런 적당한 타협이 계속되면 애매하고 미지근한 관계가 되기 쉽다.

A. 이 연습을 통해 합의하는 방법을 훈련해 보자. 서로 느낌과 생각을 이야기하고 대안을 모으는 과정을 거쳐 합의를 이룸으로써 서로 원하는 것과 중요하게 생각하는 것을 알게 될 것이고, 따라서 더 편안하고 만족스러운 관계가 될 수 있을 것이다.

합의를 이루는 과정의 예를 들어 보자. 두 사람이 외식을 하기로 했을 때 한 사람은 중국식당에 가고 싶어 하고, 다른 한 사람은 이태리 식당에 가고 싶어 할 경우 당신이라면 어떻게 결정하겠는가? 이 상황을 '타협'으로 해결한다면 두 사람 모두 썩 내키지는 않지만 두 가지 음식이 다 제공되는 뷔페식당에 가기로 결정할 수 있다. 그러나 합의의 과정을 통한다면 의논을 해서 두 사람이 모두 좋아하는 태국 음식을 먹으러 갈 수도 있고, 아니면 그날은 두 사람이 즐겁게 식사했던 중국식당에 가고 다음 번엔 둘 다 괜찮다고 생각하는 이태리 음식을 먹으러 갈 수도 있다. 또 이태리 음식을 먹는 날에는 파트너에게 와인 선택권을 줄 수도 있을 것이다. '합의'의 가치는 두 사람이 의견조정 과정을 통해 빈약한 타협수준에 머무르지 않고, 두 사람 모두 그 경험에서 만족감이나 즐거움을 느끼게 되는 것에 있다.

B. 의견을 조율하고 합의에 이르는 세 가지 단계

① 당신의 감정과 생각과 원하는 바를 분명하고 개방적으로 그리고 방어
   적이지 않은 태도로 이야기한다.

② 머리를 맞대고 대안목록을 만들어 본다.

③ 도출을 위해 의견을 조율한다. 이 단계에서 염두에 두어야 할 점은 당
   신이 합의한 바는 계속 유지할 수 있어야 하며, 당신의 원하는 바에
   부합해야 한다는 점이다.

　사람들은 흔히 앞의 두 단계를 생략한 채 바로 세 번째 단계로 직행
한다. 그러나 각 단계별로 시간을 가지고 논의를 진행해 볼 필요가 있
다. 그런 다음 당신의 견해와 느낌을 상대방이 이해했는지를 확인해
보자.

C. 유의점

　이 접근법의 기본 가정은 합의를 구하는 당사자들이 한 팀으로서 서로를
신뢰하고 위한다는 믿음이 있으며, 상대가 자신을 조정하거나 손해를 끼칠
지에 대한 걱정이 없어야 한다는 것이다. 논의가 이상적으로 진행된다면
시간이 지날수록 파트너와의 대화 자체나 문제해결과정을 즐기거나, 파트
너에 대해 더 좋은 감정을 갖게 될 것이다. 마지막 단계에서의 합의는 늘
쉽지 않다는 생각이 들겠지만, 경험이 쌓일수록 두 사람 모두 개인적 요구
와 관계의 요구를 충족시키는 합의에 도달하는 감각을 점차 획득하게 될
것이다.

4) 네 번째 연습: 의견조정의 실제적 적용

　실천과정에서 염두에 두어야 할 것은 첫째, 목표인 합의와 의견조정의

제5장 대인관계

과정을 강화하는 것, 둘째, 보다 큰 목표인 노력을 통해 관계를 발전시키는 것이다. 합의의 기술을 적용할 주제를 선택할 때 초기에는 그동안 갈등이나 강한 정서반응이 야기된 일이 없었던 중립적인 영역을 먼저 선택한다. 점점 성공경험이 쌓여 가고 이 방법의 가치를 경험으로 믿을 수 있게 되면 이 새로운 기술을 보다 민감하고 만성적인 문제를 다루는 데 사용할 수 있을 것이다. 문제를 해결하거나 계획을 세우는 데 합의의 기술을 활용할 수 있게 된다면 당신은 심리적인 안녕을 높일 수 있는 가치 있는 방편을 익히게 된 것이다.

7. 마치면서

친밀한 인간관계는 심리적 안녕에 없어서는 안 될 주요 요소다. 부부문제 전문가인 고든 게일(Gordon Gale)은 이를 '음식이 우리 몸을 위한 연료라면 친밀한 관계는 영혼의 연료'라고 비유하고 있다. 우리가 관계를 맺으며 살아가는 대상은 얼굴만 아는 정도의 사이부터 매일 얼굴을 맞대고 살아가는 가족에 이르기까지 그 범위가 다양하다. 또 사람마다 선호하는 인간관계의 스타일도 다양해서 사람마다 친밀한 관계를 유지하는 사람의 숫자나 관계의 깊이 등 여러 가지 면에서 차이를 보인다. 친밀한 대인관계가 개인의 심리적 행복에 꼭 필요한 만큼 이를 위해서 대인관계와 관련된 자신의 선호양식이나 특성 등을 잘 알고 있어야 한다. 이는 대인관계를 발전시켜 나가고 좋은 관계를 유지하는 중요한 출발점이 되기 때문이다.

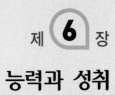

제 **6** 장

능력과 성취

제6장

능력과 성취

윤미리 씨는 신체적 장애를 가진 사람들을 위한 39세의 재활훈련 컨설턴트다. 그녀는 물리치료사 자격증을 취득했고 재활병원에서 일을 했다. 그러나 사람들이 성공적으로 재활프로그램을 마치고도 그들에게 적합한 직업을 찾지 못해서 다시 실패하는 것을 보면서 매우 좌절감을 느끼게 되었다. 그리고 이러한 현실이 그녀로 하여금 직업배치와 관련된 진로지도 현장에 뛰어들게 하는 계기가 되었고, 나아가서는 종합적인 재활, 직업배치 그리고 사후 프로그램을 디자인할 수 있게 되었다. 이제 그녀는 직업 프로그램 컨설턴트로 매우 각광을 받고 있다. 4년 전에 자신의 직장에서 나와서 이제는 스스로 차린 회사에서 일하기 시작했다. 그녀는 자신이 독립했다는 사실에 기뻐하고 있으며, 스스로 컨설팅하는 것을 즐긴다. 실제로 자신의 직업에 대한 워크숍을 할 때마다 자부심을 가지고, 항상 최신 정보로 가득 찬 발표내용이 될 수 있도록 노력한다. 그녀는 자신이 일을 하는 분야를 다양화하기 시작했다. 일상적인 시간의 반 이상을 한 단체의 자문활동에 쏟고, 나머지 시간에는 물리치료사의 일을 하기도 하고 다른 물리치료사들에게 강의도 한다.

성공적인 직업을 유지하는 데 결정적으로 중요한 것은 자신의 강점과 약점을 잘 아는 것이다. 그녀는 마케팅에 재능이 있는 것도 아니어서 오히려 전문적인 마케팅회사와 3억 이상의 계약을 협상할 만한 비즈니스 매니저를 고용했다. 그러나 그녀는 최신의 개인용 컴퓨터를 구입해서 스스로 차린 회사의 재정을 관리하는 데 사용하기 위해서 스스로 컴퓨터 강의를 들었다. 그녀는 학생이었을 때부터 수학이나 컴퓨터와 같은 과목을 어려워했다. 그래서 특히 최근에 구입한 컴퓨터를 활용하기 위해서 컴퓨터 수업을 모두 마친 것과, 그 결과 학습한 컴퓨터 기술로 인해서 매우 기뻐했다. 그녀는 마흔을 앞둔 성인기에도 무엇이든지 배운다는 것에 대해 개방적이어서 새로운 기술과 능력을 발달시킬 수 있었다.

그녀에게는 직업 이상의 소중한 것이 있었다. 그녀의 10세 된 딸은 많은 시간과 관심을 필요로 했다. 그래서 딸이 운동과 미술에 관심을 가지도록 격려해 주었고, 청소년기에 접어들었을 때는 딸이 진정으로 필요로 하는 것에 대한 좋은 청취자였으며, 10대들의 활동과 감정을 이해할 수 있도록 노력했다. 이 모녀는 특히 음악연주회나 미술전시회에 같이 가는 것을 즐겼다.

윤미리 씨는 14년 전에 결혼했고, 남편인 강용국 씨를 가장 좋은 친구이고 가장 신뢰할 만한 사람으로 생각한다. 그들은 대학 시절에 만났다. 강용국 씨는 현재 경찰서에서 형사로 일하고 있다. 서로가 매우 다른 직업을 가지고 있지만, 그들은 서로의 능력을 존중해 준다.

지난 6년간 윤미리 씨는 더 많은 돈을 벌 수 있었고, 이로 인한 부부 사이의 역할반전은 두 사람 모두에게 힘들었다. 결혼생활에서 재정적인 문제들과 역할문제들은 공개적으로 그리고 자세하게 의논되어야 한다. 우리의 문화에서는 남성이 직업적으로 더욱 성공해야 하며, 더 많은 돈을 벌어야 한다는 기대감이 있기 때문이다. 결국 부부는 수입의 일부를 딸의 교육에 쓰기로 했고, 남은 돈은 은퇴 후를 위해서 저축하기로 결정했다.

윤미리 씨는 자기의 집을 스스로 장식하는 능력에 대해 매우 자랑스럽게 생각했다. 그들의 집은 수집한 골동품들로 아름다울 뿐만 아니라 투자대상이 될 수도 있는 예술품들로 가득 차 있었다. 부부는 주말에 인사동 골동품가게나 오래된 가구가게들을 찾아다니면서 산책하는 것을 좋아했다. 부부가 갈등하는 문제 중의 하나는 집안을 청소하는 것이었다. 여러 번의 논쟁 끝에 일주일에 한 번 청소를 해 주는 파출부를 고용하는 것이 두 사람의 생활에 도움이 된다는 결론을 내리게 되었다.

이러한 적극적인 두 사람의 생활에서 미루어 볼 때 윤미리 씨는 여성으로서의 자신의 직업적 능력과 성취를 자랑스러워하면서도 여타의 일을 남편, 친구들 그리고 다른 흥밋거리들과 균형을 맞추기 위해 노력하는 것이 돋보인다. 그녀는 더 이상의 노력을 하지 않는 것이 아니라 새로운 도전과 미래의 성취를 기대하며 끊임없이 노력하고 있는 것이다.

능력 있고 생산적이며 책임감 있는 인간이 되는 것은 심리적 행복을 확보하기 위한 필수적인 요소다. 다시 말해 직장인이든지, 학생이든지, 전문가이든지, 주부이든지 또는 은퇴한 사람이든지 간에 능력과 성취는 자기존중감을 이루는 데 있어서 필수적이라는 것이다. 프로이트는 인간이 만족감을 느끼기 위해서는 '사랑과 일'을 알고 배워야 한다고 했다.

현대사회의 비평가들은, 특히 남성들이 스스로를 정의할 때 너무나 많은 부분을 소득과 직업에서의 성과에 기준을 두는 것에 대해 비난한다. 중산층 남성들은 특히 소득과 직업에서의 성취만을 강조하는 함정에 쉽게 빠지게 되어, 결과적으로는 균형이 결여된 삶을 사는 경우가 허다하다. 그들의 자기존중감은 너무나도 많이 경쟁적인 것, 그들이 벌어들이는 돈과 그들의 직업에 의해서 결정된다. 이것은 심리적 행복에 매우 치명적이다.

그래서 데시와 라이언(Deci & Ryan)과 같은 심리학자들은 이처럼 너무나 경쟁적인 직업, 돈벌이, 명예 등과 같은 것으로부터 오는 자기존중감을 유관적 자기존중감(contingent self-esteem)이라고 하여, 진정한 자기존중감(authentic self-esteem)과 구별했다. 즉, 유관적 자기존중감은 한 개인이 지니는 외현적인 조건들에 의해 좌우되는 자기존중감이기 때문에 개인에게 궁극적인 행복감을 줄 수 없다고 본다. 이에 대한 해결책은 이와 정반대로 지나치게 비경쟁적으로 치닫는 것도 아니고, 목표를 상실한 채로 있는 것도 아니며, 다만 균형을 이루는 것이다.

스스로 생산적이고 능력이 있다고 느끼는 것은 중요하다. 여기서 중요한 것은 능력 있는 사람이 되기 위해 힘쓰는 과정에서 스스로 세운 목표를 달성하는 것으로부터 내적인 만족감(internal sense of satisfaction)을 느끼는 것이다. 스스로에게 적합한 목표를 가지면서 자기 자신이 이루어 내고 있는 것을 자신의 목표와 비교하는 것은 지나치게 타인과의 비교의식 속에서 성공하기 위해 경쟁적이 되고, 외면에 치우치며, 타율적이 되는 것보다 훨씬 바람직한 것이다. 성취라는 것은 목표에 도달했다는 것과, 구체적이고 측정 가능한 결과물을 본다는 관점에서 중요하다. 그러나 개인이 스스로 세운 목표를 달성하는 것이 더욱 중요한 이유는 내적인 만족감을 주기 때문이라고 할 수 있다.

1. 능력과 성취의 이해

능력이 있다는 것은 완벽하다는 것을 의미하지 않는다. 사람들은 최고가 되기 위해서, 완벽해지기 위해서 그리고 모든 경쟁자들을 패배시키기 위해서 자기가 지닌 에너지를 사용한다. 최고의 지위에 오른 극소수의 사람들도 자기들이 이루어놓은 최고의 성취가 그동안 꿈꿔 왔던 만족감을 모두 채워 주지 못한다는 인식을 하면서부터는 환상에서 벗어나는 것을 볼 수 있다. 완벽한 사업을 위해서, 완벽한 건축을 위해서 또는 완벽한 컴퓨터를 만들거나, 완벽한 책을 쓰기 위해서 타인과 경쟁해야 하는 압력이 계속된다. 그러나 사람들은 일반적으로 자기가 유능하게 일을 했다는 사실을 인정하는 것으로부터, 또 내적으로 자신감을 느끼는 것으로부터 안정적인 만족감을 느낀다. 유능하다는 것은 주어진 자원, 시간, 기술, 환경에서 자신이 할 수 있는 최선을 다하는 것을 의미한다. 우리는 자신이 한 일에 문제가 있을 수 있다는 사실을 인정하고, 실수로부터 배우며, 일을 더욱 잘 수행해 내고, 그 일에 정통하기 위해서 시간과 에너지를 투자할 필요가 있다. 자기 자신이 한 일이 완벽하지 못하다고 해서 흥분하거나 동요하지 말고, 자신이 이루어 낸 것에 대해서 자긍심을 갖는 것이 중요하다. 자신이 조금씩 이루어 낸 것으로부터 자신에 대한 유능감을 인식하면 행복을 더욱 신장할 수 있으나, 지속적으로 완벽주의에 빠져 있으면 행복을 파괴시키기가 쉽다.

자신이 성취한 것을 인정하고 자긍심을 가지게 되면 그런 자긍심은 다시 자신의 개인적인 능력을 쌓아 가는 중요한 기반이 된다. 자신이 이루어놓은 것에만 안주해서는 안 되지만, 자신감을 쌓기 위해 과거에 자신이 이루어놓은 것을 이용할 수는 있다. 그러므로 자신의 현재와 미래를 위해서 현실적이고 생산적인 목표를 설정해야 한다. 이러한 목표설정(goal setting)

이 인간이 동기화되는 데 필수적인 요소라는 것은 이미 동기심리학에서 구체적으로 밝히고 있다. 자신의 능력과 성취한 바들을 인정하는 것은 여러 어려운 상황들을 해결해 나가는 데 많은 도움이 될 것이다. 이것은 자신이 이루어놓은 것을 부풀리고 자신이 할 수 없는 일을 지나치게 고집하는 것과는 다르다. 자신이 가지고 있는 진실한 능력과 성취에 자긍심을 갖는 것은 심리적인 행복감을 촉진시킬 것이나, 능력을 지나치게 과소평가하거나 과대평가하여 과장하는 것은 불안감만을 초래하고 말 것이다. 다른 사람들에게 자신의 능력에 대해 과대 혹은 과소평가하는 것의 문제는 자기 자신에게 진실하지 못하도록 하여 자신에 대한 진정한 이해를 하기 어렵게 한다.

2. 심리적 안녕과 목표지향성

여기서는 목표설정을 외현적인 성취의 대상이라기보다는 심리적인 개인 내적인 목표지향성의 관점에서 기술하고자 한다. 왜냐하면 개인이 지니는 심리적인 목표의 지향성이 어떠하냐에 따라 그 개인의 유능성은 변할 수도 있고 아니면 고착될 수도 있기 때문이다. 일반적으로 목표지향성에 대한 연구(김아영, 1998, 2001; Nolen, 1990; Pintrich & DeGroot, 1990)에 의하면, 사람들은 수행(평가)목표지향성(performance goal orientation)이나 숙달(학습)목표지향성(mastery goal orientation)을 지닌다. 자신의 심리적인 목표지향성으로 수행목표지향성을 지니게 되면 끊임없는 남과 비교를 하거나 타인의 평가를 의식하게 되어 자신에 대하여 만족하지 못하며 자신이 없게 된다. 실제로 이러한 수행목표지향성을 지닌 사람들은 숙달목표지향성을 지닌 사람들과 비교할 때 삶의 과정에서 경험하는 실패에 대한 인식이 다르다. 실패란 삶의 과정에서 성취를 위한 필연적인 과정임에도 불구하고 그러한 실패를 타인과 비교하면서 그 실패가 자신의 능력의 노출이라는 생각 때문에 낮은 자존감을 갖는 경향이 있다. 이러한 타인의 평가에 연연할 뿐 아니라 자신의 능력에는 한계가 있어서 변화 혹은 발전하기 어렵다고 인식한다. 그러므로 이런 수행목표지향성을 가진 사람들은 자신의 지적 능력을 물려받은 그 무엇으로 생각하는 경향이 있다. 즉, 변화하기 어려운 정신적 실체라고 생각하기 때문에 그 능력이 타인에게 노출되는 것에 대해 방어적인 태도를 갖게 된다. 그래서 지속적으로 수행목표지향을 보이게 되고, 자신의 능력을 고정된 실체로 보기 때문에 결국 자신의 능력이 평가받는 것에 예민해지며, 실패를 긍정적으로 보지 않고 아예 진정한 능력의 변화를 도모하는 시도를 하지 않게 된다. 그러므로 자신을 실현하기 위해서는 유능성을 증가시키는 것이 매우 중요한 일임에도 불구하고 이런 사람들에게서는 자신의 변화를 시도하려는 동기가 떨어지는 경향을 볼 수 있다. 성취하기 위해 필요한 능력을 지속적으로 증가시키기 위해서 개개인의 심리적인 목표지향성을 어떻게 갖느냐 하는 것은 매우 중요하다.

그렇다면 왜 같은 상황에서도 각각의 학습자가 서로 다른 목표를 추구하게 되는 것일까? 드웩(1986)은 개인이 능력에 대해 가지고 있는 내재적인 개념에 차이가 있음을 밝혔는데, 이런 능력에 대한 신념이 목표의 형태를 결정하는 데 있어서 중요한 역할을 한다고 설명했다. 드웩(1986)은 개인이 능력에 대해 갖는 서로 다른 특성의 이론들을 실체이론(entity theory)과 증가이론(incremental theory)의 두 가지로 구분했다. 실체이론은 능력에 대한 양적인 개념으로 능력의 크기는 어떠한 노력으로도 변할 수 없다는 신념을 의미한다. 반대로 증가이론에서는 스스로가 능력의 향상을 위해서 여러 가지 다양한 기술이나 지식을 습득하기 위해 노력하면 반드시 능력이 증가할 수 있다는 신념을 의미한다.

능력이란 고정되어 있고, 불변하는 것이라는 '능력의 실체이론'을 믿는 개인은 자신의 능력에 대해 긍정적인 판단과 인정을 추구하는 상황만을 찾으려 한다. 이러한 행동은 수행목표지향적인 것으로, 실패란 자신의 능력이 부족하다는 것을 드러내는 것이므로 자신의 능력에 대해 부정적인 평가를 받을 수 있는 상황을 회피하게 된다. 반대로 능력이 학습이나 연습을 통해서 변화하고 증가하는 것이라는 능력의 증가이론을 믿는 경우라면 그는 자신의 능력을 실제로 증가시킬 수 있는 기회를 찾으려고 노력한다. 이는 학습목표지향적인 행동이며, 이들에게 있어서 실패란 배우는 과정에서 당연히 경험하는 것으로 여겨지기 때문에 실패에 대해서 적극적이고 효과적으로 대처하게 된다.

개인의 능력 성취라는 관점에서 목표지향이 여러 동기적 과정을 통해 인지적 참여(cognitive engagement)에 영향을 줄 뿐만 아니라 결과적으로 학습태도 및 수행상의 차이를 가져온다(유희정, 1997). 특히 학습의 외적인 요인보다도 인지적인 매개과정을 과학적으로 탐구하려는 인지주의적 접근으로 바뀌게 되면서부터는 학습자의 능동적인 역할이 강조되었다. 실제로 목표지향과 동기관련 변인들의 연관성을 살핀 많은 연구들에서 학생들이 목표지향에 따라 서로 다른 특성인 학습목표지향 또는 수행목표지향의 학습전략을 사용함을 알 수 있었다(Ames & Archer, 1988).

1) 학습목표지향

학습목표지향(learning goal orientation)이란 배우는 것 자체에 가치를 두고 이를 목표로 삼는 것을 말한다. 학습목표지향적인 개인은 부가적 지식획득이나 새로운 기술의 숙달을 통해 능력을 증가시키려는 기대를 가지며, 활동에 적극적으로 참여하려는 경향이 있다. 또한 과제에 주의를 집중하고, 장기기억의 저장을 효과적으로 증진시킬 수 있는 방법으로 정보를 처리한다. 학습목표지향적인 개인은 실패나 실수를 두려워하지 않으며, 자신의 능력이나 지식, 기술을 향상시키는 것에 궁극적인 목적을 둔다. 그러므로 타인의 시선이나 평가보다는 실제로 자신의 능력 향상을 위해 적극적인 전략들을 구사하게 되고, 실제로 좋은 수행을 이룰 수 있게 된다.

이와 같이 노력에 초점을 맞춤으로써 성취행동을 지속시킨다(유희정, 1997). 이러한 학습목표지향의 구조하에서 개인은 배우고자 하는 동기에 의해 배움의 과정에 기꺼이 참여하며, 내용을 완전히 익히고 이해하는 데 초점을 둔다. 그 결과 점진적으로 능력 있는 사람이 되어 목표하는 바를 이루어 가게 된다.

2) 수행목표지향

수행목표지향(performance goal orientation)이란 학습활동에서 배우는 것 자체보다는 능력에 대한 외적인 인정과 같은 과제 외적언 것들에 가치를 두는 것을 말한다. 수행목표지향의 핵심은 관심의 초점이 개인의 능력과 자기가치에 집중된다는 데 있다(Dweck, 1986; Nicholls, 1989).

수행목표지향적인 사람은 타인에게 어떻게 보이느냐가 주관심사이기 때문에 새로운 기술을 습득하는 데 도전할 만한 가장 좋은 과제는 피하려 한다. 그리고 수행의 성과를 얻기 위해 필요로 하는 최소한의 노력만을 하기 때문에 제공되는 내용의 단지 일부분만을 학습할 수 있다. 수행목표지향에 있어서 특히 중요한 점은 다른 사람보다 잘 했다거나 우월한 방식으로 수행했다는 공적인 인정이다. 수행목표지향적인 개인에게 있어서 능력에 대한 인정은 매우 중요한데, 이 같은 능력에 대한 인정이 다른 사람에 비해 잘했다거나 규준에 근거한 표준점수를 능가한 것에 의해 입증될 수 있다고 생각한다. 결과적으로 진정한 능력의 변화에 중요한 학습 그 자체는 단지 원하는 목표를 성취하기 위한 수단으로 간주된다(Nicholls, 1989).

수행목표지향을 갖게 되면 사람들은 노력과 능력을 상호반비례하는 관계로 여기며(Nicholls, 1989), 다른 사람들의 부정적인 평가를 피하는 방향으로 동기화된다. 즉, 적은 노력에 의한 성공만이 유능성의 증거로 간주되며, 많은 노력을 하고도 실패한다면 이는 무능력함의 증거가 된다. 따라서 열심히 노력했지만 성공하지 못했을 경우 노력은 능력에 대한 자기개념(self-concept of ability)을 저하시킬 수도 있다(Covington, 1984). 개개인이 지니는 목표지향과 동기양식과의 연관성을 살펴보면, 수행목표지향은 학습목표지향과는 다른 동기양식을 이끌어 낸다. 수행목표지향적인 사람들은 능력이 있는 것으로 판단되는 것에 관심을 두며, 성공하거나, 다른 사람을 능가하거나 또는 적은 노력으로 성공을 성취함으로써 자신이 지니고 있는 능력을 증거하려고 하기 때문에 결과적으로 능력에 대한 판단의 위험을 최소화할 수 있는 실패회피적인 동기양식을 갖는 경향이 있다(Ames, 1992).

■ **외현적인 구체적인 목표를 설정하는 방법**

자기실현을 위해서는 능력을 함양하는 학업장면에서 개인이 지니는 심리적인 목표 지향성과 더불어 그가 지니는 외현적인 목표설정 또한 대단히 중요하다. 따라서 구체적인 목표를 설정하기 위한 방법을 살펴보자.

[그림 6-1]의 피라미드의 기저에 있는 '지배적인 가치'는 일상적인 과제를 성취하는 데 바탕이 되는 가치를 확인하는 단계다(Smith, 1994). 모든 것은 가치와 함께 시작하고, 이것을 때로 원칙이나 믿음이라 부르기도 한다. 장기목표는 원칙이나 믿음의 장기적인 성취를 통해 발전되며, 단기목표를 통해 달성된다. 마지막으로 단기목표는 구체적이고 목표지향적인 일상 과제들을 통해 달성된다.

[그림 6-1] 자기실현과정에서 목표와 관련된 구조(Smith, 1994)

3. 능력에 대한 신념

같은 능력을 가진 경우라도 도전을 피하고 어려움에 직면했을 때 쉽게 포기하는 사람이 있는가 하면 도전적이고 인내력이 있는 사람이 있다. 이처럼 같은 능력을 가진 개인들이 도전에 대한 반응에 있어서 같은 상황에서라도 수행목표지향은 무기력한 행동양식을, 학습목표지향은 완성지향적인 행동양식을 만들어 낸다. 그러므로 자기실현을 하고자 하는 사람들은 스스

로의 능력에 대해 어떠한 신념들을 가지느냐에 따라 심리적인 목표지향성
이 다르기 때문이다(Bandura & Dweck, 1985; Leggett, 1985).

능력에 대한 내재적 이론에 따르면 어떤 유형의 사람들은 능력이란 고정
된 것이고 불변하는 것이기 때문에 어떠한 노력으로도 이미 정해져 있는 자
신의 능력을 뛰어넘는 성취를 한다는 것은 불가능하다고 생각한다. 반대로
다른 유형의 사람들은 능력이란 지식이나 기술을 습득하고 축적해 나가면
증가할 수 있는 것으로 생각한다. 드웩(1986)은 개인이 가지고 있는 이러
한 서로 다른 신념에 대해서 능력을 양적이고 고정된 것으로 보는 신념은
'실체이론(entity theory)' 이라 하였고, 능력을 연습과 노력을 통해서 도구
적으로 증가할 수 있는 지식의 묶음이나 기술로 보는 신념은 '증가이론
(incremental theory)' 으로 구분하여 설명하였다.

1) 증가이론

개인이 가지는 능력의 증가이론에 의하면, "능력은 자신의 도구적인 행
동을 통해 향상된 기술과 지식의 확장으로 구성된다."고 정리할 수 있다
(Dweck & Bempechat, 1983). 이 개념에서 개인이 가지는 능력이란 더 많
은 구체적인 과제를 다루는 데 있고, 기본적으로 연구나 연습에 기초한다.
능력의 증가이론을 선호하는 개인은 능력을 증대시킬 수 있는, 통제 가능
한 양적인 개념으로 본다(Bempechat, London, & Dweck, 1991). 증가이론
을 가진 개인은 또한 영역별로 다른 과제에 대한 특유의 능력이 존재할 수
있으며, 한 영역에서의 능력이 반드시 다른 영역에서의 능력과 연관있지
않다고 본다(Stipek, 1993).

2) 실체이론

능력에 대해 실체이론을 가지고 있는 개인은 능력을 안정적인 요소로 본다. 실체이론의 입장에서는 만일 두 사람이 같은 양의 노력을 했다면, 기본적으로 더 좋은 능력을 가진 사람이 수행을 더 잘 할 것이라고 설명한다. 이러한 능력의 실체이론은 능력지수개념과 유사해서 모든 사람들이 똑같은 능력을 가지고 있는 것이 아니라 개인마다 각각 다른 수준의 고정된 능력을 가지고 있으며, 다양한 영역에서 학습과 수행에 그만큼의 영향을 미치는 것으로 보는 관점이다(Stipek, 1993). 로젠홀츠와 심슨(Rosenholtz & Simpson, 1984)은 "능력은 안정적이고, 행동의 다른 요인들과의 관계에 있어서 전체적이며, 일반적인 적용이 가능하다."고 했다. 드웩도 능력에 대한 실체이론이 증가이론에 비해서 비교적 더 일반적으로 가지게 되는 신념이라고 보았다.

정리하면, 능력에 대한 내재적인 신념은 개인이 그들의 능력을 개발하는 방향으로 동기화될지, 아니면 자신이 현재 가지고 있는 능력만으로도 충분하다고 여길지를 말해 준다(Dweck & Leggett, 1988). 이러한 각각의 이론들은 적응적이거나 부적응적인 양식의 기초가 될 수 있다. 수행목표를 선택하게 하는 실체이론을 강조하는 것은 부적응적인 것을 지지하고 그것에 집착하도록 만들게 된다. 왜냐하면 실체이론 안에서의 개인은 능력을 단순히 현재의 능력에 대한 판단으로 여기는 것이 아니라 지속적이고 중요한 개인의 고정된 부산물로 지각하고 있기 때문이다. 그러므로 실체이론은 평가상황에서 한 개인의 능력에 대하여 부정적인 판단을 하게 하며, 그러한 부정적 판단이 과장될 수도 있음을 고려하게 한다.

대부분의 사람들은 때때로 어떤 기술영역에 대해서 이 두 가지 신념을 모두 사용한다. 예를 들어, 테니스를 칠 때 자신의 낮은 수행에 실망했을 경우 어떤 사람은 테니스를 배울 수 없다고 믿거나 신체적인 능력을 요구하는 어떤 부분이 부족하다고 생각한다. 그래서 아무리 많은 연습을 하더라도 의미 있는 향상을 얻을 수는 없다고 확신해버린다. 그런가 하면 낙관적으로 생각하여 연습을 통해 충분히 테니스 실력이 향상될 것이라고 믿는 사람도 있다. 전자의 경우가 테니스 능력에 대한 실체이론을 가진 사람이고, 후자는 테니스 능력에 대한 증가이론을 가진 경우에 해당된다(Stipek, 1993).

결론적으로 능력의 증가이론과 학습목표지향은 학업성취와 높은 상관을 가지며, 능력이 노력에 의해 향상될 수 있다고 생각한다. 그래서 자기개발을 위해 학습하고 과제의 숙달을 추구하는 학습자가 높은 학업성취를 보이는 것으로 밝혀졌다. 그러므로 자기실현을 위해서는 학습장면에서의 경쟁이나 사회적인 비교, 점수 등에 강조점을 두는 수행목표보다는 과제 자체를 학습의 목적으로 이해하고 자신의 능력을 숙달시키려는 자기개발에 중점을 두는 학습목표가 육성되는 것이 바람직하다.

4. 자기효능감

자기효능감은 과제를 수행할 때 자기 자신이 과제를 완수할 수 있는 지식이나 방법들을 지니고 있기 때문에 그 과제를 성공적으로 완수할 수 있다는 개인적인 믿음을 의미한다. 이러한 자기효능감은 개개인의 능력과 신념에 직접 관련이 있는 가장 중요한 심리학적인 개념이며, 스탠퍼드 대학교의 심리학자인 반두라(Bandura)에 의해 발전된 개념이다. 높은 자기효능감을 가진 사람은 목표를 추구하도록 동기화되어 있고, 그 목표를 성공적으로 달성하기 위해 필요한 동기와 기술을 가지고 있다고 생각한다. 그러한 사람은 시간과 노력을 투입하고, 과제를 수행해 나가는 과정에서 긍정적이거나 부정적인 피드백을 모두 사용하고, 완성될 때까지 끊임없이 노력한다. 이와는 반대로 낮은 자기효능감을 가진 사람은 자신을 무능하다고 느끼고, 자기 자신이 부정적인 피드백을 받게 되면 좌절하고 포기하게 되며, 동기를 잃게 된다. 이런 사람들에게 실패란 자기충족예언(self-fulfilling prophecy)의 역할을 한다. 높은 자기효능감을 가진 사람은 긍정적인 피드백 시스템을 형성한다. 그들은 유능감을 개발하고, 동기화되어 있고, 숙련되어 있으며, 부지런히 일하고, 목표를 추구하며, 피드백을 적절히 사용하고, 성공을 인정하며, 실패로부터도 후속과제 수행을 위해 필요한 것들을 배운다. 이러한 과정을 거치면서 자기효능감은 더욱 강화되고, 그 결과 자신의 유능감은 증가하게 된다.

사람들은 인생에서 직업적인 성취를 강조하고 이것이 단 하나의 측정기준이 된다고 생각한다. 물론 중요한 것은 자신의 직업이 청소부이든지, 의사이든지, 가정주부이든지 혹은 판매사원이든지 간에 상관없이 자신의 직업에서 능력을 발휘해야 한다는 것이다. 하지만 직업적으로 능력이 있다고 느끼는 것은 자기존중감과 행복을 위해서 충분한 요소는 아니다. 그러므로 유능함과 자기효능감은 직업 외적인 흥미나 기술로도 확장될 필요가 있다. 예를 들면, 가정에서의 일들로 요리하는 기술이나, 정원을 가꾸는 기술이나, 필요한 목공일을 하는 것이나, 도움이 필요한 사람들에게 자원봉사활동을 하는 것에의 흥미와 기술들을 익히는 것을 들 수 있다. 다시 말하면, 우리는 단순히 직업적인 성취만을 추구하는 존재가 아니다. 균형잡힌 사람이 되기 위해서 직업 이외의 사회분야나 취미생활에서 관심사를 개발하고 유지해 나갈 때 진정한 행복감을 얻을 수 있다.

5. 실패에 대처하기

받아들이기는 쉽지 않지만 유능감을 구성하는 독특하지만 매우 중요한 능력은 패배를 받아들이는 능력이다. 우리가 아무리 많은 시간과 에너지를 투여할지라도 또한 정말로 열심히 배우려고 노력하고 유능해지고자 노력할지라도 우리가 달성할 수 없는 부분이 있게 마련이다. 패배라는 것은 분명 우리를 어렵게 하거나 힘들게 한다. 그러나 자신의 패배가 신경이 쓰이긴 하겠지만, 패배에 대처하는 것은 인간사의 당연한 일부분이라는 인식이 필요하다. 패배한다고 해서 자신이 이루어놓은 성취를 부정하는 것도 아니고, 자신이 미래에 더욱 생산적이 되는 것을 방해하는 것도 아니다. 그것은 단지 지금 이 순간의 임무를 수행하는 것에 성공하지 못했음을 뜻할 뿐이다. 그러므로 현실을 받아들이고 그러한 사실들에 근거하여 자신의 결정을 내리는 것이 좋다. 어떤 일이나 직업에서의 패배를 받아들인다는 것이 자신의 유능감이나 자기효능감을 포기하는 것은 아니기 때문이다. 그것은 단지 자신이 가진 기술들, 흥미들 그리고 자신이 내린 선택에 대해서 재평가하고, 다시금 자신의 능력을 증진시켜 주고, 합리적인 성공의 가능성을 지닌 새로운 직업이나 일을 선택할 수 있도록 하는 것을 의미한다.

자신이 느끼는 내적인 성취감과 유능감은 적어도 타인이 내리는 평가나 외적인 피드백보다는 중요하게 여겨져야 한다. 외적인 평가는 자신의 일이 어떻게 진행되고 있는지에 대한 객관적인 자료만 되면 된다. 이상적으로는 이러한 외적인 긍정적 평가는 학습을 위해서 긍정적인 강화로 작용할 것이고 유능감을 증가시킬 것이다. 반대로 외적인 부정적인 평가는 아마도 부정적인 피드백으로 작용해서 자신의 문제가 있는 부분에 더욱 신경을 쓰게 하고, 그 상황을 개선하기 위해서 불필요한 시간과 에너지를 사용하게 할 수도 있다. 외부로부터 오는 부정적인 피드백은 자신을 스스로 수정할 수 있게 하는 과정이며, 궁극적으로는 자신의 수행능력을 증진시킬 수 있도록 동기화한다.

이상적으로는 외부로부터 오는 피드백과 내부로부터 오는 피드백은 서로를 보완하는 기능을 한다. 그러한 내·외부의 피드백들이 조화를 이루지 못할 때 우리는 딜레마에 빠지게 된다. 특히 자신이 믿고 있는 스스로의 능력과 외부의 피드백이 다를 때는 외부로부터 오는 피드백도 수용하도록 노력하는 것이 좋다. 부정적인 피드백은 자신의 실수로부터 배우는 하나의

▣ 개인적 목표를 성취해 가기 위한 사례

현재와 미래의 개인적 목표를 발전시켜 가기 위해 목표설정과 계획을 행동으로 발전시켜 가기 위한 방법으로서 SMART를 알아본다. SMART란 Specific(구체적인), Measurable(측정 가능한), Action-oriented(행동지향적인), Realistic(현실적인), Timely(시기적으로 맞는)의 약자로서 이를 통해 목표를 보다 확실히 할 수 있다 (Smith, 1994).

- 1단계 : 달성하기 원하는 목표를 확인하라.
    "리포트 작성을 목표로 정했다."
- 2단계: 목표를 행동지향적이고 현실적인 수준에서 고려하기 위해 자신의 과거, 현재 성취, 흥미, 수행을 평가하라.
    "목표달성과정에서 약간의 어려움이 있을 수도 있지만 다음 보고서가 나아졌음을 증명하고 싶다."
- 3단계: 여러분이 성취하고 싶은 것을 말하라. '나는 ~하고 싶다.'라는 말로 시작하고 구체적인 행동을 포함하라. 측정 가능한 목표를 기술하고 시기마다 완성될 날짜를 표시하라.
    "4월 15일까지 제출해야 하는 리포트에서 'A' 학점을 받고 싶다."
- 4단계: 자신이 정한 목표를 평가하라. 목표가 구체적이고 측정 가능하고 행동지향적이고 현실적이고 시기적절한가?
    "지난번 리포트에서 내 성적이 D$^+$로 매우 낮았기 때문에 이번 리포트에서 A학점을 받는 것은 현실적이지 않다. B학점으로 목표를 세우고, 다음에 A학점으로 목표를 정하는 것이 좋겠다."
- 5단계: 필요하다면 목표를 수정하라.
    "4월 15일까지 내야 하는 리포트에서 B학점을 받고 싶다."

방법으로 생각하는 것이 좋다. 그것은 아마도 자신이 상황을 더욱 유능하게 대처하는 방법이 될 것이다. 그러나 외부로부터 오는 피드백이 스스로를 평가하는 데 지배적인 역할을 하도록 내버려두어서는 안 된다. 외부적 피드백과 내부적 피드백이 서로 어떻게 통합되어야 할지 생각해 보아야 한다. 타인으로부터의 피드백을 가능하면 객관적으로 보는 것이 중요하지만, 더 중요한 것은 자신이 내린 평가다. 궁극적으로 자신의 삶에 대해 책임을 져야 하는 것은 바로 자신이라는 생각을 가져야 한다. 그러므로 자신의 성취와 능력을 인정하고 실수와 실패로부터 배우도록 노력해야 한다.

6. 능력과 성취를 위한 연습

사회적으로 성공한 사람들도 성공을 인정하기보다 자신의 성취가 행운에서 비롯된 것이라고 생각하는 경우가 많은데, 이것은 진정으로 자기의 성취에 제값을 주지 않는 것이다. 그러나 우리는 능력과 성취를 인정하는데 인색해서는 안 된다. 자신이 행복하다고 인정하는 것은 자신의 외적인 성취를 있는 그대로 수용하고, 주변의 타인들로부터도 긍정적인 피드백을 받아들이는 것을 의미한다. 또한 자신이 이루어놓은 외적 성취가 가져다주는 명예에만 안주하지 않음을 깨닫고, 자신이 성취한 것에 대해서 자랑스러워하는 것을 의미한다. 이러한 외적 성취에 대해 자신이 올바로 인정하게 될 경우 현실적인 자기효능감이 발달한다.

1) 첫 번째 연습: 자신이 성취한 것들을 나열해 보기

다음과 같이 스스로 리스트를 만들어 보고 자신에게 도움이나 충고를 줄 수 있는 친한 친구와 이야기를 나누어 보자. 사소한 일이든 중요한 일이든지 간에 스스로가 이루어놓은 모든 성취들을 나열해 보는 것이다. 리스트를 만들기 위해서 다음의 네 가지의 범주를 참고로 해도 좋다. 이러한 범주나 예시들을 참고로 하되, 얽매이지는 말고 다양한 내용의 리스트를 작성해 보도록 한다.

A. 학업/학교에서의 성취

① 대학교에서 상위 10% 내로 졸업한다, ② 뮤지컬 연극에서 연출을 맡는다, ③ 대학교에서 유명 학생 리스트에 오른다, ④ 학회에서 부회장으로 뽑힌다, ⑤ 스스로 진행한 실험이 논문대회에서 좋은 결과를 나타낸다.

B. 취미/운동경기

① 특이한 비행기 모형을 만든다, ② 테니스를 매우 잘 친다, ③ 얼마 전 말 타는 법을 배웠다. ④ 컴퓨터 게임에서 높은 점수를 얻는다.

C. 직업적인 능력

① 회사를 지원했는데 20명 이상의 지원자들과의 경쟁에서 고용된다, ② 상사로부터 긍정적인 평가를 받는다, ③ 전문적인 저널이나 회보에 기사를 출판한다, ④ 성과급을 받거나 승진한다, ⑤ 부서에서 자신의 제안이 채택된다.

D. 개인적/사회적 능력

① 스스로 이웃공동체를 위한 경비대를 운영한다, ② 가족들과 가까운 친구들을 위한 생일파티를 주관한다, ③ 독거노인에게 복지관에서 제공하는 도시락 배달봉사를 한다, ④ 특별한 춤을 배운다, ⑤ 적어도 3명의 친한 친구를 만든다.

자신이 가지고 있는 특별한 성취와 능력을 열거할 만한 또 다른 범주를 만들고 예를 들어 본다. 과거의 일, 현재의 일, 주요한 일, 사소한 일 등 자신이 가지고 있는 모든 능력과 성취를 포함시키도록 한다. 자신에 대해 자랑하는 것을 두려워할 필요가 없다. 전문가들은 직업적이든지 직업 외적이든지 간에 자신의 모든 기술과 능력에 관한 이력서를 가지고 있다. 그들은 일이 힘겹다고 생각하거나, 우울하게 느껴질 때 그리고 자신에 대해 불확실하게 느껴질 때 자신의 능력을 강화하고 유효하게 하는 의미로 이력서를 다시금 검토한다. 당신도 지금 만든 자신의 리스트를 그들과 비슷한 방법으로 사용할 수 있을 것이다.

2) 두 번째 연습: 새로운 기술과 능력을 발달시키기

적어도 두 가지의 새로운 능력 또는 기술을 개발하도록 한다. 직업적인 분야와 직업 외의 분야에서 각각 하나씩을 골라 본다. 빠르게 변화하는 세상에서 높은 수준의 기술을 유지하는 것은 중요하다. 우리는 새로운 기술들이나 능력들을 배우는 일에 있어서 현재보다 더욱 진취적으로 나아가야 한다.

직업적인 만족을 유지하기 위해서는 매년 목표를 설정하도록 한다. 그 목표는 매우 중요한 기술을 개발시키는 것일 수도 있고, 사소한 취미를 찾는 것일 수도 있으며 혹은 완전히 새로운 분야에 발을 들여놓는 것일 수도 있다. 아니면 이미 알고 있는 것을 능숙한 수준으로 끌어올리는 것일 수도 있다. 예를 들면, 새로운 컴퓨터 언어를 배우는 것일 수도 있고, 워크숍에 참가하는 것일 수도 있으며, 어떠한 진행절차에 대한 매뉴얼을 쓰는 것일 수도 있다. 직업 외의 분야에서 새로운 요리법을 배울 수도 있고, 가구의 표면을 마무리하는 새로운 기법을 시도해 볼 수도 있으며, 퀼트나 특별한 취미를 배우는 모임에 가입하거나, 교회모임에서 멤버가 될 수도 있다.

이렇듯 새로운 목표나 기술을 결정한 후에는 어떻게 유능감을 발달시킬지 계획하도록 한다. 단지 무엇을 하고 싶다고 말하는 것만으로는 충분치 않다. 그런 기술들을 취득하기 위해 직접 역할을 수행해야 한다. 능숙하게 되기까지 어떠한 요소들이 숙련되어야 할 필요가 있을까? 스스로 할 수 있는 것인가? 아니면 강의를 듣거나 경험이 있는 사람들로부터 조언을 받아야 하는가? 절대로 반신반의하거나 아무렇게나 하는 태도로 시작하지 않는다. 무엇인가 할 만한 가치가 있다면 잘 수행했을 때 비로소 가치가 있는 것이다. 새로운 능력은 틀림없이 개인적으로 만족감을 주게 될 것이다.

자기실현을 위한 구체적인 목표설정을 어떻게 하느냐에 대한 내용을 요약하면 다음과 같다.

첫째, 개인의 가치, 장기목표, 단기목표, 일상 과제가 정해져야 한다.

둘째, 목표는 동기와 자기실현에 직접적인 영향을 준다.

■ **목표설정의 구체적인 절차**

- 1단계: SMART를 사용하여 목표를 확인하고 정의하라.
- 2단계: 다음의 질문을 사용하여 대안을 산출하고 평가하라.
  "다른 사람은 이 목표를 어떻게 달성했나?"
  "이 목표를 성취하는 데 누가 도움을 줄 수 있는가?"
  "과거에는 비슷한 목표를 어떻게 성취했는가?"
- 3단계: 단기목표와 관련된 과제를 확인하기 위해 점검목록을 사용하여 실행계획을 만들어라.
- 4단계: 계획을 실행하기 위해 완성된 과제를 확인하라.
- 5단계: 다음의 질문을 사용하여 진전된 평가를 하라.
  "계획이 잘 진행되고 있는가?"
  "얼마나 많은 과제를 완성했는가?"
  "과제에서 가장 어려운 것은 무엇인가? 어려운 이유는 무엇인가?"
  "발생한 문제는 무엇인가?"
  "스스로에 대해 배운 것은 무엇인가?"
  "계획하지 않았는데, 발생한 문제점은 무엇인가?"

셋째, 단기목표의 설정과 달성은 장기목표를 달성하는 데 동기가 된다.

넷째, 세 가지 목표의 특성인 구체성, 근접성, 난이도는 동기에 영향을 준다.

다섯째, 자신이 정한 각각의 목표는 SMART에 적합해야 한다. 즉, 구체적이고 측정 가능하고 행동지향적이고 현실적이고 시기가 적절해야 한다.

여섯째, 목표를 정할 때는 ① 목표 확인하기와 정의하기, ② 계획 수립하고 평가하기, ③ 실행계획 만들기, ④ 계획 실행하기, ⑤ 진전 평가하기를 하여야 한다.

3) 세 번째 연습: 능력의 부족을 받아들이기

스스로 능력이 있다는 것을 인정하기 위해서 자기 자신이 전지전능할 필요도 없고 완벽할 필요도 없다. 자신은 유능한 사람이면서도 불완전한 부분을 갖고 있다는 사실을 받아들일 수 있어야 한다. 자기 자신이 유능하다는 사실을 부정하지 않고도 패배와 상실감을 받아들일 수 있다. 한 부분에서의 실수나 잘못된 수행이 일반화될 필요도 없고, 자신의 자기효능감을 저하시켜서도 안 된다. 특히 자신이 어떠한 목표를 세우고 실패를 했을 때 그 실패에 연연해서 다른 일들을 착수하지 못하는 경우가 허다하다. 즉, 한 부분에서의 실패를 일반화하지 말아야 한다. 독일 심리학자인 쿨(Kuhl)은 이러한 과거의 실패에 연연해하며 앞으로 전진하지 못하는 현상을 퇴화된 의도(degenerated intentions)에 집착하는 것이라고 하였다. 새로운 목표를 세우고, 과거의 실패를 벗어나 미래로 전진하며 행위지향적인 사람이 되는 것은 자기실현의 필수적인 요소다.

지난 5년 동안의 경험들 중에서 자신이 무능력하다고 느꼈던 때들을 나열해 보라. '좋아 보이는 척' 하지 말고 자신이 겪었던 어려움과 실패에 대해서 정직해져라. 그 다음 두 번째 줄에는 이러한 무능력함이나 패배가 가져온 결과들을 나열해 보라. 대부분의 사람들은 이러한 어려운 부분이나 약점을 기술하는 데 당황하거나 피하려고 한다. 당신은 어떻게 대처할 것인가? 자신의 약한 부분과 그것들의 결과를 자세히 평가해 보고, 자신이 어떻게 받아들이고 대처했는지 생각해 보라. 이미 지나간 과거의 실패에 미래지향적으로 적극 대처한다는 것 자체가 이미 성공적이 되는 것을 의미할 수도 있다. 그것은 패배를 받아들이고 그것으로부터 배운다는 것을 뜻하기 때문이다. 또한 그것은 이 분야가 자신이 능력을 갖고 있지 않은 부분이라는 것을 깨닫는 것을 포함하고, 그렇다고 해서 그것이 자신의 경력이나 자기존중감을 파괴시키지 않는다는 것을 확신하는 데 도움을 줄 수 있을지도 모른다.

예를 들어, 자신은 판매사원으로서 매우 잘 활동했으며 매니저로 승진했을지도 모르지만, 자신이 적절하지 않게 행동을 해서 자신의 직장을 잃게 되었다고 해 보자. 이러한 실패로부터 자신에게 적합한 직업을 선택하는 좋은 방법을 배울 수 있을 것이다. 아마도 자신이 관심 있어 하지도 않고 잘 하지도 못하는 매니저의 일이나 행정적인 책임을 지는 일들은 하지 않으려고 할 것이다. 자신의 강점을 활용하는 방법을 배우고, 자신의 약점을 인지하고 있어야 한다. 유능하고 성공중심적이며 성취하기 위해서 자신은 문제가 되는 분야들에 대해서 알아내고 대처해서 그것들이 자신을 통제하거나 부정적인 결과를 만들어 내지 않도록 해야 한다. 자신이 겪었던 두세 가지의 실패를 생각해 보고 그것들로부터 무엇을 배웠는지 그리고 그것이 자신의 직업, 자기존중감 그리고 심리적인 행복에 부정적인 영향을 미치지 않도록 어떻게 대처할 수 있는지 생각해 보라.

4) 네 번째 연습: 미래의 성취

두 번째 연습에서는 매년 두 가지의 기술/능력 분야를 발달시키고 개발시킬 것을 제시했다. 이번 연습은 자신을 5년 후의 미래의 모습으로 투사시키는 상상을 하고 한두 개의 주요한 목표를 만드는 연습이다.

　우선 목표를 이루어 나가면서 경험할 기쁨과 성공의 감정을 상상해 본다. 그리고 타인으로부터 받을 객관적인 보상과 승인에 관해서도 생각해 본다. 이때 중요한 것은 내적인 만족감을 생각해 보는 것이다. 전망이 밝은 기업체의 회장이 된다거나, 상을 받을 만한 소설을 쓴다거나 혹은 자신의 집이 가장 아름다운 집으로 뽑히기 바라는 것과 같이 지나치게 높고 비현실적인 목표들을 세우는 것이 아니라 예를 들어, 내가 개업하고 싶은 체인점을 허가받는 것, 소설을 발간하고 긍정적인 평가를 받는 것, 학교운영위원회에서 어떤 직책을 맡는 것 등 현실적인 목표를 세우는 것이다. 먼저 자신이 자랑스러워할 목표들을 정한 뒤에는 그것을 달성하기 위한 합리적인 기회를 찾아보도록 한다. 직업분야에서 책임질 수 있는 장기적인 목표를 가지는 것은 성공을 확신할 수는 없지만 가능하도록 도울 수 있을 것이다. 이런 연습은 장기적인 목표를 세우는 데 도움이 된다. 마지막의 성과뿐만이 아니라 목표를 향하여 나아가는 과정을 즐기는 것도 매우 중요한다. 삶은 달성해야 할 목표와 성취들의 연속이 아니라 즐겨야 할 과정이기 때문이다.

7. 마치면서

　스스로 유능하다고 생각하는 것, 삶에 필요한 기술들을 개발하는 것 그리고 직업적인 면에서나 직업 외적인 면에서 스스로 가진 목표를 성취하는 것은 심리적 행복의 중심적인 요소다. 더욱이 내적인 성취감과 만족감을 가지는 것은 외적인 인정과 보상을 갖는 것보다 더욱 중요하다. 긍정적이고 현실적인 자기효능감을 발달시키는 것은 새로운 도전들과 목표에 다가서는 건강한 방법이다. 목표를 이룰 수 있고, 성취한 바에 만족하며, 현재의 삶을 향유할 줄 아는 능력은 심리적 행복을 증진시킬 것이다.

제 **7** 장

위기와 상실

위기와 상실

김만석 씨는 58세였던 3년 전 심장발작으로 쓰러졌으며, 올해는 54세의 아내 임분옥 씨가 유방암이라는 진단을 받았다. 이들은 지금까지 살아오면서 여러 번의 위기를 겪어 봤기에 지금 자신들에게 닥친 위기도 다룰 수 있는 방법을 가지고 있다. 대부분의 사람과 마찬가지로 이들도 살아가면서 위기를 모면하고 싶어 했으나, 자신들의 뜻과는 달리 수많은 위기와 실패를 경험해 왔다.

임분옥 씨의 삶의 첫 번째 위기는 6·25 전쟁에서 아버지가 전사하면서 시작되었다. 어머니는 남편의 죽음으로 새로운 삶을 선택해야 하는 기로에서 재혼을 택했다. 그래서 임분옥 씨는 두 살 때 돌아가신 아버지에 대한 기억은 물론, 재혼한 어머니에 대한 기억도 별로 많지 않다. 그나마 다행인 것은 그녀를 키워 준 조부모와는 좋은 관계를 가졌다는 사실이다.

경제형편이 어려웠던 분옥 씨는 청소년기까지 잦은 이사를 다녀야 했기 때문에 그동안 친밀한 관계를 가진 사람들과 헤어지는 경험이 잦았다. 할아버지는 이처럼 환경을 자주 바꾸는 것이 윤택한 생활을 하기 위해선 어쩔 수 없는 선택이라고 설명해 주었고, 분옥 씨도 할아버지의 말씀이 옳다고 생각했다.

그녀의 젊은 시절 위기는 22세에 사랑하지 않은 사람과 원치 않는 결혼을 한 것이다. 그녀는 강압에 의한 성관계로 임신했으며, 그러한 상황에서 그녀가 선택할 수 있는 유일한 길이 결혼이었다. 그러나 남편의 끊임없는 외도와 음주로 인한 폭력으로 결국 이혼할 수밖에 없었다. 그러나 우리 사회에서 아이가 둘 딸린 이혼여성의 삶은 그다지 순탄치 못했다.

그녀는 어려운 여건 속에서도 주위사람들의 도움을 받아 자녀들을 돌보며 자신의 삶을 다시 설계하였다. 그 시기는 그녀에게 상당히 힘든 시간이었다. 이혼한 지 4년 후에 김만석 씨를 처음 만났을 때 그녀는 그에게 호감을 갖지 못했다. 그러나 자주 만나면서 서로에게 도움이 될 것을 깨닫고 결혼을 결심하였다.

김만석 씨가 분옥 씨를 만났을 때는 30세 후반이었다. 그는 위기나 실패와는 거리가 먼 삶을 살아온 것 같지만, 다른 관점에서 본다면 그 역시 많은 위기를 경험했다. 그는 농촌의 독실한 기독교 가정에서 자랐는데, 그의 가족에게는 만성적인 문제가 있었다. 어린 딸의 갑작스러운 죽음을 자신의 탓으로 돌리면서 죄책감에 빠진 어머니가 우울증을 앓고 있었던 것이다. 자녀를 기르는 일이 삶의 전부라고 믿었던 어머니는 딸의 죽음을 하나님의 처벌로 생각하여 항상 우울했으며, 이 같은 어머니의 행동은 다른 가족을 무척 힘들게 했다.

만석 씨는 군에 입대한 후 그대로 직업군인이 되어 우울한 가정에서 탈출할 수 있었다. 그러나 순수하지 않은 동기에서 시작된 결정은 긍정적인 결과를 가져오지 못하는 법이다. 그는 얼마 지나지 않아서 자신의 선택이 어리석었다는 것을 깨달을 수 있었다. 엄격한 군대생활에 적응하기 힘들었고, 군에서 복무했던 6년이 그에겐 가장 힘든 시기였기 때문이다.

군대를 제대한 그는 건축업을 시작하였는데, 분옥 씨를 만나기 전까지는 과로와 형편없는 식사로 건강을 해쳤을 뿐 아니라 사업마저 실패하는 위기에 직면하였다. 재기하는 것은 쉽지 않았으나 그것을 극복했으며, 그 경험은 살아가면서 대단한 자부심이 되었다.

각기 이런 경험을 갖고 있던 만석 씨와 분옥 씨는 결혼 후 각자 살아온 삶을 하나로 합치기 위해 많은 노력이 필요했다. 만석 씨는 좋은 아버지가 되기 위해 불임 수술까지 받았으나, 아내의 자녀들과 좋은 관계를 갖지 못했다. 아이들은 여러 가지 법적 문제를 일으켜 부부를 곤경에 빠뜨렸다.

만석 씨는 58세 때 오랜 흡연과 불규칙한 식생활습관으로 심장발작을 일으켜 커다란 위기를 맞게 되었다. 아내의 도움으로 이 위기를 새로운 건강습관을 만드는 기회로 전환하였다. 그들은 규칙적인 산책을 시작했는데, 이러한 습관을 통해 건강뿐 아니라 부부문제에 대해서도 얘기할 수 있었다. 그는 건강악화를 계기로 퇴직하면서 이전보다 더 만족하고 생산적인 생활을 할 수 있으리라는 기대를 가졌다.

분옥 씨는 자신의 외모에 남다른 자부심을 가지고 있었는데, 유방암은 그런 자신감을 위협하였다. 그녀는 자신의 결혼생활을 유지시키는 긍정적인 요소 중의 하나가 성적 매력이라고 생각했기에, 유방암이 앞으로 부부관계에 장애요소라 될 것이라고 걱정했다. 이는 상당한 스트레스가 되었지만, 그녀는 암치료에 적극적으로 대처하기로 결심했다. 그녀는 유능한 의사를 찾아서 치료를 받기로 했다. 2년 동안 화학치료를 받아야 하지만, 그것이 이들 부부의 삶을 방해하지는 못할 것이다. 이들은 지금까지 개인적으로 또 부부로서 수많은 위기와 상실을 경험하였다. 이번 위기는 그들의 자원을 보다 많이 활용해야 할 만큼 심각한 것일 수도 있다. 하지만 그들은 할 수 있는 만큼 그 위기에 대처하고, 심리적 안녕을 유지하기 위한 계획을 세우고 있다.

인간의 삶은 그 자체가 부조리한 측면을 갖고 있다. 그래서 안정된 생활을 원하는 희망과는 달리 살아가면서 맞닥뜨리는 사건마다 위기와 긴장이 초래된다. 실패와 상실처럼 부정적인 사건뿐만 아니라 출생, 입학, 취직, 결혼 등의 일상적인 사건도 개인에게 긴장이나 위기를 초래할 수 있다. 복잡한 사회에서 생활하는 사람들이 위기와 실패에 직면하는 것은 지극히 자연스러운 현상이다. 개인이 피할 수 없는 여러 가지 문제에 대처하고 적응해 가기 위해서는 다양한 모순, 갈등, 위기를 접할 수밖에 없는 것이 현실이다. 다시 말하면 인간에게 위기나 실패는 친숙한 존재인 셈이다. "내가 변화시킬 수 없는 것들은 그대로 받아들일 수 있는 평온함을 주시고, 내가 변화시킬 수 있는 것들은 변화시킬 수 있는 용기를 주옵소서. 무엇보다 이

둘의 차이를 헤아려 아는 지혜를 주소서."라는 라인홀드 니버(Reinhold Niebuhr)의 기도문처럼, 개인이 경험하는 위기나 상실을 필연적인 것과 그렇지 않은 것으로 구분하고 위기를 일종의 예방접종으로 받아들이는 것이 바람직할 것이다.

그러나 대부분의 사람들은 일상생활을 하면서 경험하게 되는 위기나 상실을 삶의 한 부분으로 받아들여 적극적으로 대처하기보다는 수동적으로 해결하려는 경향이 있다. 한 예로, 어떤 사람은 위기에 직면하게 되면 대중매체를 통해 알려진 여러 가지 심리학 서적에 의존하여 자신의 문제를 해결하려고 한다. 상업적인 성격이 강한 이들 서적은 자신들이 제시하고 있는 방법을 따르면 위기나 실패를 반복하여 경험하지 않을 것이라는 암시적인 약속을 하기도 한다. 하지만 인간이란 원래 개인차를 가진 존재이므로 개인이 지닌 문제는 그 원인이나 결과 면에서 단순화하여 설명할 수 없는 다면적인 경향이 있다. 따라서 위기나 스트레스를 극복하는 방법도 제각기 다를 수밖에 없다. 그러므로 개인이 직면한 문제는 어느 누군가가 제시하는 획일적인 방법으로 일순간에 해결될 수 있는 것이 아니다.

자신이 처한 심리적인 위기를 다루는 방법은 우리의 신체가 위기를 다루는 방법과 흡사하다. 몸에 어떤 세균이나 바이러스가 들어오거나 외부의 물리적인 위험에 처하면 우리의 신체가 무의식적으로 방어기제를 사용하는 것처럼, 심리적인 부적응이나 갈등이 생기게 되면 인간은 곧바로 무너지는 것이 아니라 나름대로 원래 상태로 되돌아가려는 노력을 하게 된다. 우리의 신체에 생리적 상태를 스스로 일정하게 유지하려는 항상성(homeostasis)이라는 기제가 있어서 몸을 보호하듯이, 심리적으로도 이 같은 기능과 동일한 자기회복력 또는 자기치유력이 작용하여 스스로 치유되기도 한다. 그러므로 위기나 실패는 원인을 파악하는 것도 중요하지만, 그것을 다루고 받아들이는 방법을 배워서 심리적 안녕을 유지하는 것이 중요하다. 우리는 앞에서 언급한 기도문처럼 위기와 실패에 관해서 '할 수 있는 한 능동적인 방법으로 문제를 인식하고 해결하고 대처하지만, 내가 어찌할 수 없는 문제는 그대로 수용하고 받아들여서 그 문제가 나의 삶을 통제하거나 심리적 안녕을 위협하지 못하도록 다룰 필요가 있다.' 는 사실을 인식해야 할 것이다. 개인이 살아가면서 어떤 위기에 처하게 될 때 현재 경험하는 어려움에 대해 그것에 굴복하거나 무시할 수 있는 것이 아니라 다룰 수 있는 도전으로 생각하는 것이 바람직하다. 사람들은 살아가면서 실수를 하기도 하고 원치 않은 실패로 인해 고통을 받기도 한다. 중요한 것은 실패를 인정하면서 그 경험에서 배우고 과거의 문제를 되풀이하지 않겠다고 다짐하는 것이다. 그런데 이와 같은 위기는 일시적으로 제한된 시간 동안 어려움을 초래하는 경우도 있지만, 때로는 우리를 계속적으로 힘들게 하기도 한다. 특히 만성적인 어려움인 경우에는 심리적 안녕에 부정적인 영향을 끼치는 경우가 많다. 사실 우리 주위에는 건강문제, 심리적인 어려움, 직장문제 또 가족에 관련된 문제 등으로 만성적인 어려움을 갖고 있는 사람들이 많은데, 이들은 자신의 문제를 노출하고 싶어 하지 않는 경향이 있다. 그러나 신체적 질병이 있는 경우 그 정도가 심각하면 의사의 전문적인 도움을 받아야 치료가 되는 것처럼, 개인의 부적응이나 위기도 자신의 힘으로 회복할 수 있는 한계를 넘어서면 전문적 원조를 구하는 것이 바람직하다.

1. 위기와 대처능력

1) 스트레스의 정의

개인은 스트레스를 각기 다른 방식으로 경험하며, 그것에 대해 다르게 반응한다. 근래에 이루어진 스트레스에 관한 많은 연구들은 변화에 따른

긴장에 초점을 맞추기보다 어떻게 대처하는가에 관심을 두고 있다. 우리가
흔히 쓰고 있는 '스트레스'(stress)라는 용어의 개념을 살펴보면 '어떤 개
인에게 자극요인이 더해짐으로써 종래의 생활양식이 혼란을 초래하고, 기
존의 대처양식이나 문제해결방식으로는 평형을 유지할 수 없는 위기에 도
달하는 상황 또한 그것을 극복하려는 노력과 결과까지를 포함하는 능동적
인 과정'으로 정의할 수 있다. 이 개념정의는 스트레스의 원인보다는 이것
에 어떻게 대처하는가를 강조하고 있다.

　힐(Hill)은 위기에 관해서도 이와 유사한 개념정리를 하고 있다. 그의 이
론에 따르면, 개인이 위기에 직면하면 해체-회복-재조직이라는 과정을
거치면서 적응해 간다는 것이다. 이때 우리는 해체보다는 재조직에 관심을
가져야 하는데, 이것은 어떻게 재조직하느냐에 따라 이전의 수준보다 훨씬
삶의 질을 높일 수 있기 때문이다. 그는 그림과 같이 수평적 축으로 나타내
는 시간의 진행 속에서 수직축인 개인의 삶의 수준이 올라갔다 내려갔다
하는 모양이 마치 유원지의 청룡열차와 비슷하다는 이유로 이 이론을 '롤
러코스터 모델'(rollercoaster model)이라고 이름 붙였다.

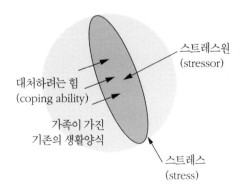

스트레스원
(stressor)

대처하려는 힘
(coping ability)

가족이 가진
기존의 생활양식

스트레스
(stress)

[그림 7-1]　스트레스의 개념

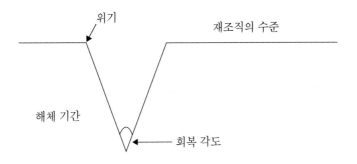

[그림 7-2] 롤러코스터 모델

출처: Hill, R. (1949). *Family under stree.*

2) 이중 ABC-X 모델

1930년대 힐의 ABCX 모델로 시작한 스트레스 연구는 뒤를 이어서 맥커빈(McCubbin)이 이중 ABCX 모델(double ABCX model)로 발전시켰다. 그는 자신의 ABCX 공식과 힐의 롤러코스터 모델로 표현된 해체-재조직과정을 통합시켜서 스트레스의 결과의 중핵이 되는 재조직의 수준을 적응의 개념으로 대치시켰다. [그림 7-3]에서 보는 것처럼 맥커빈은 위기의 발생까지를 '전위기', 위기 발생 이후의 재조직＝재적응과정을 '후위기'라는 두 개의 연속된 국면으로 이해하였다.

그림의 왼쪽에 해당하는 전위기의 과정은 다음과 같다. a요인(스트레스 요인이 되는 사건 또는 그 속성으로서의 곤란성)은 b요인(위기대응자원)과 상호작용하며, 또한 c요인(개인이 그 사건에 대하여 가지는 의미)이 상호작용하여 X(위기상황)가 되는 것이다. 여기서 중요한 점은 어떤 사건이 일어났을 때 그 사건 자체가 스트레스가 되는 것이 아니라는 점이다. 따라서 스트레스 원인이 되는 사건, 즉 a요인과 그 결과로서의 스트레스 상황 또는 위기상황 (X요인)을 우선 명확히 구별하는 것이 필요하다. 무엇보다 중요한 것은 스트레스 요인이 되는 사건은 필연적으로 스트레스 상황을 초래한다고 보지

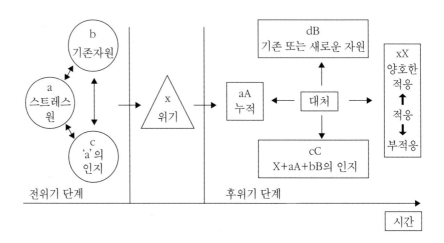

[그림 7-3] 가족 적응의 이중 ABCX 모델

출처: McCubbin, H. I., & Patterson, J. M. (1983).

않고 거기에 매개적 변수(b, c요인)가 개입된다는 것이다.

　그림의 오른쪽에 해당하는 후위기를 설명하면 다음과 같다. 한 개인이 경험하는 어려움은 어떤 단일의 스트레스 요인에 의한 것이 아니라 주요한 스트레스 요인이 되는 사건이 일어난 후에 다른 스트레스 요인이 누적됨으로써 어려움이 가중되어 사건이 심각해진다. 이와 같은 생각을 기본 모델로 한 것이 당초의 요인 a에 새로운 A가 더해진 형태의 aA요인으로서 개인에게 대응이 요구되는 것이다. 이처럼 스트레스 요인이 누적되는 주된 현상을 다음의 세 가지 예를 들어 설명하고 있다.

　첫째, 사건 자체에 내재하는 곤란성이 시간의 경과 속에서 가중되는 사태다. 갚지 못하는 원금의 이자가 눈덩이처럼 불어나는 사채의 경우는 이와 같은 극단적 예다. 또한 병이 발생하여 그 후 만성화되거나 또한 병의 사태가 악화 또는 죽음에 이르는 사건으로 진행되는 것도 그 예다.

　둘째, 거동이 불편한 노인을 돌봐야 하는 가족이 자녀의 결혼문제를 동시에 가지게 되는 경우처럼 어떤 사건이 미해결된 속에서 그것과는 별개의 사건이 겹쳐서 일어나는 경우다. 우연히 중복되어 일어나는 경우도 있으나, 수해 후에 전염병이 퍼지는 것처럼 인과관계가 있는 경우도 생각할 수도 있다.

셋째, 위기에 대한 대처행동 그 자체가 스트레스 요인으로 가중되는 경우다. 가장의 수입이 감소하여 주부가 밖에서 돈을 버는 대처행동을 했는데, 그와 같은 행동이 가족관계를 소원하게 만든 경우 또는 어려움을 해결하기 위해 친척에게 도움을 청했는데, 그것이 오히려 사태를 분열시키는 결과를 초래한 경우 등을 예로 들 수 있다.

자원의 개념에서는 구성원 개인, 집단으로서의 가족, 지역사회라는 세 가지 수준으로 나누어 볼 수 있으며, 그 안에는 심리적, 사회적 또는 물질적인 여러 특성이 포함되어 있다. 자원의 내용에는 위기로 인해 야기되는 긴장을 감소시키는 도움을 주는 것에서부터 위기상황에 요구되는 요청이나 필요에 부응하는 것을 포함한다. 개인적 자원에는 가정관리능력, 자립활동을 할 수 있는 능력, 각종 인지적 능력 등이 포함된다. 가족자원에는 통합성, 응집력, 유연성, 조직성, 종교적 가치 등이 포함된다. 지역사회자원으로는 사회적인 지지 네트워크, 의료나 심리학적 상담, 각종 사회정책 등이 포함된다.

시간적 경과 차원에서 보면 자원은 두 가지 유형으로 나누어 볼 수 있다. 첫째, 기존자원으로 이미 처음의 스트레스 요인의 충격을 약화시켜 위기의 발생률을 낮추기 위해 이용 가능한 것이다. 둘째, 새로운 자원으로 이것은 위기상황 또는 누적의 결과에서 발생한 새로운 또는 추가적인 요청에 응하게 하는 강화되고 개발된 자원이다.

그림의 bB의 요인 중에 기존 자원은 b이고 새로운 자원은 B에 해당한다. 다음 cC의 요인은 개인의 지각이다. 앞의 c는 원래의 스트레스 요인에 관한 개인의 지각을 의미한다. 나중의 C는 추가적인 스트레스 요인, 즉 기존의 자원 또는 새로운 자원과 위기를 벗어나 평형을 회복하기 위하여 무엇인가

필요하다고 평가하는 등에 대한 인식을 의미한다. 전위기 단계의 인식(c)과
는 달리, 후위기 단계의 인식(C)은 위기상황에 대한 재정의를 의미한다. 예
를 들면, 장애를 가진 가족을 돌보는 일을 어떤 사람은 도전할 만한 과제이
며 의무라고 생각하는 반면, 어떤 사람은 부담으로만 인식할 수 있다. 후위
기 단계의 인식과 관련해서 우리가 알아두어야 할 점은 일반적으로 개인이
자신의 곤란한 상황을 도전이나 성장의 기회로서 재정의 하려고 노력하거
나 혹은 종교적 신념의 바탕 위에서 위기를 신의 뜻으로 받아들이려는 노
력이 문제해결이나 적응을 촉진시키는 결과를 가져올 수 있다는 점이다.

　대처는 스트레스 요인을 제거하여 상황의 곤란함을 처리하거나, 긴장의
해결 또는 적응을 촉진할 필요가 있는 사회적, 심리적, 물적 자원을 획득하
거나 개발하는 개인의 행동적 적응을 의미한다.

　이 중 ABCX 모델의 마지막 변수는 적응능력이다. 맥커빈은 이를 '개인,
가족, 지역사회의 기능 균형을 추구하려는 개인의 다양한 노력을 반영한
일련의 결과' 라고 정의했다.

　스트레스에 대한 이해를 갖게 되면 개인이 일상생활 속에서 예측 가능한
문제를 해결해 가는 전략을 적용하고 성공적으로 위기해결을 하기 위해서
자신의 장점이나 가능성을 자원으로 사용하는 데 도움이 될 것이다.

2. 다양한 위기

　사람들이 경험하는 위기나 실패는 다양하지만 크게 시간적으로 한정된
위기, 여러 가지 가능성을 내포한 한정된 위기, 만성적 위기의 세 가지로
나누어 볼 수 있다. 어떤 범주에 속하는 위기이든지 위기를 다룰 때 중요한
측면은 위기가 예기된 것인지의 여부다. 갑작스러운 심장마비보다는 건강
상태가 나빠지는 경우가 좀 더 다루기 쉬울 수도 있다. 왜냐하면 예기된 어

려움은 개인으로 하여금 자신이 가진 자원을 재조직하여 대처전략을 계획할 수 있는 시간적 여유를 제공하기 때문이다.

1) 한정된 위기를 초래하는 문제

한정된 위기는 일반적으로 갑작스럽게 닥치기 때문에 보다 강렬한 감정, 스트레스, 혼란을 초래하지만 시간적으로 한정되어 있다는 특징을 가지고 있다. 이러한 유형의 위기는 대부분 심한 괴로움을 초래하거나 심리적 안녕을 위협한다. 그러나 만약 이러한 위기를 도전으로 받아들이고 성공적으로 해결한다면 성장의 기회로 삼을 수도 있다.

한정된 위기의 예로는 취업을 앞둔 6개월 동안의 수습기간, 졸업학점을 채우지 못한 4학년 2학기, 임신 초기 3개월 동안의 입덧 등을 들 수 있다. 만일 이런 상황을 현실적으로 평가하여 이것이 시간적으로 한정된 위기라는 사실을 인식하고 대처한다면 힘든 시기를 수월하게 보낼 수 있을 것이다. 이러한 위기상황에서 어떤 선택을 할 때 이 위기가 가져올 장기적 영향을 고려하여 대안을 모색한다면 위기를 생산적으로 해결하는 전환점으로 만들 수 있다. 예를 들어, 어떤 학생이 이과 계통의 과목이 취약하다고 생각하여 문과 계통인 심리학과에 입학하였다. 그런데 입학 후 필수과목으로 통계학을 이수해야 한다는 사실을 알고 학기 초에 많은 고민을 하였다. 그러나 이러한 고민의 시간은 자신의 진로를 진지하게 생각하는 계기가 되었고, 전공에 대한 여러 가지 탐색을 하면서 통계에 익숙한 것이 심리학을 전공하는 데 여러 가지로 유리하다는 사실을 알게 되었다. 그 학생은 통계학을 열심히 해야 하는 나름대로의 이유를 찾았기 때문에 열심히 공부하였고, 그 결과 좋은 학점을 얻음으로써 어려움을 해결하였다. 만약 그 학생이 이처럼 특정한 시간에 경험하게 되는 제한적인 문제를 성공적으로 대처하지 못했다면 진로에 대해 많은 방황을 했을 것이다.

2) 여러 가지 가능성을 내포한 한정된 위기를 초래하는 문제

이러한 유형의 위기는 능동적인 문제해결이 요구된다. 왜냐하면 바람직하지 않은 선택을 할 경우 만성적인 문제로 이어질 위험이 있기 때문이다. 그러나 이러한 위기도 성공적으로 해결하기만 한다면 이 문제에 대해 보다 강인해질 뿐 아니라 미래에 닥치게 될지도 모르는 또 다른 어려움도 정확히 평가하여 대처할 수 있는 기술을 배울 수 있게 된다. 즉, 갑작스러운 위기로 인해 혼란스럽고 정서적으로 황폐해질 수도 있지만, 고통스러워도 그것을 다루기만 한다면 만성적인 스트레스로 이어지지는 않는다.

이러한 위기의 예로는 직업을 잃은 실직자가 같은 직종에 그대로 머물러야 할지 확실치 않을 때 혹은 어떤 학생이 새로운 곳으로 이사해서 소외감을 느낄 때 등이다. 앞에서 언급한 것처럼 이 같은 문제들을 긍정적으로 해결한다면 자신의 삶을 향상시킬 수 있을 것이다. 전자의 경우 더 나은 직업으로 전환하거나, 같은 영역에서 더 나은 직장을 구할 수도 있으며, 후자의 경우 새로운 생활터전에 대한 특별한 이점을 발견하거나, 새로운 친구와 흥미를 개발하도록 노력할 수 있다. 반대로 이러한 문제들을 잘 다루지 못한다면 심각하고 만성적인 문제가 될 것이며, 심리적 안녕에 부정적인 영향을 미칠 수도 있다. 만약 자신이 만족스럽지 못한 직업을 가지고 있거나, 직업을 바꿨는데 더 불만족스럽거나 또는 새로 이사 간 동네를 싫어하고 이웃들과 잦은 불화를 일으킨다면 더욱 소외되고 동떨어질 수도 있다. 이같이 한정된 위기를 제때 다루어 주지 않으면 만성적이 되며, 심리적인 안녕을 해칠 수도 있다.

3) 만성적인 위기를 초래하는 문제

어떤 문제는 많은 노력이나 능동적인 대처에도 불구하고 만성적이 되는 경우가 있다. 이러한 문제들의 예는 손발의 절단 같은 신체적 장애, 당뇨병과 같은 만성적 질병, 치매를 가진 부모와 같은 어려운 가족문제 혹은 사업의 실패로 야기된 재정적 어려움을 회복하는 것 등이다. 장기간 지속될 수도 있는 이 같은 형태의 어려움이 누구에게나 일어날 수 있다.

이런 만성적인 문제를 다룰 때는 급성적인 문제와는 다른 대처전략이 필요하다. 초기와 중기목표를 정하고, 문제해결에 대한 현실적인 기대를 갖는 것이 중요하다. 그 과정에서 만족스러운 해결책을 발견할 수 없을지도 모르지만, 적어도 문제를 억제하거나 자신을 다룰 수 있다. 이 같은 위기의 가장 큰 위험은 닥친 어려움에 대하여 아무런 조치를 취하지 않는 것이 아니라 그 상황이 자신의 삶을 지배하고 더 퇴보시키도록 방치하는 것이다.

따라서 이러한 문제에 당면한 사람은 자존감을 높여 주고, 긍정적인 강화를 제공해 주는 자원이 필요하다. 혼자 만성적인 문제를 다루려는 시도는 현명하지 못하다. 가족, 친구, 전문적인 치료나 자조 집단의 도움이 필요한데, 특히 같은 문제를 경험한 사람들로 구성된 자조 집단이 많은 도움이 된다. 예를 들어, 심장이식 수술을 받은 사람들이나 알코올중독에서 회복된 사람들 혹은 자녀의 죽음을 경험했거나 정신지체아를 둔 부모들의 집단이다. 자신은 혼자가 아니며, 같은 어려움을 경험한 다른 사람이 있다는 것 그리고 그들이 나름대로 대처기제를 발달시키고 있다는 사실을 아는 것은 가치 있고 유용한 일이다.

3. 상실과 애도작업

상실은 보편적인 인간경험이지만 여러 가지 상실 중에서 자신 또는 가까운 사람이 죽음에 임박한 상황을 직면하는 것만큼 힘든 일은 없다. 상실을

받아들이기 위해서는 애도과정이 필요한데, 이 같은 과정에는 정서반응이
뒤따른다.

1) 상실의 수용 단계

임종을 맞이한 암환자의 개별 면담을 통해 죽음을 받아들이는 과정에
대한 연구를 했던 큐버 로스(Küber-Ross)는 『죽음의 순간에(on death and
dying)』라는 저서에서 상실의 수용과정을 다음과 같은 여섯 단계로 소개하
고 있다.

첫 번째 단계는 '의사가 오진을 한 것'이라고 주장하며, 죽음의 본질을
피하거나 부인하는 단계다. 두 번째 단계에서는 '왜 하필 나인가'라고 생
각하면서 죽음의 고통이나 불공정함에 대한 분노를 느끼게 된다. 세 번째
단계에서는 죽음을 인정하지만 '자녀가 결혼하는 모습을 볼 때까지만' 등
의 단서를 달아서 자신에게 주어진 시간에 대한 흥정을 한다. 네 번째 단계
는 일반적인 슬픈 감정과 상실에 따른 우울감을 느끼는 단계다. 그리고 다
섯 번째 단계에 들어가면 자신에게 주어진 상황을 있는 그대로 인정하게
된다. 끝으로 여섯 번째 단계는 삶의 가치에 대해 보다 감사하고 통합하는
단계다. 아무리 인격적으로 성숙한 사람이라도 상실이나 죽음을 처음부터
수용할 수 있는 사람은 없다. 그런 의미에서 본다면 상실은 가장 고통스러
운 인간상태의 본질을 다루고 받아들이는 평범한 심리적 과정이라는 것을
기억해야 할 것이다. 이 같은 상실의 수용과정은 사람, 상실 유형, 상황에
따라 다양하고 복잡하다.

어떤 상실은 유난히 고통스러운 경우가 있다. 예를 들어, 자녀의 죽음,
자살, 드문 살인사건의 희생자, 음주운전자에 의한 사고나 서서히 고통스
러운 죽음에 다가가는 암이나 에이즈 등을 들 수 있다. 사랑하는 사람이나
자신의 상실에 직면하는 것이 결코 쉬운 일일 수는 없지만, 애도과정을 통

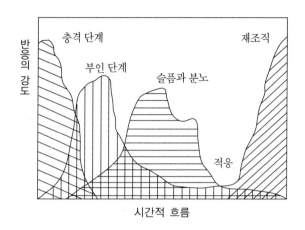

[그림 7-4] 상실의 수용과정

출처: Klaus, K., & Kennel, J. (1975). *The adaptation to the Birth of an Infant with a Congenital Malformation: A Hypothetical model.*

해 심리적 균형을 유지하도록 노력할 수는 있을 것이다. 애도하고 통곡한 후에는 자신의 삶을 재조직하고 심리적 안녕을 다시 얻을 수 있게 된다.

2) 애도작업

상실을 경험한 사람의 심리적 고통은 물론 그 개인을 둘러싼 가족 등의 집단에 미치는 영향 또한 상당히 크다. 물리적, 기능상의 장애뿐 아니라 소중한 사람을 상실한 경험에서 초래되는 심리적 충격은 이루 말할 수 없이 큰 것이다. 이것을 대상상실이라고 부르는데, 여기서는 상실을 경험한 사람들의 슬픔과 영향에 대해 살펴보기로 한다.

자신에게 소중한 사람의 죽음으로 인해 애정의 대상을 박탈당했을 때 인간은 어떻게 반응할 것인가에 관한 고전적인 연구로서 린더만(Lindemann)의 연구를 들 수 있다. 그는 전문가의 정신적 도움을 받고 있는 사람 중 가족이나 친척을 잃은 사람, 병원에서 죽은 환자의 가족과 친척, 그 당시 대형화재의 희생자 가족, 전쟁에서 혈육을 빼앗긴 사람 등 모두 101명을 대상으로 면접을 실시했다. 그 결과 건강한 상실반응과 병적인 상실반응이 있다는 사실을 밝혔다(Worden, 1991, 재인용).

(1) 건강한 상실반응
건강한 상실반응의 단계는 다음과 같다.

첫째, 신체적인 고통반응 단계다. 소중한 사람이 죽었다는 사실을 알고 난 후 20분에서 한 시간 정도 계속된다. 목이 타는 것 같은 고통을 느끼고, 가슴이 막혀서 숨을 쉴 수 없으며, 한숨만 쉬는 상태, 허탈감으로 온몸의 힘이 모두 빠져서 무엇을 해야 할지 모르는 상태가 이어진다.

둘째, 죽은 사람의 기억과 이미지에 휩싸이게 되는 단계다. 죽었다는 것을 실감할 수 없는 상태로 지금이라도 그 사람이 돌아올 것 같은 느낌을 가지며, 심한 경우는 죽었다는 사실을 인정하지 않으려 한다.

셋째, 죄책감의 단계다. 그 사람의 죽음이 자신의 책임이나 실수처럼 느껴져서 자신을 자책하는 기분이 팽배해진다.

넷째, 적의반응 단계다. 분명한 대상은 없지만 왠지 모르게 화가 나거나, 사고나 사태의 책임자가 될 만한 사람에게 분노를 퍼붓거나, 자신의 마음 깊숙한 곳에서 치미는 슬픈 적의에 휩싸이게 된다. 표적이 없는 적의는 다른 사람을 향하기도 하지만, 때로는 자신을 질타하기도 한다.

다섯째, 일상적인 행동을 하기 어려운 단계다. 안정이 안 되어 안절부절못하고 무작정 방황하며, 다른 사람들의 따뜻한 인간적 접촉이 와 닿지 않아서 위로의 말을 들어도 공허하게만 느껴지며, 전적으로 혼자라는 느낌을 가진다.

이와 같은 상실반응에는 차이는 있지만 부모나 배우자와 같은 애정의 대상을 잃었을 때 정신적으로 건강한 사람에게서도 흔히 볼 수 있는 반응들이다. 이때 소중한 사람과 이별을 하고 현실적으로 그 사람이 더 이상 여기에 존재하지 않는다는 사실을 받아들여 새로운 생활로 되돌아오기 위해서는 애도작업(grief work)이 필요하다. 사별이라는 힘든 상황에 직면할 때 죽은 사람은 어쩌면 새로운 인생의 여행을 시작한다고 생각할 수도 있을 것이다. 남겨진 가족은 애도작업을 통해 새로운 가족으로서 재출발하도록 노력해야 한다. 문화적, 사회적 의식으로서 준비된 애도작업의 대표적 예는 장례식을 들 수 있다.

(2) 병적인 상실반응

병적인 상실반응은 다음과 같다.

첫째, 상실반응의 지체 또는 연기다. 상실을 경험한 지 10주가 지나도 심한 우울감에서 벗어나지 못하는 경우다. 이들은 강한 허탈감에 느끼면서 숨이 막히는 경험을 하거나 절규하거나 죽은 사람의 추억만 기억해 내고 거기에 빠져 있다.

둘째, 왜곡된 상실반응이다. 무의식중에 애도작업을 거부하기 때문에 죽은 사람에 대한 애도가 미해결상태로 남은 채 여러 가지 왜곡된 형태로 표현된다. 사랑하는 사람을 떠나보냈다는 상실감을 전혀 느끼지 못하는 것처럼 일상행동이 지나치게 활동적이다. 겉으로 보면 상당히 쾌활한 것처럼 보이지만 어딘지 긴장되어 있으며 부자연스럽다. 때로는 두통, 심장박동이 빨라지며, 어떤 부분의 기억을 상실하거나 우울한 기분 속에 가라앉거나, 여러 가지 형태의 신체화 증상을 호소하기도 한다. 친인척, 친구의 인간관계를 유지하는 방법에 변화가 있다. 사람을 피하거나, 심한 경우는 은둔형 외톨이처럼 자신 속에 숨어들어가 위축된 행동을 하기도 한다. 어떤 특정의 사람에 대해 망상에 가까운 적의를 가지는 경우도 있다. 왠지 이유 없이 화를 내거나, 지금까지와는 달리 무표정해지며, 몸동작도 형식적이 된다. 관대함이 없어지고 고집을 부려 주위 사람과 어울려 일을 할 수 없다. 이와 같은 행동 때문에 궁극적으로는 주위사람으로부터 따돌림을 받는다. 심한 경우는 우울증상태에 빠지는 경우가 있으며, 삶의 의미를 찾지 못하고 자살을 시도하는 위험도 뒤따른다.

린더만은 이러한 상실반응의 지체 또는 왜곡된 상실반응이 나타날 때는 정상적인 애도작업을 하도록 돕는 것이 중요하며, 이와 같은 원조를 통해 보다 심각한 상태로 이어지지 않도록 예방해야 한다고 강조했다.

일반적으로 상실반응의 주된 구성과정은 충격, 부인, 우울, 죄책감, 불안, 공격을 통해 궁극적으로 재통합을 하게 된다.

3) 애도가 초래하는 정서의 의미와 효과

영국의 정신의학자 콜린 머레이 팍스(C. M. Parkes)는 짝 잃은 동물들에게서 볼 수 있는 생리적 반응이 인간의 그것과 유사하며, 인간의 애도반응의 의미나 가치를 이해하는 자료가 된다고 보았다. 거위가 최초의 접촉대상을 어미로 알고 애착대상으로 삼는 각인반응연구로 유명한 콘라드 로렌즈(K. Rorenz)는 짝 잃은 기러기를 관찰하여 다음과 같이 기술하였다.

기러기들은 짝이 눈앞에서 처음 사라졌을 때 불안해하며 찾는 반응을 보인다. 짝을 찾아 밤낮으로 먼 거리를 날아가 보기도 하고, 마치 장거리 통화를 하듯 날카로운 소리를 계속 내면서 있을 만한 곳을 찾아다닌다. 그러다 짝을 못 찾으면 헤매는 범위를 점점 넓혀 간다. 이 과정에서 흔히 중간에 길을 잃어버리거나 사고로 죽기도 하는데, 짝 잃은 기러기가 보이는 이 모든 행동특성들은 사랑하는 사람을 잃은 인간의 반응과 무척 유사하다.

출처: Worden, W. (1991). *Grief Counseling and Grief Therapy*. Springe Publishing co, p. 8.

애착이론가 보울비(J. Bowlby)는 상실과 분리를 겪은 동물들이 자동적이고 본능적으로 저항행동을 보이는 데는 생리적 이유가 있다고 보았다. 그는 동물들의 애도행동은 진화과정에서 상실대상과의 감정을 정리하고, 관계의 재정립을 촉진시키는 본능적인 장치로 발달했을 것으로 추측한다.

정도의 차이는 있지만 중요한 대상을 잃었을 때 슬퍼하는 것은 인간의 공통된 반응이다. 잃은 대상을 되찾으려는 시도도 해 보고, 지금의 이별이 한시적인 것이며, 언젠가 다시 만날 수 있는 내세가 있다고 믿는 것은 역사적 · 인류학적 연구를 통해 드러나는 인간의 보편적 특성이다.

상실이나 사별은 매우 복잡한 경험이며, 사람들은 다양한 방식으로 슬픔을 경험한다.

〈표 7-1〉은 사별상실 후 애도과정에서 개인이 겪는 경험을 정서, 신체, 인지, 행동적인 영역으로 구분한 것이다.

슬픔에서 벗어나려면 마음과 몸이 동시에 회복되어야 하며, 이를 위한 시간이 필요하다. 정신의학자 조지 잉겔(George Engel)은 상실의 슬픔과 고통을 중한 상해나 화상을 입은 것과 같은 것으로 보았다. 상처가 아물기 위해 회복을 위한 처치와 시간이 필요하듯, 사랑하는 사람을 슬퍼하는 애도과정은 안녕과 평정의 회복에 요구되는 처치와 시간에 해당한다고 볼 수 있다.

발달심리학자 하비허스트(Havighurst)는 결정적 발달과업의 수행 여부

〈표 7-1〉 애도과정의 구체적 경험

정서반응	슬픔, 죄책감, 자기비난, 불안, 외로움, 피로, 무력감, 충격, 갈망, 해방감, 안도감, 무감각, 위장이 텅 빈 느낌, 가슴이나 목이 죄어옴, 작은 소리에 과민해짐
신체반응	모든 것들이 현실이 아닌 것만 같은 이인감, 호흡곤란, 근력과 에너지 감소
인지반응	불신, 혼란, 넋을 잃음, 환각, 불면, 식음 전폐, 사회적 철회, 죽은 사람에 대한 꿈, 한탄과 하소연, 끊임없이 움직이는 과잉활동, 울음
행동반응	죽은 사람과의 추억이 어린 장소 방문, 유품을 곁에 두거나 지님

가 이후 개인의 발달과 적응수준을 결정짓는 주요 요소로 지속적인 영향을 미친다고 보았다. 상실경험과 이에 대한 애도과정은 주요한 삶의 과업에 해당한다. 불충분한 애도는 아물지 않은 상처로 남아 개인의 적응을 방해하는 요소로 작용하게 된다. 이런 의미에서 흔히 슬픔과 비탄에 빠진 사람을 도우려고 회복을 재촉하고 기분전환의 명목으로 주의를 전환시키려 애쓰는 것은 바람직하지 않다고 볼 수 있다. 가장 바람직한 조력의 일차적 태도는 이들의 정서를 존중해 주고, 시간을 갖고 충분히 슬퍼할 수 있도록 곁을 지켜 주는 것이다. 애도과정이나 단계를 통해 개인이 해결해야 할 과제는 크게 네 가지로 나누어 볼 수 있다.

- 상실이나 죽음을 현실로 받아들인다.
- 상실이나 죽음이 초래한 고통의 실체를 인정하고 받아들인다.
- 사랑하는 사람이 빠져나간 환경에 적응한다.
- 죽은 사람에 대한 감정을 재정리하고 일상의 삶을 살아간다.

애도의 과정을 구분한 큐버 로스의 애도단계설과 애도에 관한 연구들을 보면, 떠나간 사람에 대한 슬픔의 과정은 시간이 걸리는 일이며, 고통에서 벗어나기 위해 무언가 할 수 있을 뿐 아니라 언젠가는 끝이 난다는 희망을 준다. 슬픔을 겪는 모든 사람들이 경험하는 절망과 무력감과 회복을 위한 노력은 결국 상실의 해독제가 되며, 슬픔 자체는 삶의 필연적인 도전과제가 된다고 볼 수 있다.

4. 위기문제를 다루기 위한 지침서

위기에 직면한 개인의 대처능력을 떨어뜨리거나 반대로 대처능력을 조장할 수 있는 변인은 바로 개인이 가진 태도, 행동, 정서, 환경자원들인데, 특히 태도나 인지적 요소는 매우 중요하다. 이는 위기를 대하는 사람들의 다양한 행동을 통해 드러난다. 어떤 사람은 위기를 어려운 도전에 직면하는 태도로 접근하고, 또 다른 사람은 현실적으로 눈앞의 위기를 사정하고, 문제와 고통뿐만 아니라 긍정적인 자원을 인식하고 이를 위기해결에 동원하기도 한다. 또 어떤 사람은 수동적인 희생자가 되거나, 기적만 바라면서 현실을 부인하거나 분개하기도 한다. 그런가 하면 더 이상 바뀔 수 없는 현실을 받아들이는 것을 연습하는 사람도 있다.

위기를 다루는 바람직한 행동으로는 당면한 문제에 대해서 가능한 한 많은 정보를 구하고, 대안을 모색하고, 능동적으로 문제를 풀며, 자신의 모든 자원을 사용하는 것이다. 그런데 이 과정에서 사람들은 불안감과 우울 그리고 문제해결이 본인의 통제 밖에 있는 현실에 대한 분노감에 압도당하기도 한다. 위기가 야기하는 정서적인 문제를 현명하게 다루는 것이 중요하다. 그러나 간혹 다른 사람들에게 자신의 감정을 털어놓고 일시적으로는 잘 지내는 듯 보이나, 결국 무기력과 절망감 속으로 다시 빠져드는 경우도 볼 수 있다. 자신에게 닥친 위기에 대해 우울함을 느끼고 분노의 반응을 보이는 것은 지극히 정상적인 것이지만 이러한 감정은 통제되도록 노력해야 한다. 즉, 자신이 불안하고 우울하며 분노의 감정을 느끼고 있다는 것은 표현되어야 하지만, 그것에 휘말려서는 안 된다. 다시 말하면 부정적인 감정에 압도되기보다는 자신이 가진 대처자원이 영향력을 발휘할 수 있도록 노력해야 한다는 것이다. 이러한 상황에서는 부정적인 감정에 자신의 삶을 통제당하지 않으면서 현재 경험하는 어려움을 현실로 받아들이는 것이 심리적 안녕을 회복하는 길이다.

사람은 누구나 성공과 실패로부터 배운다. 그러므로 위기와 실패를 다룰 때 현실을 부인하거나 피하지 않고 받아들이는 것이 중요하다. 심리적 안녕을 다시 얻을 수 있는 방식으로 문제에 대처하기 위해서는 자신을 강하게 하고 자신이 가진 자원을 사용하도록 노력해야 한다. 만성적이고 어려운 위기에서도 물러나거나 주저앉지 않고 적극적으로 관여하는 문제해결양식을 받아들이고 다른 사람의 도움을 기꺼이 활용하도록 노력해야 한다.

5. 위기와 상실을 수용하기 위한 연습

지금부터 소개할 연습을 통해 평소 우리가 가졌던 정서적 부담을 덜 수 있을 것이다. 그러나 여기에 소개된 어떤 것도 강제하는 것은 아니므로 스스로 판단하여 개인적인 도움을 받을 수 있다고 느낄 때만 연습하는 것이 바람직하다. 만약 이것이 자신을 두렵고 당황스럽게 만든다면 연습 도중이라도 언제든지 그만두기를 권한다. 이 연습을 통해 위기와 실패를 다루는 데 조금이나마 도움이 된다는 확신을 갖는 것이 중요하다.

1) 첫 번째 연습: 부정적인 경험을 드러내기

이 연습은 비밀을 지킬 수 있는 6~8명의 집단 구성원들과 함께 실시하는 것이 가장 이상적이다. 3×5 카드 위에 익명으로 자신에게 지금까지 일어났던 가장 부정적이고 충격적인 사건을 쓰도록 한다. 모두 쓰고 난 후, 집단 구성원은 자신이 쓰지 않은 다른 카드를 가지는데, 이때 각자 어떤 내용을 썼는지는 밝히지 않는다. 자신이 선택한 카드를 읽고, 자신에게 만약 그 같은 일이 일어났다면 어떤 느낌이고, 어떻게 대처했을 것이며, 그 경험을 통해 배운 점은 무엇이었을지에 대해 이야기한다. 이러한 발표를 들은 다른 집단 구성원들도 그들이 가지고 있는 느낌이 무엇이며, 어떻게 대처할 지에 대해 의견을 나눈다. 이 연습의 핵심은 서로의 비밀보장을 존중해야 한다는 것이다.

이 과정은 정서적으로 힘들지만 가치 있는 연습이다. 부정적인 경험의 범위 안에는 학교를 자퇴했거나 직장에서 해고당한 경험, 신체적 혹은 성적인 학대를 당한 경험, 낙태나 절도처럼 어떤 비도덕적인 일을 했던 경험, 자살을 시도했던 경험 혹은 전쟁이나 천재지변으로 사람이 죽는 것을 목격한 경험 등 다양한 것들이 포함된다. 부정적인 경험을 논의하면서 이것을 다루는 일이 얼마나 어려운지에 대해 공감하게 될 것이다. 동시에 그것이 아무리 어려운 것이라 할지라도 다뤄질 수 있으며, 또한 다뤄져야 한다는 생각도 공유하게 될 것이다. 어떤 치료집단에서 집단원 중 한 사람이 자신의 실수로 어린 동생이 물에 빠져 죽은 것에 대한 죄책감을 털어놓았다. 집단과정을 통해 야기된 문제는 틀림없이 커다란 슬픔이므로 처음엔 슬픔과 후회 같은 감정에 대한 이야기를 나누게 되었다. 그러나 집단 구성원들은 집단과정의 후반부에는 이런 사건으로 어떤 사람을 비난하거나, 그로 인해 한 사람이 삶의 어두운 그림자에 평생 동안 지배당해서는 안 된다는 결론을 내렸다. 이처럼 행위를 비난하는 것과 사람을 비난하는 것 사이에는 커다란 차이가 있음을 깨닫게 한다.

　우리는 살아가면서 본의 아니게 부정적인 경험을 많이 하게 되는데, 이런 연습을 통해 그런 부정적인 경험 때문에 자신의 삶을 엉망으로 만들 필요는 없다는 사실을 배우게 될 것이다. 부정적인 것을 다루는 것은 인간경험의 필수적인 부분이다. 그러므로 심리적 안녕을 유지하려면 부정적인 경험, 위기, 실패를 다루고 받아들일 필요가 있다.

　특히 외상적인 사건과 감정들이 다루어질 수 있으며, 또한 받아들여질 수 있다는 사실을 배우는 것이 중요하다. 그렇다고 파괴적인 행동을 묵과하거나 인정하라는 것이 아니다. 우리는 과거를 바꿀 수 없다. 단지 그것들을 받아들일 뿐이며, 가능할 때 그로 인한 피해를 치유하고 현재를 살아야 한다. 과거에 대한 슬픔과 후회는 적절하지만, 무엇보다 중요한 것은 미래에 그 행동을 되풀이하지 않는 것이다. 자신을 어떤 사건의 피해자가 아닌 생존자로 볼 필요가 있다.

2) 두 번째 연습: 죄책감에 직면하기

죄책감은 인간정서에 가장 파괴적인 것이다. 죄책감을 느끼는 사람은 자존감이 낮아지고 같은 행동을 반복할 수 있다. 죄책감은 알코올중독이나 도박처럼 자기패배적인 태도와 자기파괴적인 행동 유형을 강화시키기도 한다.

죄책감에 직면하고 그것이 얼마나 자기패배적인가에 대해 이해하는 것은 중요하다. 물론 우리는 자신의 파괴적인 행동이 자신과 다른 사람들에게 어떤 결과를 초래했는지를 명확히 알 필요가 있다. 그러나 과거에 대한 죄책감은 현재나 미래의 행동변화를 증진시킬 수 없다. 다른 사람에 대한 죄책감은 가능한 수준으로 우리 앞에 존재할 때 다루어야 하며, 현재를 살고 미래를 계획하기 위해 자신의 심리적인 에너지를 써야 하는 현실을 받아들일 필요가 있다. 죄책감은 결코 답이 될 수 없으며, 긍정적인 변화만이 해답이다. 긍정적인 변화는 부정적인 동기인 죄책감이 아니라 긍정적인 동기에서 비롯된다.

이를 위한 연습으로 현재까지 죄책감이 들게 했던 과거의 사건을 두 가지 적어 보자. 그런 다음 같은 종이에 공간을 만들어 세 줄을 그린다. 첫 줄에는 그 같은 죄책감이 어떤 긍정적인 기능을 가지고 있다면 그것을 기록해 본다. 여기에 자기처벌이나 수치감 같은 부정적인 동기를 써서는 안 된다. 이 과정을 통해 죄책감에는 긍정적이며 합리적인 기능이 없다는 사실을 알게 될 것이다. 두 번째 줄에는 현재 상황에서 과거의 행동을 보상할 수 있는 합리적인 대안을 서술한다. 예를 들면, 많은 사람들이 사춘기 때 부모들에게 잘 대하지 못했다는 죄책감을 갖고 있다. 그렇다면 부모에게 지금 사과할 수 있다는 대안을 쓰게 될 것이다. 부정적인 사건들은 그것에 따르는 문제를 언급하지 않는다는 것으로 보상될 수 없다. 우리는 그 같은 행동이 일어났다는 사실과 그로 인해 후회스럽거나 슬프다는 사실을 받아들일 필요가 있다. 그러나 그런 과거를 인식하는 것은 과거에 대한 죄책감에 머무르기 위해서가 아니라 책임감 있는 현재나 미래의 삶에 에너지를 쏟기 위해서라는 사실을 명심해야 한다. 셋째 줄에는 현재나 미래의 행동에 초점을 맞춘다. 과거의 행동을 반복하기보다는 적절하게 책임감 있는 방식으로 행동하기 위해 스스로나 친구들의 도움을 얻거나 치료를 통해 무엇을 할 수 있는가를 생각해 본다.

죄책감을 가지게 한 사건	
긍정적 기능	
합리적 대안	
현재나 미래의 행동	

〈과거사건 기록양식의 한 예〉

　이러한 경험은 자기가 만들어 낸 죄책감과 비난 속에서 허우적거리기보다 자신을 긍정적으로 볼 수 있게 해 주며, 생산적인 결과를 가져올 수 있다. 만약 행동이 여전히 문제라면 부정적인 행동의 결과는 무엇이며, 선행조건은 무엇인가를 주의 깊게 사정할 필요가 있다. 그리고 이것을 통해 현재지향적인 변화계획을 발전시키거나, 이 문제를 극복하기 위해 전문적인 도움을 구하는 것이 바람직하다.

3) 세 번째 연습: 위기에 대한 예방접종

심리학자들은 위기에 처한 사람에게 예방접종을 하는 것이 가능하다는 것을 발견했다. 이것은 위기를 예방하는 것이 아니라 사람들이 효과적으로 위기에 대처할 수 있도록 가르쳐서 위기를 겪는 시간을 단축시키고 덜 파괴적으로 만드는 것이다. 위기 예방접종에 대한 전략과 기술을 익히면 도움이 될 것이다.

이 연습은 자기지시적 상상력을 필요로 한다. 우선 편안한 의자에 앉거나 침대에 눕는다. 자신의 몸과 마음을 이완시키는 데 10~15분 정도 시간을 사용한다. 숨을 천천히 길고 깊게 들이마셨다가 다시 천천히 내보내는 것을 반복하면서 몸과 생각을 이완시킨다. 숨을 들이쉴 때마다 '이완'이라는 단어를 떠올리고, 숨을 내쉴 때는 '안정'이라는 단어를 생각한다. 각 근육을 차례로 머리 꼭대기부터 발밑까지 이완시키는데, 먼저 이마, 눈, 얼굴, 뺨, 입, 턱, 목구멍을 이완시킨다. 그리고 머리와 얼굴근육을 더욱 더 깊게 이완시키도록 한다. 목과 어깨근육을 이완시킨다. 계속해서 윗 등과 아랫 등을 이완시키고, 깊은 숨쉬기로 가슴근육을 이완시킨다. 그런 다음 위로 이완을 옮기고, 계속해서 손가락, 손, 팔, 팔뚝으로 옮겨간다. 그리고 전체적인 윗몸을 더욱더 깊게 이완시킨 다음 허벅지, 다리, 무릎, 발목, 발, 발가락을 이완시킴으로써 몸의 아랫부분으로 이완을 옮겨간다.

이완을 고양시킴으로써 이완된 느낌과 스스로 유능하다는 느낌을 끌어낼 수 있는 상상력을 사용할 수 있게 될 것이다. 유능하다고 느끼는 장면을 통해 자신은 성공적이며 이완되고 있다는 확신을 가질 수 있다. 예를 들면, 100점 맞은 시험지를 들고 있거나, 맛있는 저녁을 즐겁게 먹거나, 아름다운 언덕에서 스키를 타고 내려오는 장면을 상상할 수 있다. 아니면 자신이 많은 사람들 앞에서 연설을 하고 있고, 청중들이 그 말에 경청하고 있는 모습을 떠올릴 수도 있다. 자신이 이완될 수 있으며, 스스로에 대하여 좋은 감정을 가질 수 있는 장면을 개발하는 것이 중요하다.

이번에는 스트레스 위기사건에 대비하는 것을 상상해 보기로 하자. 중요한 시험을 치르고 있거나, 자신에게 적대적인 집단이 생겼거나 혹은 화가 많이 난 친구와 만났을 때를 상상해 보다. 암 선고를 받았거나, 낯선 도시에 홀로 남겨졌다고 상상해도 좋다. 이러한 스트레스 상황은 틀림없이 견디기 힘들고 불쾌한 것이지만 이것을 이겨낼 수 있다고 생각한다. 이런 위기장면을 상상할 때 중요한 것은 자신이 부정적인 감정을 견뎌낼 수 있으며, 대처할 수 있는 대안을 가지고 있다고 생각하는 것이다. 또한 자신이 위기 한가운데 있다고 상상할 때 그때 일어나는 사고와 감정을 인식하는 것이 중요하다. 수동적인 희생자라고 생각하지 말고 그것에 통제당하지 않고 자신의 감정을 능동적으로 표현해 본다. 즉, 이러한 재앙이 일어나지 않아야 했다고 스스로를 탓하기보다 대안을 생각해 내서 문제를 합리적이고 능동적으로 해결할 수 있다는 상상을 할 수 있을 때까지 위기장면에 머무르는 것이다. 이 같은 대처상상을 위기나 문제를 대처할 수 있다는 자신감이 생길 때까지 계속한다.

위기 예방접종은 인지적, 행동적, 정서적인 대처반응을 다양하게 경험하면서 여러 번 시도하는 것이 바람직하다. 일단 한 장면에서 성공한다면 다른 위기나 문제에 대해서 예방접종을 한 셈이다. 각 장면의 마지막 부분에는 자신이 성공적으로 문제를 대처했다는 자기인식을 잊지 말아야 한다. 왜냐하면 자신이 효율적으로 위기와 문제를 다룰 수 있다고 느낄 때 편안함과 자신감이 증가하기 때문이다.

아래에 제시된 문항들은 개인의 성격이나 체질뿐 아니라 물리적, 시간적 환경을 고려한 스트레스 민감도를 파악하기 위한 체크리스트다. 이것은 측정시기에 따라 민감도의 평가가 달라지기 때문에 항상 동일한 점수를 기대할 필요는 없다.

다음의 10개 항목을 두 번에 걸쳐 반복하여 읽은 후 자신에게 해당되는 내용에는 ○, 그렇지 않으면 ×로 대답해 보자. 반드시 ○, ×로 대답하도록 한다.

1. 수면이나 휴식을 충분히 하고 있다. ( )
2. 때때로 기분이 바뀔 때가 있다. ( )
3. 다른 사람을 설득하는 것이 뛰어나다고 생각한다. ( )
4. 과거 약 1년 동안 직장이나 가정에 변화가 없다. ( )
5. 자신이 선두에 서지 않으면 마음이 편하지 않다. ( )
6. 술이나 담배를 지나치게 애용한다. ( )
7. 실패한 것에 지나치게 오랫동안 신경을 쓴다. ( )
8. 불유쾌한 일이 있더라도 계속 참는다. ( )
9. 설사, 위장병, 두통 등의 만성질환이 있다. ( )
10. 가정이나 직장생활에 신경이 쓰이는 부분이 있다. ( )

1~5문항은 ×, 6~10문항은 ○가 스트레스에 민감하다는 의미다. 합계의 점수가 6점 이상이면 스트레스에 대해 평균 이상의 민감도를 나타내는 것이다.

■ 스트레스 해소를 위한 이완기법

미국의 의사 벤슨(H. Benson)은 연구를 통해 고혈압환자의 혈압을 떨어뜨리는 자기조절법의 하나로 명상기법이 효과 있음을 확인했다. 그는 전통적 명상이 불러일으키는 생리적 반응에 주목하여 이를 이완반응 혹은 긴장완화반응(relaxation response)이라고 칭했다. 그는 매일 한두 번 20분 정도 이완반응을 실행하는 것이 심리적, 신체적 안녕을 가져올 수 있다고 보고, 이를 현대인들이 쉽게 적용할 수 있는 스트레스 대처기법으로 다음과 같이 소개하고 있다.

먼저 이완반응을 유발하기 위해서는 다음의 네 가지 기본 조건을 갖추어야 한다.

① 조용한 환경: 가능하면 소음이나 자극이 적은 환경이 바람직하다.

② 집중할 수 있는 자신만의 정신적인 방법: 한곳을 응시하거나, 같은 단어를 반복
   하거나, 기도문을 외우거나 하는 방법이 있다.

③ 수동적 태도: 이는 긴장완화반응 중 가장 중요한 요소에 해당한다. 주의를 분산
   시키는 외부적 자극이나 생각을 벗어나 자신이 선택한 정신적 방법을 사용한다.

④ 편안한 자세: 근육의 긴장을 가져오지 않는 자세가 좋지만 누우면 잠들 가능성
   이 있다. 책상다리 자세가 바람직하다.

이런 기본 조건이 갖추어지면 다음의 절차로 이완반응을 진행한다.

① 조용한 환경에서 편안한 자세로 앉아 눈을 감는다.

② 모든 근육을 깊게 이완시킨다.

③ 코를 통해 호흡하며, 자신의 호흡에 주의를 집중한다.

④ 숨을 내쉬면서 자신에게 하나의 단어를 조용히 말하고 숨을 들이쉰다. 이것을
   반복한다.

⑤ 다른 생각이 떠오를 때마다 무시해버린다. '이 기법에 성공할 수 있을까' 하는
   걱정도 하지 않는다. 다른 생각이 떠오르면 앞에서 숨을 내쉴 때 사용하던 한 단
   어를 다시 반복한다.

⑥ 이 절차를 10~20분간 계속한다. 시간을 확인하기 위해 눈을 뜰 수 있으나, 알람
   은 사용하지 않는다.

⑦ 이 절차가 끝나면 몇 분간 조용히 앉아 마무리를 한다.

⑧ 하루에 한두 차례 이 기법을 실시하는 것이 좋다. 단, 식후 2시간 이내의 이완반
   응훈련은 소화에 방해가 되므로 삼가는 것이 좋다.

4) 네 번째 연습: 죽음 다루기

어려운 연습이지만 위기 예방접종과 비슷한 방법으로 자신을 준비시키
는 방법이다. 심장발작이나 사고로 인해 죽음의 위기를 넘기고 살아남은
사람들이 위기경험 이후 자신들의 삶을 더 적절하게 사용한다는 보고가 있
다. 따라서 이 연습에서는 자신이 사망했다고 상상한 후, 스스로 사망 기사

를 작성해 보는 것이다. 이때 자신의 삶에서 강조하길 원하는 부분은 무엇이며, 자신의 사망기사를 돋보이게 할 수 있는 요소는 무엇인가를 고려해 가면서 써 보도록 한다. 몇 살에 죽고 싶은가? 어떻게 죽고 싶은가? 죽음을 준비할 수 있도록 자신의 죽음을 예측할 수 있기를 바라는가? 죽기 전에 어떤 유언을 남기기 원하는가? 죽을 때 누구와 함께 있고 싶은가? 어떤 장례 절차를 원하는가? 자신의 집, 재산, 돈을 누구에게 남기고 싶은가 등등 죽음과 관련된 다양한 사항에 대해 자세히 나열하는 것이 중요하다.

이 연습을 진지하게 할 수 있다면 죽음에 대한 인식을 높이고 자신의 삶을 보다 만족스러운 방식으로 살아가는 원동력으로 삼을 수 있을 것이다.

6. 마치면서

위기와 실패를 다루는 것은 심리적 안녕의 핵심적인 요소다. 우리가 살아가면서 부딪치는 여러 가지 문제를 삶의 일상적인 한 부분으로 받아들이고 그 대처전략을 배우는 것은 그 문제를 통제하고 효과적으로 다룰 수 있도록 돕는다. 이것은 개인이 무기력과 무능감에 빠지지 않도록 예방하는 것으로 자신의 심리적 안녕을 유지할 수 있는 방안이기도 하다.

제 **8** 장

삶의 의미와 가치

삶의 의미와 가치

이혼경력이 있는 김종수 씨는 3년 전에 지금의 아내와 재혼한 41세의 개신교 목사로서 2개월 된 딸이 있다. 그는 충청북도의 보수적인 작은 마을에서 자라났다. 그의 가정의 갈등의 원인은 종교였다. 아버지는 불교신자였던 반면 어머니는 개신교 신자였기 때문이다. 종수 씨는 어릴 때부터 기독교 예배와 불교 예불 두 가지 모두에 익숙해 있었으며, 두 종교의 가르침에서 유사한 점을 찾아내어 평가하기도 했다. 그는 특히 불교의 신비로움 그리고 자연과의 조화를 좋아했다. 그러나 한편으로는 불교와는 또 다른 기독교의 적극적인 면에 매료되기도 했다. 아무튼 상이한 종교로 갈등을 겪는 부모 사이에서 적지 않은 고통과 혼란을 느껴야 했다.

대학에 진학한 후 종교는 뒷전이 되었고, 가족과 어린 시절로부터 독립을 선언하고 자신만의 종교를 탐색하고자 하였다. 대학 3학년이 되자, 종수 씨는 다시 체계적인 종교조직 속으로 되돌아가길 원했다. 삶의 의미와 방향을 찾고 싶었던 것이다. 그래서 캠퍼스 내의 기독교 동아리에 들어갔고, 그곳에서 설교를 한 개신교 지도자로부터 큰 영향을 받게 되었다. 설교자이자 상담자이며, 또한 행정가로서 구제헌금을 모금하고 상심한 사람들을 돌봐주는 개신교 목사의 다양한 역할을 이해하게 되면서 그는 종수 씨에게 긍정적인 역할모델이 되어 주었다. 그래서 종수 씨는 가난한 사람과 집 없는 사람들을 위해서 교회가 재정적으로 지원하는 임시수용시설에서 적극적인 활동을 할 수 있었다. 그러다 졸업 후 보병장교로 베트남 전쟁에 참여하게 되었다. 베트남전에 참전한 후 몇 달이 지나지 않아서 그는 전장에서 사람들이 죽거나 부상당하는 것을 보면서 처참한 실존을 경험하게 되었다. 그러는 동안 자신의 인생에 대해 깊이 생각할 기회를 갖게 되었고, 고국으로 돌아가면 신학을 전공하겠다는 강한 결심을 하게 되었다.

삶에 대한 긍정적인 요소에 초점을 두고 싶었던 그의 욕구 때문이었는지, 그는 베트남전에 파견된 간호사와 사랑에 빠지게 되었고, 3개월간의 연애 끝에 결혼까지 했다. 아내는 베트남에서의 임무를 마치고 먼저 한국으로 돌아왔다. 4개월 후에 아내와 재회한 종수 씨는 자신들의 결혼이 왠지 심각하게 잘못되었다는 느낌을 갖게 되었다. 베트남에서 느꼈던 낭만적인 사랑과 꿈이 현실 앞에서 더이상 아무런 힘이 되어 주지 못했던 것이다. 대학원에서 공부를 계속하고 싶었던 아내는 서울에서 살기를 원했고, 자녀도 갖지 않기를 바랐다. 뿐만 아니라 남편이 돈을 잘 벌고 명예로운 직업을 갖길 원했기 때문에 그가 목사가 되려는 계획을 격렬하게 반대했다. 목사의 아내로서의 역할을 받아들이고 싶지 않았던 것이다.

결혼을 반드시 지켜야 하는 중요한 약속이라고 믿었던 종수 씨는 도덕적인 근거로 이혼을 반대했다. 따라서 그의 주장에 따라 부부는 목회상담자로부터 결혼생활의 상담을 받기로 했다. 상담자는 두 사람이 결혼생활을 지속할 수 있도록 돕고 싶었으나, 그들의 결혼에 치명적인 문제가 있었다. 종수 씨도 몇 개월간의 개인 상담과 부부상담 끝에 자신의 결혼이 존속될 수 없다는 결론을 내리게 되었다. 전쟁터라는 베트남의 격정적이고 혼란스러운 환경으로 인해 두 젊은이가 자신들의 욕구와 기대, 삶의 계획에 대해 충분히 의논할 시간도 갖지 않은 채 서둘러 결혼한 결과였다. 종수 씨는 슬픔과 감정적인 소용돌이 속에서 이혼을 했다. 그리고 상담자의 제안을 받아들여 신학교에 들어가기 전에 먼저 직장생활을 해보기로 했다. 1년의 직장생활을 하는 동안 종수 씨는 목사직이 자신에게 옳은 선택임을 더욱 확신할 수 있었다.

목사가 되기 위한 과정을 밟아 가는 동안 그는 종교의 가치뿐만 아니라 한계점도 인식하게 되었다. 신에 대한 믿음도 행복이나 완벽한 삶을 보장해 줄 수 없음을 알게 된 것이다. 자신의 삶이 그 증거였기 때문이다. 좋은 의도는 좋은 계획과 좋은 실천을 동반해야 하는 법이다. 그는 시간이 흐를수록 가르치고 설교하고 고통받는 사람들을 찾아가 위로하고 격려하는 역할이 자신에게 아주 잘 맞는 일이라는 것을 알게 되었다. 반면 교회의 행정적인 부분에는 자신이 그다지 유능하지 않다는 점도 깨닫게 되었다.

목사가 됨으로써 갖게 된 그의 영적 감정과 만족감은 그의 삶에 견고하고 분명한 의미를 형성했기에 경제적으로 어려운 사람들에게 교육의 기회를 제공하는 프로그램에 앞장섰다. 현재 교회사역에 매우 협조적인 지금의 아내를 만나게 되어 성공적인 목회생활을 하고 있다.

사람들이 심리학이라는 학문에 매력을 느끼는 이유는 심리학이 객관적이고 과학적인 기초를 갖고서 인간에 대한 이해, 즉 인간의 행동과 삶에 대한 문제들을 이해를 할 수 있다고 생각하기 때문이다. 삶의 의미에 대해 철학적이고 종교적인 접근을 할 때 다소 모호한 생각을 갖게 되는 데 비해, 심리학을 통하게 되면 보다 확실하고 적절한 의미를 얻는 경우가 많다고 보기 때문이다. 심리학에서는 삶의 가치와 의미가 어떻게 삶을 조직하느냐에 관한 문제들을 다룰 때 한 번에 한 문제씩만을 다루고 구체적인 목표를 세우는 데 초점을 둔다. 하지만 지금까지 우리의 삶을 돌이켜보면 삶의 의미와 가치를 찾으려는 노력에 그다지 큰 도움이 되지 못한 경우가 허다하다.

인간은 자신의 삶의 의미를 어떻게 인식할 수 있는가? 어떤 가치가 우리의 삶에 도움을 주고 행복을 증진시켜 줄 수 있는가? 우리는 이런 문제에 답하기 위하여 일반적으로 종교, 철학 또는 정치적 이데올로기에 의존하게 된다. 솔직히 심리학이나 과학은 삶의 의미에 대한 가치중심적인 문제들에 적절한 답을 제시할 수 없다. 체계적이고 과학적인 연구에 의하면, 권위적이고 폐쇄적인 이데올로기 체계나 카리스마적인 지도자들이 지니고 있는 신념들은 오히려 사람들에게 부정적인 영향력을 끼친다. 그런가 하면 삶에 대한 단순하고 허무주의적인 접근은 심리적 행복에 파괴적인 영향을 끼친다. 심리치료나 행복을 추구하는 심리학도 영적이고 가치중심적인 믿음체계의 대안 역할을 하지 못하고 있다.

　인간에게 있어서 삶을 둘러싼 신념체계는 심리적 행복을 위해 중요한 요소다. 우리는 자신을 타인들과 연결시키고 자신의 삶을 더 큰 관점으로 바라보게 하는 의미에 대해 인식할 필요가 있다. 많은 사람들에게 삶의 의미란 종교적인 신념에서 나오게 된다. 경험적인 연구에 의하면, 종교를 가지는 사람들은 반종교적인 사람들 또는 비종교적인 사람들보다 더 나은 심리적 행복을 가진다고 한다. 그러나 바람직한 삶을 위해서는 행동과 감정 및 태도가 서로 균형을 이루어야 하며, 이 균형을 이루기 위해 필요한 주요 요소는 삶에 대한 긍정적인 가치와 의미를 지니는 것이다.

1. 인간존재 의미의 탐색

1) 실존적 존재로서의 인간

　실존(existence)이란 인간 존재의 특유한 존재방식을 의미하며, 자기 존재에 대한 깨달음은 "나는 지금 살아 있고, 내 삶은 내가 책임질 수 있다."라는 인식에서 시작되어 점차 '인생의 의미'를 깨달아 가는 것이다. 또한 비존재(not being)의 경험 혹은 공허(nothingness)의 경험을 통해 얻어지기도 한다. 비존재는 죽음의 위협이나 파괴적인 적대감, 심한 부적절한 불안 혹은 치명적인 병 등으로 존재의 경험을 더욱 강하게 하기도 한다. 우리 사회에서 한 사람의 존재감을 흔히 그 사람의 직업이나 외형적인 삶의 형태로 보는 경향이 있지만 그것은 본질적은 아니다.

실존주의 심리학은 무엇이 인간을 인간다운 존재로 만드는가 하는 삶의 의미와 가치를 찾는 과정에 초점을 두고 있다. 즉, 주어진 환경과 타고난 기질에서 벗어나 실존적인 존재로 되기 위한 선택을 탐색하도록 독려함으로써 개인의 고유한 삶의 의미와 가치를 발견하도록 한다. 이는 현재의 관점에서는 인간을 '존재'(being)로 보지만, 미래적 입장에서는 '되어 가고 있는 과정'(becoming)으로 보기 때문이다.

실존적 심리학은 1940~1950년대의 실존주의 철학에 영향을 받았다. 주창자인 빅토르 프랭클(Viktor E. Frankl, 1905~1997)은 아우슈비츠와 다 챠우에 있는 독일 강제수용소에 갇혀 부모와 형제, 아내, 아이들을 잃어버린 경험을 갖고 있다. 그는 자신의 경험을 통해서 인간이 어떠한 상황 속에서도 정신적 자유나 독립된 마음을 지닐 수 있을 뿐 아니라, 자신의 태도를 선택하고 자신의 방식을 선택할 수 있는 자유만은 빼앗기지 않는다고 보았다. 즉, 인간을 의미와 목적을 추구하는 존재로 보고, 고통을 경험하는 인간의 행동이나 행위를 통해서 삶의 의미와 가치를 발견할 수 있다고 본 것이다.

그는 프로이트의 정신분석학의 영향을 받았으나, 인간에 대한 프로이트의 결정론에 반대하면서 자유와 책임능력, 가치추구 등의 기초개념을 포함하여 '의미를 통한 심리치료'를 개발하였다. 의미치료체계의 세 가지 핵심 개념은 '의지의 자유'(freedom of will), '의미에 대한 의지'(will to meaning), '삶의 의미'(meaning of life)다. 일반적으로 실존적 심리학에서 보는 실존적 인간에 대한 관점은 다음과 같다(Corey, 2003).

(1) 주요 개념

① 자기인식

인간은 자기를 잘 아는 능력이 있을 뿐 만 아니라 결정을 내릴 수 있는 독특한 가능성을 소유하고 있다. 따라서 실존주의 학자들은 인간은 자기 자신의 존재와 운명에 대한 책임을 감당해야 하며, 우리의 존재와 운명은 결코 환경이라는 폭력 앞에서 임의로 결정되어진 존재가 아니라고 주장한다.

자기인식능력이 있기에 반성할 수도 있고, 삶을 선택할 수도 있다. 자기인식을 확장할수록 충만하게 살 수 있는 능력도 증가된다. 자기인식은 인간의 다른 모든 능력의 근원이다. 그렇기 때문에 자기인식을 확장시키려는 결정이 성장의 초석이 될 수 있다. 그러나 자기인식을 증가시키려면 거기에 상응하는 대가지불이 필요하다는 점을 기억해야 한다. 인간에 대한 기본적인 인식이 확장될수록 충만한 생활을 위한 능력도 더 많이 발휘할 수 있게 된다.

② 자유, 책임 그리고 불안

자유에는 책임과 의지라는 두 가지 측면이 있다. 메이(May, 1981)는 "자유는 개인으로 하여금 운명의 한계를 직면하도록 한다."고 하였다. 즉, 자유는 자신의 세계, 자신의 인생설계, 자신의 선택과 행동에 책임이 있음을 의미한다. 프랭클(1978)도 자유에는 환경적 한계가 있으며, 그 한계 안에서 결정하고 책임을 져야 한다고 했다. 따라서 삶 속에서 대부분의 선택권이 자신에게 있다는 사실을 알 필요가 있다.

자유의 또 다른 측면인 의지는 책임에서 행동으로 가는 통로다. 의지는 처음에는 소망으로 시작하지만 그것을 이루기 위해서 반드시 결정에 직면하게 된다. 다시 말해 자신의 선택과 무관한 삶 속으로 던져졌다고 하더라도 그 삶을 이끌어야 할 책임은 자신에게 있다는 사실을 받아들이고, 그것을 행동으로 연결해야 한다. 즉, 자신의 삶 안에서 '행함'과 '행하지 않음'

에 대한 책임은 개인에게 있다. 그리고 선택권을 주었을 경우 그것을 인식하고, 그 결정을 자신이 스스로 해 나갈 수 있도록 격려하고 용기를 가져야한다. 따라서 '선택하지 않음'을 선택할 경우 인간은 진실하게 살지 않았음을 인식하게 되기 때문에 '실존적 죄책감'을 가지게 된다고 한다.

메이는 불안은 '우리의 실존이나 실존과 동일시하는 가치에 대한 위협'으로 정의했다(May, 1977). 불안이란 생존하고, 자신의 존재를 보유하고, 자신의 존재를 주장하려는 개인적 욕구에서 나오는 것이다. 그러므로 직면하고 있는 상황에 부합된 반응으로서의 정상적인 불안은 생활의 일부로 인정하고 직면해야 한다. 그러나 신경증적 불안은 상황과 조화를 이루지 못하고, 사람을 무력화시킨다. 자유와 불안은 동전의 양면으로, 고통과 고난을 직면하고 현실을 인식하게 될 때 비로소 불안과 맞설 수 있다(May, 1977). 즉, 자유는 삶과 죽음, 성공과 실패, 자유와 규제, 확실성과 불확실성과 같은 실존적 역설과 타협할 수 있을 때 얻을 수 있는 것이다. 인간은 자유를 수용하거나 거부할 때의 결과를 인식할수록 불안을 경험하게 된다. 따라서 실존적 불안은 정상적 불안이며, 성장을 자극하는 건설적인 불안이라고 볼 수 있다.

③ 의미의 추구

'인생이 지닐 수 있는 가능한 의미는 무엇인가? 나는 왜 여기에 있는가? 내 삶의 목적은 무엇인가? 그 목적으로 이끄는 것은 무엇인가? 이와 같이 인간은 삶의 의미나 목적을 위해 투쟁하려는 속성을 지니고 있다.

또한 인간은 '결국 나는 죽을 존재인데, 지금 내가 하고 있는 일은 과연 중요한 것일까? 죽고 나면 내가 한 일은 잊혀질 것인가? 어차피 죽을 것이라면 왜 이토록 바쁘게 살아야 하는가? 등과 같이 무의미감에 빠질 수도 있다. 프랭클은 생활에서의 무의미감은 공허감으로 연결되어 현대생활의 실존적 신경증을 유발하기도 한다고 했다. 이러한 공허감은 자신이 온전하지 못하다고 느끼거나, 자신이 원하는 사람이 되지 못했을 때 느끼는 것으로 실존적 죄책감과 관련된 개념이다. 삶이 공허하다고 느끼는 사람들은 삶의 목적을 갖고, 삶을 의미를 재창조하려는 작업이 반드시 필요하다.

죽음은 개인의 내적 경험에 중요한 역할을 하고 삶의 의미를 부여하는 인간의 기본 조건이기도 하다. 죽음에 대한 인식은 삶의 양식을 보다 진실한 생활로 바꿀 수 있게 해 준다. 무한한 시간을 가지지 않았다는 사실은 현재라는 순간이 매우 중요하다는 사실을 인식할 수 있게 한다. 어떤 면에서 죽음은 삶에 대한 열정이나 창조성의 근원으로 볼 수 있다. 죽음과 삶은 상호의존적인 관계로 죽음을 두려워하는 사람은 삶도 두려워한다. 미래의 죽음의 불가피성을 받아들이고 죽음을 의미 있게 볼 수 있을 때 비로소 삶을 의미있게 바라볼 수 있게 된다.

'의미의 추구'는 자기 삶에 가능한 한 많은 의미를 부여하고 싶은 내적 욕구이며, 가급적 많은 가치를 실현하고 싶은 욕구이기도 하다. 이것은 실존을 넘어서는 책임과 헌신을 의미한다. 사회와 인류 그리고 양심에 대해 자기 생활의 특별한 의미를 실현할 책임을 지는 것이다. 그러므로 인간은 고통, 죄책감, 절망, 죽음을 직면할 수밖에 없는 실존적 존재임을 알게 되면 역설적으로 이를 수용하고 극복하려는 노력을 하게 된다. 말하자면 열심히 사랑하고 일하고 창조하면서 의미를 추구해 나가다 보면 행복감, 안전감, 마음의 평화, 정신적 안정 그리고 자기실현과 절정경험(peak experience)과 같은 부산물들을 간접적으로 얻게 된다. 창의적이고 유익한 경험 또는 극단적인 불행을 겪을 때에도 불가항력의 고난을 대하는 우리의 태도에 따라 그런 경험들이 의미를 갖게 될 수 있다. 이것을 태도가치(attitude value)라고 한다.

'삶의 의미'란 말이 아닌 행동과 실천으로 나타나야 하는 사항이며, 특정 상황에서 오직 개인에 의해서만 실현될 수 있는 특수하고도 개인적인 사항이다. 따라서 그것은 결코 타인이 대신 실현시켜 줄 수 없다. 삶의 의미는 발견하는 방법이 문제가 아니라 의미 자체를 발견해야 한다는 사실이 중요하고, 사람이나 상황 중 어느 것이 의미의 문제를 제기하느냐에 달려 있기에 그 의미는 상대적이라고 볼 수 있다.

대부분의 사람들은 삶의 의미를 가지고 있기 때문에 그들에게 삶의 의미가 필요하다고 굳이 설득할 필요가 없다. 오직 무의식 깊은 곳에서 자신이 진실하게 알고 있는 바를 인식하기만 하면 된다. 따라서 인생에는 의미가 있고 우리 안에는 그것을 발견하려는 의지와 그 의지를 행사할 수 있는 자유가 있음을 인식하여, 삶의 전체성 속에서 자신의 삶의 의미를 이해하도록 해야 한다. 이러한 삶의 의미에 대한 가치관을 형성하기 위해서는 다음과 같은 과정이 따른다.

(2) 삶의 의미에 대한 가치관 형성과정

사전적 의미로서 가치(價値)는 어떤 사물이 지니고 있는 의의나 중요성을 말한다. 그리고 가치관이란 인간이 자신을 포함한 세계나 만물에 대해 갖고 있는 평가의 근본적인 태도나 견해를 말한다. 그러나 심리학적으로 보았을 때의 가치란 '근본적으로 그리고 독특하게 개인적인 것으로서 개인의 행동에 영향을 끼치고, 그의 생각을 구체화하며, 그의 감성을 조절토록 하는 인간실존의 가장 중심에 있는 어떤 실체(reality)'를 의미한다(Hall, 1973). 다시 말해서 가치란 한 개인이 여러 가지 대안들로부터 자유롭게 선택하고, 그것을 자랑스럽게 여기면서 공적으로 확인할 뿐만 아니라 실행에 옮길 수 있는 삶의 자세와 직결된다. 이 접근에 의하면, 참된 가치는 신념, 목적, 태도 등의 수준에서 머무르지 않고 개인이 그의 실생활에서 행동화하는 가치화 과정을 겪으면서 획득되는 것이라 할 수 있다.

① 가치관 형성과정

가치관을 형성하기 위한 첫 번째 단계는 스스로 선택하는 과정이다. 여

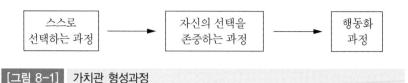

[그림 8-1] 가치관 형성과정

러 가지 선택의 여지 및 대인관계 안에서 장단점을 고려하여 선택하되, 초래될 결과에 관하여 탐색할 기회를 준다. 두 번째 단계는 그 선택을 존중하는 과정으로 자기가 선택한 것을 자랑스럽게 여기고, 이를 공적으로 확인할 수 있는 기회를 부여한다. 세 번째 단계는 행동화 과정인데, 선택과 일치하는 행동을 하도록 실제의 삶에서 반복적으로 생활화하는 것이다.

② 선택의 과정

자신의 가치를 결정하는 가장 중요한 요인은 선택이다. 선택은 둘 이상의 것에서 마음에 드는 것을 고르는 과정이다. 삶의 의미와 가치 및 가치관을 선택하는 과정 안에서도 선택의 다양성, 선택의 곤란성, 자유선택의 중요성과 선택행동과 삶의 불가분성의 성격을 적용하게 된다. 선택의 다양성이란 한 가지 일에도 자신이 갖고 있는 가치관에 따라 다양한 선택을 할 수 있다는 점을 인식하는 것이다. 선택의 곤란성은 다른 사람들의 기대 또는 관심이나 사회적인 규범 및 관습과 같은 요인의 영향을 받기 쉬운 까닭에 자유롭게 선택하는 것이 어렵다는 것을 말한다. 또한 자유선택의 중요성은 자유로운 선택은 어렵지만 개개인의 자발적이고 능동적인 선택이 중요하다는 점을 지적한다. 마지막으로 선택행동과 삶의 불가분성은 선택한 것들을 생활 속에서 행동화하는 것을 의미한다.

2) 초월적 존재로서의 인간

자기 존재에 대한 깨달음, 곧 '나는 지금 살아 있고, 나의 삶을 책임질 수

있다.'는 것은 삶에 유익한 영향을 미칠 수 있다. 그러나 인간에게는 현재
의 상황을 초월할 수 있는 능력이 있다. 예를 들어, 우리 자신을 2,000년 전
의 시대상황에 놓아 보거나, 아니면 100년 후에 세상이 어떻게 될지를 상
상해 봄으로써 그 장면에 자신을 데려갈 수도 있다. 이러한 능력은 상징을
사용하고 생각하고 말할 수 있는 독특한 능력이자, 현실의 상황을 초월할
수 있는 능력으로 하나의 기능이 아니라 인간존재론적 본질에 주어진 것
이다.

따라서 우리는 눈에 보이는 의식세계뿐만 아니라 눈에 보이지 않는 무의
식세계의 영향을 받으면서 살아간다. 무의식세계에 포함되는 많은 가치관
은 의식세계인 생각과 행동 및 태도에 영향을 끼쳐 개인적인 습관을 형성
한다. 개인적인 생활양식들은 그가 속한 집단에 전통과 풍습을 만들어 내
면서 하나의 문화를 형성해 나가기도 한다. 또한 보이지 않는 세계에 대한
믿음과 신뢰는 많은 영역에서 영적인(spiritual) 측면으로 나타나 종교적인
신념체계를 형성한다.

종교적인 신념체계에는 자연주의와 유신론이 있다. 자연주의는 자연적
인 원인만으로도 존재하는 모든 것을 설명할 수 있다고 믿는 사상으로서
자연이야말로 존재하는 모든 것이며, 생명은 원자 간의 우연한 충돌에 의
해 이루어져 오늘날과 같은 모습으로 진화해 왔다고 믿는다. 반면 유신론
은 이 세상이 존재하기 전부터 존재하고 다른 모든 것의 궁극적인 기원이
되는 초월적 하나님이 존재한다고 믿는 사상이다. 말하자면 우주는 항상
하나님의 섭리에 의해 다스림과 보호를 받고 있다고 믿는 것이다. 이러한
종교적인 신념체계는 각 개인의 삶의 의미와 가치관을 형성하는 데 가장
본질적인 역할하기 때문에 심리적 안녕에 많은 영향을 끼친다.

심리치료자들의 관찰에 의하면, 악의 있는 반종교적인 사람들은 신의
분노에 대한 두려움과 함께 자라난 경우가 많다고 한다. 모든 악행은 영원
한 지옥과 저주를 주는 것으로 생각했던 것이다. 이러한 견해들은 왜곡된

것으로, 신은 인간을 보살피고 지원하고 사랑하며 복을 주고 용서하는 신으로 이해할 필요가 있다. 신이 우리의 삶을 파괴하고 희롱한다고 생각하며 두려워하는 것은 종교적인 관점이나 심리적인 관점에서 볼 때 잘못된 것이다.

종교적 가치관은 집단이나 개인에 의해 다양하게 정의되지만 무엇보다도 자기 자신에게만 국한되어 있는 인생에서 개인적인 관심을 초월해서 세상에 대한 관심과 사랑에 대해 이해하려 한다. 더 나아가 인간과 세계에 대한 근본적인 봉사관을 가지게 된다. 그러므로 올바른 종교적 가치관을 가진 사람들은 신의 사랑과 위로를 통해 보이지 않는 세계에 대한 믿음으로 받아들임으로써 보이는 현실세계에 대한 자신과 타인 및 사회에 대한 통합적이며 균형이 잡힌 관점을 발달시키기 위해 노력한다. 따라서 사회에서 타인을 보살펴주고 사회에 대해 책임 있는 존재가 되어야 함을 강조하기에 심리적 안녕에도 영향을 끼친다.

2. 종교적인 신념체계

인간은 종교적인 의식을 통해서 출생, 결혼, 죽음과 같이 삶의 주요한 사건들을 기념하고 의미를 찾을 수 있는데, 그러한 신앙적인 전통은 삶에 연속성을 제공해 준다. 또한 위기가 닥쳤을 경우에 실제적이고 정서적인 면에서 도움과 지원을 제공하기도 한다.

믿음의 대상과의 개인적인 관계를 강조하는 종교적인 신념은 자신의 존재에 대한 특별함과 중요성을 강조한다. 종교는 타인에게 관심을 갖고 그들을 위해 행동할 수 있는 이타적 동기를 증진시켜 주기에, 인간을 사랑하고 용서하고 수용하는 신에 대한 종교적인 신념은 심리적 행복을 촉진한다. 그러나 지나치게 통제적이고 엄격한 종교적인 신념은 개인적인 책임이 존재하지 않을 수 있다고 합리화시킬 수 있고 책임을 피하기 위한 방법으로 작용할 수도 있다. 그러므로 종교적인 신념체계는 삶의 구조와 지원을 위한 원인을 제공한다는 점에서 그 의미와 가치를 찾을 수 있을 것이다.

종교적인 신념에는 두 가지 대안이 있다. 하나는 철학, 정치이론 또는 형이상학적인 세계에서 끌어온 의미와 가치가 조직화된 체계다. 두 번째 대안은 순전히 개인적으로 구성한 가치체계다. 조직화된 가치체계에 대한 예는 정치적인 가치들이 삶과 개인들의 더 큰 사회에 대한 관계를 이해하는 데 중요하다고 생각하면서 정치적 이데올로기와 동일시할 수도 있다. 그런가 하면 삶의 문제를 분석적이고 철학적인 틀을 가지고 분석하는 윤리적인 집단도 있다.

대안적인 신념체계는 의미에 대한 모든 것을 다룬다기보다는 제한된 범위에 초점을 두는 접근이다. 이때 위험요인은 그 대안적인 신념체계를 모든 삶에 지나치게 일반화하고, 삶의 의미의 진정한 근거들에 관한 탐구를 막아버리는 것이다. 이것은 인간과 삶의 세계에 대한 심리적 이해에 있어서도 마찬가지다. 심리적 이해는 유익하고 효과적이지만, 그렇다고 삶에 대한 포괄적인 견해를 제공해 주지는 않고, 종교의 대안으로서 작용하는 것이 아닐 뿐더러, 삶의 가치를 위한 체계를 제공하지도 않는다. 심리학은 단지 인간세계를 이해하기 위한 제한된 심리과정일 뿐이다. 그러므로 삶의 가치와 의미에 관련된 신념체계를 갖는다는 것은 심리적 행복을 위해서도 유익한 것이다.

3. 신념체계와 개인의 행복과 책임 사이의 균형

구조화된 신념체계의 위험은 그러한 신념체계들이 개인적인 책임의 회피를 정당화시키기 위해 사용될 수 있다는 것이다. 인간의 조건은 끝이 없는 무수한 대안과 선택의 연속으로 이루어진 복합체다. 현실적인 삶에서는 흑백으로 선택될 수 있는 것이 거의 존재하지 않는다. 신념체계를 가지고 있을 때의 큰 장점은 자신의 세계를 구조화시키는 것, 목표를 구조화시키는 것 또한 자신의 중요한 가치를 알아내고 선택할 수 있도록 안내하고 도와줄 수 있다는 것이다.

자신의 삶을 책임져야 할 사람은 바로 자신이라는 것과, 스스로 내린 선택과 결정의 연속으로 이루어진 삶을 살아야 한다는 것은 누구도 회피할 수 없는 사실이다. 어떤 사람들은 개인적인 책임을 전가하고 종교적인 권위나 문화적인 기준 또는 가족의 전통 뒤에 숨으려 한다. 그러나 신념체계가 아무리 우리의 삶에 존재한다고 해도 궁극적으로 자신의 삶과 자신이 내린 결정에 대한 책임은 자신이 져야 한다는 사실은 변하지 않으며, 또 변해서도 안 된다. 이것은 개인의 자유선택의 의지와 개인적인 의무에 대한 도전이기 때문이다.

예를 들어, 나르시시즘 같은 자기도취에 빠진 사람들은 극단적인 생각이나 행동을 찬양한다. 이러한 현상은 때로 권위가 요구하는 것에 극단적인 자기희생을 선택하게 만들기도 한다. 그러나 이런 극단적인 선택은 심리적 행복을 증진시키지 못한다. 타인에게 관심을 갖고 자신에 대해 책임감을 가지는 것, 그리고 사회 공동체 속에서 생산적이고 책임감 있는 일원이 되는 것들 사이에서 균형을 갖는 것이 우리가 삶에서 이루어야 할 부분이다.

그러나 점차 나이가 들어 삶의 환경이 변화하는 동안 그러한 요소들에도 변화가 생기게 마련이다. 청소년과 젊은 성인들은 그들 자신의 정체성과 독립적인 존재가 되려는 것에 초점을 둔다. 반면 중년기의 사람들은 어린 자녀들과 나이 드신 부모에 대한 책임과 동시에 더욱 큰 사회적인 책임을 갖게 된다. 그리고 노인들은 타인들을 돕는 데 만족감을 느낀다. 나이가 들었을 때 타인에게 의존하지 않는 사람은 거의 없다. 개인적인 요구와 가족

의 요구 그리고 공동체와 사회의 요구에 관심을 갖는 데 있어서도 균형이
필요하다.

4. 삶의 의미와 가치체계를 추구하기 위한 연습

삶의 의미와 개인적인 가치체계를 발달시키는 것은 심리적 행복을 이루
는 어떠한 구성요소보다도 다양한 길을 생각할 수 있게 한다. 비록 같은 종
교집단에 소속되어 있는 사람들일지라도 각자가 갖고 있는 종교적인 신념
이 각자의 삶에서 서로 다른 방향으로 영향을 미친다. 중요한 것은 자신이
갖고 있는 신념체계(belief system)가 결국 이러한 것에 결정적인 영향을 미
친다는 것을 지각하는 것이다.

1) 첫 번째 연습: 자신이 자라나면서 학습한 것

대부분의 사람들은 자신의 가치를 가족, 종교 또는 그들이 자라난 민족
문화를 통해서 배운다. 우리가 어렸을 때 의미와 가치에 대해 주로 학습한
것들을 나열해 보기로 하자. 당신이 좋은 사람이 되는 것에 대해서, 타인과
관련해서, 사회에 관해서, 피해야 할 좋지 않은 것들에 대해서 그리고 자신
이 추구해야 할 최상의 목표에 대해서 지금껏 배워 온 것을 나열해 보는 것
이다. 그런 다음 그 학습된 내용들을 각각 어디에서 배웠는지, 누구로부터
배운 것인지를 가능한 한 정확하게 기록해 보도록 한다. 아마도 몇몇의 학
습내용이 서로 상충되는 것을 느낄 수 있을 것이다. 예를 들어, 부모로부터
는 특정 부류의 사람들과 어울리지 말라는 이야기를 들어온 반면에, 종교
집단에서는 모든 사람을 사랑하고 받아들이라고 강조했을 수 있다. 또 다
른 예를 든다면 부모는 수단과 방법을 가리지 않고 사회에서 성공해야 한

다고 충고했으나, 가장 좋아했던 학교 선생님은 당신의 잠재 가능성을 정당하고 성실하게 발휘해서 성공하라고 했을 수 있다. 그럴 경우 부모와 교사의 가르침에서 상충된 가치를 경험하게 된다. 또 당신의 친구들은 가능한 한 많은 돈을 벌어야 한다고 하지만, 당신이 지니고 있는 경제관이나 분배정의에 대한 견해는 모든 사람들은 평등해야 하고, 부를 나누어 가져야만 하는 것일 수도 있다. 이와 같이 비록 현재의 관점에서 보았을 때 어리석고 시대에 뒤지게 보일지라도 자신이 어렸을 때 배웠던 중요한 의미들과 가치들을 나열해 보도록 한다.

어떠한 신념들과 가치들이 아직도 자신에게 영향을 미치는지, 더 좋은 방향으로 영향을 미치는지 또는 더 나쁜 방향으로 영향을 미치는지 나열한 가치들에다 표시를 해 보기로 하자. 당신이 믿고 있거나 혹은 당신의 삶의 가치에 추가하고 싶은 신념이나 가치들은 파란색으로 밑줄을 그어 본다. 그리고 지금까지 자신의 삶에 영향을 미치고 있긴 하지만, 자신의 성장과 발달을 방해한다고 생각하는 것들은 빨간색으로 밑줄을 그어 본다. 우리에겐 자신의 신념과 가치에 관한 선택의 자유가 있다. 실제로 어떤 구체적이고 실제적인 신념이나 가치를 가지고 있는가? 현재 지니고 있는 긍정적인 가치에 대한 이해와 신념을 더욱더 고조시킬 수 있는가? 그리고 그런 가치와 신념이 현재 삶에서 중요한 역할을 하게 할 수 있는가? 만약 빨간색으로 밑줄이 처진 가치가 있다면 그것 때문에 계속 통제를 받을 필요는 없다. 그렇게 빨간색으로 밑줄 쳐진 신념을 변화시키는 데 가장 좋은 방법은 자신의 삶을 고양시키는 구체적인 신념과 가치로 대체하는 노력을 해 보는 것이다. 빨간색으로 줄쳐진 신념이나 가치 옆에 자신이 받아들일 수 있거나 혹은 이미 갖고 있는 가치나 신념(신, 인간, 사회에 대한)을 긍정적인 방향으로 변화시킬 수 있도록 새로운 가치나 신념을 기록해 보자.

▣ **변화의 의지**

'나는 언제나 실패자였다.'라고 생각하면서 자신을 무가치한 존재라고 생각하는 사람들에게 객관적인 판단을 검증하기 위해 자기 자신에게 해 볼 수 있는 질문들이다.

- 실패의 정의는 무엇인가? 실패의 기준은 무엇인가?
- 실패에도 정도가 있다. 현재 자신의 실패는 어느 정도인가?
- 현재 실패한 삶을 살고 있다면 자신의 삶에서의 성공은 무엇이라고 보는가?
- 자신의 생활영역에서(친구관계, 가족관계, 학교공부, 취미생활 등) 실패가 아닌 성공하고 있는 영역은 없는가?
- 어떤 특정 영역에서 실패한 뒤에 그것을 성공적으로 성취해 본 경험은 없는가?
- 현재 목표를 실패했다는 사실을 한 인간으로서의 실패로 보는가?
- 실패한 사람들은 항상 다른 사람으로부터 거절당하면서 살고 있다고 믿는가?
- 좌절을 겪은 사람들은 자신을 무가치하게 여김으로써 그 고통을 계속 겪어야만 한다고 생각하는가?

이러한 질문을 해 봄으로써 자신의 판단이 만들어 낸 단단한 벽을 허물 수 있다. 스스로 검증해 봄으로써 자신의 판단에 대한 자의성이나 부적응성이 줄어들게 할 수 있다.

* 출처: 원호택 외 공역(1996). 우울증의 인지치료. 학지사, p. 228.

2) 두 번째 연습: 연속과 변화

자신에 대해 갖고 있는 모순점은 변화에 대한 가능성이 있음에도 불구하고 현재 자신이 지니고 있는 모습을 그대로 유지하는 것이 중요하다고 생각하는 것이다. 연속과 변화 모두가 심리적 행복에 필요하다. 이번에 하는 연습은 자신의 삶에서 연속과 변화 사이의 균형을 측정하고, 미래에 자신이 원하는 바가 무엇인지를 알아보는 것이다. 인간의 삶의 일반적인 패턴은 안정적인 주기를 지나서 변화의 주기를 거치고 또 다른 새롭고 안정적인 평형을 다음의 변화주기가 올 때까지 회복하는 것이다.

당신의 삶을 평가했을 때 만족감을 주는 안정적인 요소는 무엇인가? 이 상적으로는 이러한 연속성이 습관이나 안정성에서 나오는 것이 아니라, 그런 요소들을 가치 있는 것으로 여기기 때문에 연속적으로 유지되는 것이다. 예를 들어, 시골에서 자라났을 경우 지금도 그곳에서 살아가는 사람들에 대해 생각하기를, 그들이 다른 곳에서는 성공하지 못할 것이라는 두려움 때문에 시골을 떠나지 못하는 것이라고 보았을 수도 있다. 하지만 그들이 시골을 떠나지 못하는 것은 가족에 대한 애정과 시골생활을 즐기는 그들의 선택 때문일 수도 있다. 만약에 당신이 기독교도로 자라났다면 활발한 교회활동은 그 종교의 신념체계에 대한 당신의 헌신이고 그러한 교회의 일원이 된다는 것에 가치를 가지기 때문이다. 전통적인 가치를 지속하려는 선택은 그러한 가치들이 자신의 삶에 관련되어 있고 그것을 가치 있다고 생각하기 때문이다.

당신은 자신의 삶과 가치체계에서 어떤 부분을 변화시키려 하는가? 일반적으로 사람들은 어렸을 때부터 가지고 자랐던 의미의 구조로부터 많은 도움을 받는다. 그러나 성인이 된 지금은 어른으로서 불분명한 상황에 대처해야 할 필요가 있고 사회의 어두운 그늘 속에서 세상을 보고 대하는 방법을 배우기도 한다. 변화는 어떠한 방향으로 변해 가야 할지 본인이 정확히 알고 있을 때 가장 쉽게 이루어진다.

기존의 자신을 유지하려는 연속성과 변화하려는 경향 사이의 균형을 가장 잘 잡는 방법은 무엇일까? 모든 사람들에게 적합하고 옳은 방법은 없을 것이다. 어떤 사람들은 현 상태의 연속에 더 비중을 두기에 안정성과 마음의 평화에 더 가치를 두는 경향이 있다. 그러나 다른 사람들은 새로운 생각과 경험에서 오는 흥분감과 도전을 더 선호한다. 이들은 안정감이 있거나 만족감이 느껴질 때보다 무엇인가 이루어지고 있는 변화상태에 있을 때에 더 인간답다고 느낀다. 그러한 사람들은 다른 연속성을 강조하는 사람들보다 모호함과 불확실성에 대한 인내심을 가지고 있다. 그러나 연속성을 강조하는 사람들은 비구조적이고 덜 명확한 것에 대해 불안을 느끼고, 그것이 삶을 힘들게 하는 것이라고 생각한다. 이제 우리는 어떻게 연속성과 변화를 혼합해야 심리적 행복을 증진시킬 수 있는가에 관해 진지하게 생각해 볼 필요가 있다.

3) 세 번째 연습: 부조화에 대처하기

이 장을 통해서 우리는 태도와 행동과 감정들 사이에 통합의 중요성을 강조해 왔다. 이번 연습은 우리의 태도와 가치의 어떤 부분이 자신의 행동과 느낌들과 불일치하는지를 알아보기 위한 것이다. 불일치성을 먼저 알아 낸다면 행동과 감정들이 태도와 믿음과 조화를 더 잘 이루도록 변화시켜 갈 수 있을 것이다.

스스로 자신에 대한 인식을 늘리고 조화되지 않은 면들을 대면할 수 있도록 가까운 친구나 배우자에게 도움을 구하는 것은 아주 좋은 방법이다. 자신의 삶에서 조화되지 않는 태도와 행동 간의 불일치하는 면을 줄이기 위해 스스로 반성할 개인적인 시간이 필요하다고 믿고, 또 그런 시간을 갖는 것이 가치 있다고 생각하면서도 실제의 삶 속에서는 그렇게 행동하지 않는 사람들이 있다. 종교를 믿지만 오직 일요일에 교회에서만 종교적인 성찰을 하는 사람, 가족과의 관계에 충실하고 싶어 하면서도 스스로 직장에 얽매여 직장이 자신의 삶을 통제하도록 내버려두는 부부들 또는 사회적인 활동에 관심을 갖고 있으면서도 실제로 그런 활동에 참여하지는 않는 사람들이 있다. 만약 태도와 신념이 가치와 의미를 부여하는 데 중요하다면 그러한 태도와 신념이 자신의 행동을 변화시키도록 해야 한다. 나아가 그렇게 변화된 행동들이 자신의 삶을 열정적으로 만들고 삶에 만족을 주도록 노력해야 한다. 개인적으로 변화할 것을 다짐하고, 어떻게 이러한 변화를 수행할지 계획하고, 시간을 배정하고, 자신의 친구나 배우자로부터 받을 수 있는 도움을 나열해 본 뒤에 구체적인 실천사항들을 실생활로 옮겨야 할 것이다. 태도와 가치가 행동과 감정과 조화를 이룬다면 심리적 행복은 증가시킬 수 있다.

■ 비합리적인 신념체계를 바로잡을 수 있는 방법

인간은 존재한다는 그 자체로 존귀하며, 본질적으로는 선하지도 않고 악하지도 않다. 따라서 자신을 평가하지 말고 있는 그대로 수용하는 자세가 중요하다. 자기의 행동에 비추어서 스스로를 '가치 있다' '가치 없다' 고 평가하는 것은 그릇된 사고이며, 이러한 왜곡되고 비합리적인 신념체계 때문에 심리적인 고민과 정서적 혼란을 경험하게 된다(Ellis, 1971). 인간은 모든 사람에게 인정과 사랑을 받고 싶어 하지만, 반드시 모든 사람의 인정과 사랑이 필요한 것은 아니다. 오히려 불완전함에도 불구하고 자신을 수용하는 것을 배우는 것이 더 중요하다.

그러므로 자신의 신념, 평가, 해석 그리고 자신의 상황에 대한 기능적 또는 역기능적인 반응을 유발시키는 핵심은 정서로 과거에 획득되어져, 이미 자기구조화되어 비합리적인 사고를 형성하게 된 것이다. 이처럼 스스로 주입하고 유지시키고 있는 비합리적인 신념들을 깨기 위해서는 그것들을 규명하고 논박하는 방법이 필요하다.

A(활성시키는 사건) ← B(신념) → C(정서적 · 행동적 결과)

↑

D(논박하는 중재) → E(효과) → F(새로운 감정)

예를 들어, 어떤 사람이 취업에 성공하지 못했다는 것 때문에 스스로를 쓸모없는 존재로 보거나, 무력감이나 불안에 빠져 우울반응을 일으켰다면 그 원인은 미취업 자체에 있다기보다는 개인적 실패나 거부 혹은 사회적 활동영역을 잃어버렸다는 사실에 대한 그 사람의 신념에 있다고 봐야 한다. 미취업이라는 실제적 사건(A)이 아니라 거부와 실패에 대한 신념(B)이 우울증(C)을 일으키는 것이다. 이것은 탐지, 반박, 변별과 같은 논박(D)을 통해 비합리적인 신념을 변화시키는 효과(E)를 냄으로써 새로운 감정(F)을 창출하는 것이다(Ellis, 1997).

따라서 취업하지 못했다고 자신을 비난하기보다는 합리적인 사고로 다음과 같은 결론에 도달하는 것이다. 즉, '노력을 많이 했음에도 불구하고 원하는 곳에 취업하지 못한 것은 정말 유감이다. 내 뜻대로 되지 않았다고 나의 인생 전체를 실패한 것이 아니기 때문에 취업 그 자체에 대해서 내 자신을 비난하고 무거운 책임감을 느끼는 것은 어리석은 일이다.' 이러한 사고의 변화는 우울증과 같은 부정적인 정서에서 벗어나게 하여 궁극적으로는 새로운 신념체계를 형성하게 한다.

4) 네 번째 연습: 가치를 삶에 통합시키기

위에서 기술한 세 가지 연습들은 통합적인 연습을 위한 것이다. 가치에 관해서 일반적으로 제시되는 반대의견은 가치들이 거짓된 삶을 증진시킨다는 것이다. 이런 거짓의 함정에 빠지는 사람들은 개인의 삶을 안내해 주는 체제로서 작용하는 개인적인 가치보다도 외부적인 공동체사회가 받아들이는 가치와 의미들을 더 신봉한다. 다시 말하면 내재화된 개인적인 가치보다도 아직 자기것으로 내재화되지 않은 외부의 사회적 가치를 따르려 한다. 이번 연습은 혼자서 해 보고, 연습을 끝낸 후에 자신의 삶을 이끌어 주는 가치들을 명료화하는 데에 도움을 줄 수 있는 친한 친구들이나 배우자와 함께 연습의 결과에 대해서 이야기를 나누어 보도록 한다.

자신의 현재의 생활에서 삶의 의미를 주는 가장 중요하다고 생각하는 가치나 믿음 다섯 가지를 나열해 보자. 나열된 것 중에는 자신과 관련된 것을 최소한 한 가지 그리고 인간관계와 관련된 것 한 가지 또 공동체, 종교적인 그룹 또는 사회에 관련된 것을 각각 최소한 한 가지씩 기록한다. 이런 가치들을 기록할 때에는 가능하면 분명하고 구체적으로 표현하도록 한다. 그 다음엔 어떻게 이런 신념이나 가치들이 자신의 행동이나 감정들과 관련되어 있는지 써 보자. 주의 깊게 이 다섯 개의 가치를 검토해 보고 그 가치들이 어떻게 자신의 삶을 안내하고 통합시켰는지 깊게 생각해 본다. 만약에 그 가치들이 자신의 삶에 관련이 되어 있지 않다면 자신의 가치나 행동을 적극적으로 변화시킬 필요가 있다.

5. 마치면서

현대인의 공통적인 문제는 내면적 공허감에서 비롯된 인간 삶의 총체적이고 궁극적인 무의미성이다. 삶의 권태로움에서 만들어진 실존적 공허감에 사로잡혀 있는 것이다. 말하자면 자신의 삶에서 모방할 멘토가 없고, 책임 있는 선택을 해야 되는데, 무엇을 해야 하는지, 무엇을 하고 싶은지를 잘 알지 못한 채 살아가고 있다. 매일의 일상 속에서 바쁘게 살다보면 지나간 날들에 향수를 느끼고 무의미하게 살아가는 자신에 대해 허무감을 느끼게 된다.

그러므로 자신의 삶을 계획하는 데 지침이 되고 의미를 제공해 주는 믿음과 가치체계를 가지는 것은 심리적 행복을 증진시킬 것이다. 삶의 의미는 삶에 대한 긍정적인 관점을 제공해 준다. 분명한 것은 오직 자기 자신만이 종교적이고 사회적이고 개인적인 가치를 바탕으로 자신의 삶을 위한 의미 있고 유익한 신념들을 결정할 수 있다는 것이다.

제 9 장

이성교제와 결혼

제9장
이성교제와 결혼

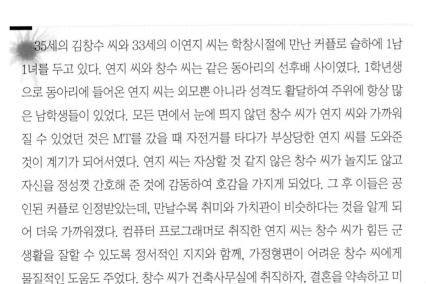

35세의 김창수 씨와 33세의 이연지 씨는 학창시절에 만난 커플로 슬하에 1남 1녀를 두고 있다. 연지 씨와 창수 씨는 같은 동아리의 선후배 사이였다. 1학년생으로 동아리에 들어온 연지 씨는 외모뿐 아니라 성격도 활달하여 주위에 항상 많은 남학생들이 있었다. 모든 면에서 눈에 띄지 않던 창수 씨가 연지 씨와 가까워질 수 있었던 것은 MT를 갔을 때 자전거를 타다가 부상당한 연지 씨를 도와준 것이 계기가 되어서였다. 연지 씨는 자상할 것 같지 않은 창수 씨가 놀지도 않고 자신을 정성껏 간호해 준 것에 감동하여 호감을 가지게 되었다. 그 후 이들은 공인된 커플로 인정받았는데, 만날수록 취미와 가치관이 비슷하다는 것을 알게 되어 더욱 가까워졌다. 컴퓨터 프로그래머로 취직한 연지 씨는 창수 씨가 힘든 군 생활을 잘할 수 있도록 정서적인 지지와 함께, 가정형편이 어려운 창수 씨에게 물질적인 도움도 주었다. 창수 씨가 건축사무실에 취직하자, 결혼을 약속하고 미래를 위해 함께 적금을 들었다. 이를 토대로 2년 후에 결혼을 하였다.

이들은 결혼당시 앞으로 어떻게 살 것인지에 대해 많은 것을 설계하였는데, 그중 하나가 빠른 시일 내에 주택을 마련하는 것이었다. 따라서 부부는 아파트를 마련하기 위해 창수 씨의 월급은 저축하고 연지 씨의 월급으로만 생활했다. 이렇게 해서 원하던 목표보다 앞당겨서 2년 만에 아파트를 장만했다. 또한 결혼 초부터 아이를 빨리 낳아야 한다고 결정했지만, 임신하는 데 예상치 못한 어려움에 직면하였다. 의사의 도움으로 결혼 3년 만에 임신을 하여 건강한 딸이 태어났지만 아이에게 유전적인 장애가 있었다. 의사는 이들 부부에게 더 이상 아이를 갖지 말도록 충고하였으며, 창수 씨는 스스로 정관절제수술을 받았다. 그러나 장손인 창수 씨가 아들을 낳아야 한다는 집안의 압력 때문에 결국 이들 부부는 상당히 복잡한 입양절차를 통하여 갓 태어난 남자아이를 입양하였다. 그리고 아이의 출생을 비밀로 하기 위해 연지 씨가 거짓으로 배를 부르게 하는 등 용의주도한 노력을 하였다.

두 아이는 그들의 삶에 새로운 활력을 주기도 했으나, 많은 희생이 따랐다. 연지 씨는 아이들을 보살피기 위해 작은 회사의 파트타임으로 자리를 옮겼으며, 이런 변화는 경제적인 부분을 더 많이 감당하기 위해 창수 씨가 큰 회사로 옮기는 변화로 이어졌다. 부부의 생활은 아이들 중심으로 다시 짜여졌으며, 자신들의 개인적인 관심의 많은 부분은 뒤로 밀려나게 되었다. 이들 부부는 생활이 그다지 재미있지는 않았지만, 이런 삶이 아이를 가진 부모의 의무라고 생각했다. 연지 씨는 남편이 자잘한 집안일을 도와주겠다는 약속을 지키지 않아 짜증이 났으며, 창수 씨는 일 때문에 집안일에 투자할 만한 에너지와 시간이 없다고 불평했다. 그들은 어린 자녀들의 부모역할은 즐겼으나, 부부의 관계에는 지쳐 있었다. 그들은 일상의 잡다한 문제를 다루기에 너무 바빴다. 부부관계에도 흥미를 가지지 못할 정도로 일상생활이 무감각해졌고, 이런 무기력은 부부의 갈등으로 이어졌다.

두 아이의 아버지인 35세의 창수 씨는 젊고 매력적인 여직원에게 매력을 느끼기 시작했다. 이들 부부는 혼외정사에 대해 언급한 적은 없었지만, 다른 사람과 성관계를 하지 않는다는 묵시적인 동의가 있었다. 창수 씨는 다른 여자에 관심을 가진다는 사실에 대해 양가감정이 있었지만, 아내에게 알려지지 않도록 많은 주의를 기울이고 교묘하게 속였다. 연지 씨는 남편이 여직원에 대해 자주 이야기를 하다가 어느 순간부터 회피하고 있다고 느끼면서 이들 관계를 수상히 여겼다. 창수 씨는 아이에 관한 이야기 이외에는 아내와 거의 대화도 하지 않았다. 연지 씨는 남편과 여직원의 관계를 직면하긴 싫었지만, 계속 회피할 수는 없다고 생각했다.

　이들 부부는 아이들을 부모님께 맡기고 하루 저녁 진지하게 많은 대화를 하였다. 창수 씨는 당황했지만, 아내가 솔직히 털어놓고 이야기하는 것에 조금 안도감을 느꼈다. 이들 부부는 자신들이 느끼고 있는 감정에 대해 오랜 시간 이야기를 나누었다. 대화를 통해 창수 씨는 아내에게도 어떤 유부남이 호감을 가지고 상당히 노골적인 접근을 해 온 적이 있었으며, 아내가 당시엔 우쭐함과 위협감으로 묘한 기분이었지만 단호히 거절했다는 사실을 알게 되었다. 창수 씨는 아내의 말에 다소 당황했지만, 여직원에 대한 자신의 행동을 되돌아보는 계기가 되었다. 또한 이들은 자신들의 부부관계가 침체되어 어려움을 겪게 되었다는 사실도 알 수 있었다. 결혼엔 끊임없는 주의가 필요하다고 생각한 이들은 큰아이의 출생 이후 처음으로 둘만의 주말여행을 하였다. 이러한 경험은 새로운 성적 흥미와 생활에 활력을 주는 시간이었다. 이후 그들은 부부끼리 얘기할 시간을 갖고, 친구 부부와 함께 활동하고, 인생의 목표에 자신들을 위한 것을 포함시키고 실행하려고 노력하였다.

　인류는 서로 보완적인 관계에 있는 2개의 성, 즉 남과 여로 나누어져 있다. 영어 'sex'의 어원은 라틴어 'secare', 즉 '나누다'라는 의미의 단어다. 플라톤은 자신의 저서 『향연』에서 인간의 원형에는 남, 여, 남녀의 3종류가 있는데, 이들은 모두 2개의 얼굴, 4개의 팔다리를 가지고 있었다. 그런데 제우스신이 이들의 한가운데를 잘라서 현재의 모습으로 만들었기 때문에 인간은 끊임없이 또 다른 반쪽을 찾아 다시 합치려는 속성을 갖고 있다고 한다. 이 같은 플라톤의 설명을 빌리면 인간이 이성에게 관심을 가지는 것은 지극히 자연스러운 현상이다. 특히 청년기를 맞이하면 이성에 대한 관심이 이성교제로 이어지며, 두 사람이 서로를 이해한다는 확신이 설 경우 결혼으로 연결되게 마련이다.

　교제나 결혼의 양상은 획일화된 것이 아니라 사람의 수만큼이나 다양할 수 있다. 그렇지만 사람들은 자신이 대다수의 사람과 비슷한 길을 걸어가

고 있다고 느낄 때 심리적 안정을 느끼는 경향이 있어서, 이성교제나 결혼
에 관해서도 사회의 전형적인 모습을 따르기 원한다. 이성교제나 결혼에
관해 우리 사회가 가진 전형적인 모습이란 이상적인 배우자를 만나서 건전
하게 교제한 후, 결혼을 하고, 그 사이에서 자녀가 태어나며, 자신들은 자아
실현을 위한 사회활동을 하면서 원만한 가정을 이루는 것이다. 그러나 이런
서술은 이상적으로 들리지만, 우리가 이와 같은 삶의 방식을 반드시 경험해
야 하는 것은 아니며, 심리적 안정을 얻을 수 있는 유일한 선택도 아니다.
이것은 단지 가장 많은 사람들이 선택하는 일반적인 삶의 방식이므로 이러
한 삶에 관심을 가져 보도록 조언할 뿐이다. 따라서 이 장은 이 같은 선택을
위한 탐색작업이라고 생각해도 좋을 것이다.

1. 사랑에 관한 탐색

   그동안 학자들은 사랑이라는 것은 과학적 논의의 대상이 되기 어렵다고
생각해 왔다. 그래서 사랑에 관한 연구는 친밀감에 대한 연구에 비해 비교
적 적은 편이다. 어쩌면 우리는 아직도 사랑이라는 것이 인간에 의해 완전
히 파헤쳐지는 것에 거부감을 갖고 있으며, 사랑이란 여전히 인간의 손이
닿지 않는 신비한 요소로 남아 있길 원하고 있는지도 모른다. 따라서 많은
사람들은 사랑이 무엇인가라는 물음에 대해 과학적인 접근보다는 문학적
이며 철학적인 정의를 선호한다. 일반적으로 사람들은 행복한 감정을 얻기
위한 목적으로 사랑을 하는 경우가 많다. 그렇다면 어떤 것이 행복한 것일
까? 사람마다 행복의 조건이 다르기 때문에 스스로 행복하다고 느끼는 순
간이 가장 행복하다고 가정한다면, 사랑 역시 사랑한다고 느끼는 순간이
사랑이라는 행위라고 말할 수 있을 것이다. 이런 관점에서 본다면 인간이
과학적으로 탐색하기를 주저해 왔던 사랑의 개념을 여러 가지 각도에서 탐

색할 수 있다.

　사랑에 대한 과학적인 접근이 드물었던 지금까지의 학문적 분위기를 감
안할 때 1984년에 스턴버그(R. J. Sternberg)가 「사랑의 본질」이라는 논문
을 발표한 것은 획기적인 일이었다. 그는 18~70세에 이르는 85명을 대상
으로 사랑과 좋아하는 감정 및 대인관계 형성 능력에 관한 연구를 하였다.
그리고 1986년에는 이것을 보완하여 '사랑의 삼각이론'을 발표했다. 그는
사랑이란 정서적인 측면의 친밀감, 동기적인 측면의 열정, 인지적 측면의
헌신의 세 가지 요소로 구성된 삼각 형태라고 주장했다.

　친밀감(intimacy)이란 가깝고 편안한 느낌, 상대방을 잘 이해하고 원만
한 의사소통이 이루어지는 것, 긍정적 지지 등으로 사랑의 따뜻한 측면을
의미한다. 친밀감은 사랑의 정서적인 면을 반영하는 것으로 오랜 기간 교
제하면서 서서히 증가한다. 그런데 이와 같은 친밀감은 끝없이 증가하는
것이 아니라 어느 수준에 도달하면 더 이상 증가하지 않는다.

　열정(passion)이란 일체감을 느끼고 싶어 하는 강렬한 욕망으로 사랑의
뜨거운 측면이다. 열정은 사랑의 동기적인 면을 반영하는 것인데, 사랑에
빠진 사람들을 생리적으로 흥분시키며 들뜨게 한다. 열정은 급속하게 발전
하지만, 교제기간이 길어지면서 그 강도는 감소하여 오랫동안 지속되지 않

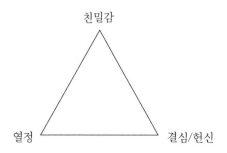

[그림 9-1]　사랑의 세 가지 요소

출처: Sternberg R. J. (1986). A triangular theory of love. *Psychological Review*, 93, 119-135.

는다.

헌신(commitment)은 상대방을 사랑하겠다는 결심과 행동적 표현으로 사랑의 차가운 측면이다. 이것은 사랑의 인지적인 면을 반영한 것이기도 하다. 일반적으로 이런 헌신은 약혼이나 결혼과 같은 언약의 행동으로 이어지게 된다. 그 밖에도 사랑의 징표나 선물을 주고받기도 하고, 주변 사람들에게 자신의 파트너를 소개하거나, 때로는 어떤 고통을 함께 나누는 행위로 나타나기도 한다.

이 세 가지 요소는 그림과 같이 삼각형의 세 꼭짓점을 이루고 있으며, 각 요소가 차지하는 비율에 따라 좋아함, 우정, 공허한 사랑, 낭만적 사랑, 도취적 사랑, 우애적 사랑, 성숙한 사랑의 일곱 가지 형태로 분류할 수 있다([그림 9-2] 참조).

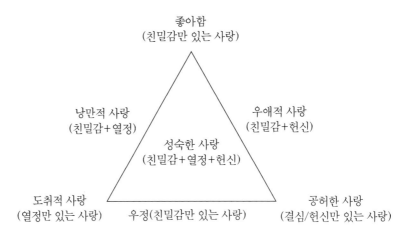

[그림 9-2] 세 가지 사랑의 요소를 조합한 사랑의 종류

출처: 최연실(2001). 사랑의 심리학. 서울: 하우.

2. 이성교제

이성 간의 교류는 어느 날 갑자기 시작되는 것이 아니라 유아기에서의 성장과 함께 발달하여 청년기의 이성교제로 발전하는 것이다.

헐록(E. B. Hurlock)은 이성 간의 교류가 ① 성적 적대(antagonism), ② 성적 혐오(aversion), ③ 애착(crush), ④ 강아지 사랑(puppy love), ⑤ 연애(romantic love)라는 과정을 거쳐서 발달한다고 주장했다. 즉, 성별의식은 있지만 그것에 구애받지 않고 남녀가 하나가 되어서 교류하는 단계에서, 같은 성끼리의 교류를 중시하면서 남녀 간의 교류가 없어지는 시기를 거친 다음, 남녀가 서로 경쟁하는 시기를 맞는다. 그리고 사춘기에 이르면 서로에게 접근하고 싶다는 욕구를 가지게 되면서 집단교제의 단계를 거쳐 일대 일의 교제로 발전한다.

청년기의 이성교제에는 목적이나 행동규범이 다른 두 개의 유형이 있다. 첫 번째 유형은 교제하는 것 자체를 즐기고 교제상대도 한정하지 않으며, 따라서 관계의 해소도 자유로운 데이트(dating)다. 두 번째 유형은 구혼기간(courtship)에 나타나는 형태인데, 결혼을 전제로 한 교제상대는 특정의 한 명에 한정되고 쉽게 바꾸는 것이 허락되지 않으므로 친밀함과 책임이 따르는 교제 유형이다.

이처럼 성격이 다른 두 가지 이성교제는 모두 결혼 준비단계로서 밀접한 관련을 맺고 있다. 즉, 데이트를 통해 많은 이성과 교제함으로써 이성을 보는 눈을 기르는 동시에 이성이라는 거울에 비추인 자기의 성의 특질과 역할의 이해를 한층 더 할 수 있다. 그리고 이렇게 길러진 능력에 따라 교제상대 중에서 특정의 한 사람을 선택하여 결혼으로 이어진다.

데이트의 기능은 여러 가지 관점에서 볼 수 있다. 공통적인 것은 레크리에이션의 기능, 또래에서 한 사람으로 인정받는 지위 획득의 기능, 성별역할의 학습 기능, 배우자 선택의 기능 등 네 가지로 집약할 수 있다.

그 기능이 어떤 것이든 데이트는 지금까지 태어나서 자란 원가족에서 분리·독립하여 자신의 가족을 만들어 가는 첫 단계로서 청년기의 사회화에도 특히 중요한 의미를 가지고 있다. 그러나 데이트가 반드시 청년기의 정체감 형성에 도움을 주는 것이라고 단정짓기는 어렵다. 우선 데이트는 성인문화에 대한 대항적·놀이적인 성격을 갖고 있으며, 놀이를 중시하는 청년문화와 연결하여 레크리에이션의 측면을 지나치게 강조할 경우 결혼생활에 필요한 능력이나 애정을 기르지 못하여 결혼생활에 적응하는 것을 저해하는 역기능을 나타내기도 한다. 특히 데이트의 연령저하나 경쟁의 격화, 성해방의 풍조 등은 이러한 데이트의 역기능을 초래하기 쉬운 조건으로 언급된다. 따라서 심리적 안녕을 유지하기 위해서는 데이트를 통해 자아정체감이 확립될 수 있어야 한다.

3. 배우자 선택

배우자 선택은 어떤 과정을 통해 이루어지는가? 배우자를 선택하려고 하는 25세의 한 여성의 입장에서 생각해 보자. 보편적인 범위에서 대상이 되는 남성을 27~32세로만 국한해도 그 연령의 미혼남성은 수백만에 이를 것이다. 그 가운데서 특정한 한 남성을 선택하게 되는데, 그 여성은 수백만의 남성을 모두 대상으로 하지는 않는다. 직접 접촉할 수 있는 남성의 범위는 한정되어 있으며, 실제로 교제하는 상대는 지극히 소수에 지나지 않는다. 그 교제상대 속에서 배우자를 선택하는 것이다. 이때 그 여성이 한 남성을 좋아한다고 할 때 상대 남성도 그 여성을 좋아한다고 단언할 수는 없다. 서로의 의견이 일치할 때 한 쌍의 커플이 탄생하는 것이다.

데이비스(M. W. Davis) 등은 이성 간의 관계에 있어서 발달적 단계를 도

[그림 9-3]   여과망이론

출처: Olson, D. H., & DeFrain, J. (1994). *Marriage and the Family: Diversity and Strengths.*
    CA: Mayfield Publishing Company.

입하여 배우자 선택을 설명하였다. 이들은 대학생 커플을 몇 번에 걸쳐서
조사한 결과, 관계의 초기단계에는 인종, 종교, 연령, 사회계층 등과 같은
사회적 특성이 중요하고, 관계가 진전될수록 가치관과 상호보완의 기능이
중요하다는 것을 발견했다. 처음에는 모든 가능한 데이트 상대로부터 시작
하여, 관계가 깊어지는 다음 단계로 진행될 때마다 여과를 거치면서 배우
자로 적절한 대상의 폭을 점점 좁혀 가다가, 마침내 최종적으로 한 사람을
선택하게 된다.

  위에서 언급한 단계를 구체적으로 살펴보면 [그림 9-3]과 같은 역삼각형
의 단계를 거치게 된다.

  첫 번째 단계에서는 교제의 가능성이 있는 모든 대상이 근접성의 여과망

을 통과하면서 시간과 공간적으로 가까운 곳에 있어서 접촉하기가 쉬운 사람들로 대상의 폭이 좁혀진다. 두 번째 단계는 사회적 배경의 여과망을 통과하는 단계로 인종, 사회계층, 연령처럼 사회적 배경이 유사한 사람을 선정한다. 세 번째 단계에서 사용되는 것은 신체적 매력의 여과망이다. 여기서는 자신과 비슷하거나 자신보다 더 나은 신체적 매력을 가진 상대방을 고르게 된다. 네 번째 단계는 성격, 흥미, 가치관이 합의될 수 있는 상호적 합성의 여과망이다. 서로 상대방의 욕구와 필요를 충족시켜 줄 수 있고, 어느 한 사람의 단점을 다른 편에서 보완해 줄 수 있을 때 결혼 가능성이 높아진다. 다시 말해 이 단계의 여과망을 통과한다는 것은 서로의 성격이나 가치관이 비슷하여 상대방을 수용할 수 있다는 의미다. 이때 어떤 갈등이 발생하면 관계는 더 이상 진전되지 않는다. 마지막 단계는 대차대조표 여과망으로서 교제하는 상대방의 관계에서 무엇을 주고 무엇을 얻을 것인가를 평가하게 된다. 이 같은 평가과정을 통하여 결혼이 성립된다.

4. 결혼

대부분의 사람들은 결혼생활을 잘 계획하고 그것을 위해 어떤 노력을 기울이는 삶을 살고 있지 않다. 대개 일상적으로 반복되는 삶에 안주하여 자신의 삶을 선택하고 예측이나 유지하려는 의지가 부족하다. 이들은 자신의 결혼생활, 자녀, 직장 또는 가정문제가 위기에 직면하고나서야 비로소 당황하면서 고통을 호소한다. 그러나 가정생활은 연속되는 과정 속에서 보살핌을 받아야 한다. 따라서 위기를 어떻게 다룰 것이냐 하는 문제보다는 예방에 보다 많은 관심을 가질 필요가 있다.

건강한 가정생활을 이뤄 나가는 데는 먼저 가족 형성의 출발점에 서 있는 각 개인의 성숙함이 중요한 요소로 작용한다. 여기서는 성숙 또는 미성숙한 개인이 어떤 사람인가를 살펴보고자 한다. 미성숙한 사람은 감정이나 정서를 스스로 통제하지 못하고 충동적 또는 공격적인 행동을 하거나 여러 가지 퇴행반응을 나타낸다. 가정생활에서도 자기중심적 또는 안이한 생활을 영위하면서 정서적인 면에서는 자신의 부모와 지나치게 연결되어 심리적으로 독립하지 못하고 있다. 성숙한 사람은 부모로부터 분리되어 있으며, 유연한 태도로 여러 사람을 접하는 동시에 개성과 주체성을 가진 생활이 가능한 사람이라고 할 수 있다.

5. 가족관계

　사람들은 가정생활에서 어떤 발달단계에서 다음의 발달단계로 이행할 때 생기는 많은 어려움을 경험하게 된다. 한 개인이 어떤 발달단계에서 요구하는 과제를 잘 달성하지 못하고 그 단계에 고착하는 것처럼, 가족의 경우에도 어떤 단계에서 요구되는 과제를 수행하는 데 실패하는 경우가 있다. 이처럼 가족은 생활주기의 이행이 순조롭게 진행되지 못하면 스트레스를 받기 쉬운데, 가족이 이런 스트레스에 직면하면 이전의 단계로 돌아가는 퇴행이 일어난다. 모든 가족은 개인과 마찬가지로 결혼, 첫아이의 출생, 자녀의 청소년기 시작과 같은 어떤 예측될 수 있는 사건이나 과정을 통과한다. 즉, 대부분의 가족은 두 성인이 그들이 출생한 가족으로부터 분리되어 결혼하고, 남편과 아내로서 서로에게 조화되는 것을 학습하며, 첫 번째 아이가 태어나면 어머니와 아버지로서의 새로운 역할을 떠맡게 된다. 그리고 가족 수가 증가함에 따라 가족구조와 생활방식을 바람직한 방향으로 재조직하게 된다. 가족이 성숙해 감에 따라 새로운 부모-자녀관계가 발달하고 그 과정 속에서 어머니와 아버지의 관계도 각자 변화를 경험하게 될 것이다. 여기서는 가족생활의 가장 큰 틀인 부모-자녀관계와 부부관계를 살펴보고자 한다.

1) 부모-자녀관계

원하던 자녀의 출생은 가족 통합에 큰 역할을 하게 된다. 전통적으로 임신, 피임, 자녀양육은 여성의 몫이라고 생각하지만 몇 명의 자녀를 언제 가질지에 대한 계획은 부부가 함께 의견을 나누면서 결정해야 하는 부분이다. 대부분의 부모들은 자녀가 태어나서 다섯 살이 될 때까지 자녀들이 어떻게 변화해 갈 것인가에 대해 예측할 수 있다. 그러나 자녀에 대해 지나치게 많은 예측을 하는 것은 오히려 좋지 않은 경우도 있다. 따라서 자녀의 욕구가 소홀히 다뤄져서는 안 되지만, 자녀의 앞날을 지나치게 예측하거나 그것이 부부생활의 유일한 관심이 되는 것은 바람직하지 않다. 부모의 역할은 중요한 것이지만, 자녀라는 한 독립된 개체를 지배할 수 있는 위치에 있는 것은 아님을 인정해야 한다.

부모는 자녀들이 스스로 자신의 삶에 책임을 질 수 있을 때까지 부모로서의 역할을 수행해야 하는데, 그에 대한 문제와 기술은 각 발달단계마다 다르다. 부모는 이전 단계에서 자녀에게 성공적으로 역할 수행을 했다는 사실에 만족하지 못한다. 왜냐하면 언제나 새롭게 성장하는 자녀를 도와야 할 새로운 흥미와 어려움에 직면하기 때문이다. 우리는 부모역할을 함으로써 자녀가 성숙한 사회인으로 성장하여 세상에서 자신의 길을 발견하고 관계 맺는 것을 배워 가는 과정을 지켜보면서 정서적으로 보상받을 수 있다.

사회적 환경의 변화에 따라 남성의 육아 참여에 대한 논란이 일고 있다. 이상적인 자녀양육은 여성과 남성 둘 다 능동적으로 양육이나 부모활동에 관여하는 것이다. 이것은 아내의 사회활동과는 관계없이 남편이 어느 정도 육아를 분담하는 것이 바람직하다는 것을 의미한다. 왜냐하면 남자들도 육아활동을 통해 부성을 몸으로 익힐 수 있기 때문이다. 또한 어린 자녀에게는 어머니 이외의 어른과 사귈 수 있는 기회를 제공하는 것이 된다. 따라서 남성의 육아활동은 아버지와 자녀 모두의 성장에 도움이 된다.

2) 부부관계

자녀를 양육하다 보면 부부관계는 순위에서 밀려나 오랜 기간 동안 무시당할 수도 있는 부분이다. 그러나 만족스러운 남편과 아내의 관계는 가정에서 중요하며, 더 나아가 균형 잡힌 삶의 중요한 요소다. 만일 부부가 자신들의 관계에 가치를 느끼고 만족해한다면 그들은 보다 나은 부모가 될 것이다. 자녀들은 부모가 언어화하지 않아도 부모의 부부관계가 긴장되어 있는지 또는 편안한지를 알고 있다. 개인적인 욕구, 부부 욕구, 부모역할과의 관계 속에서 어떻게 균형을 이루어 갈 것인가는 끊임없는 도전의 과정이다. 만약 존경과 신뢰, 친밀감의 부부유대가 강화된다면 성공적인 균형이 이루어질 것이다.

우리나라의 경우 일반적으로 많은 가정에서 부부관계보다는 부모-자녀관계에 더 많은 관심을 갖는 경향이 있다. 하지만 균형이 있는 삶을 이끌어가는 중심 요소는 부부관계다. 부부유대는 존경, 신뢰, 친밀성에 기초를 두고 이루어진다. 부부관계에서 의사소통도 중요한 요소이기는 하지만 그것이 빈약한 부부유대를 보상하거나 대치할 수 없다. 일반적으로 가족을 돕는 상담가들은 정직하고 정서적이며 명료하고 개방적인 의사소통을 이상적으로 여기고 격려한다. 이와 같은 개방적인 의사소통을 유지하는 것은 만족스러운 결혼을 위한 필수적 요소다.

한 개인이 자신과 배우자를 존경하는 것은 부부유대의 초석이 된다. 존경은 무조건적인 수용이나 배우자를 이상화하는 것을 의미하는 것이 아니라 상대방을 존중하면서 강점과 약점을 모두 받아들이는 것이다. 신뢰는 배우자가 자신의 편이며, 자신을 해치거나 깎아내리기 위해 뭔가를 하지 않을 것이라는 믿음과 관련된다. 관계를 신뢰하는 것은 배우자가 마음속에 최대의 관심이라는 사실을 믿는 것을 의미한다.

우리 사회에서 사랑하거나 친밀한 관계는 높게 평가되었다. 대부분의 사람들은 강렬하고 일시적인 감정인 낭만적인 사랑을 떠올린다. 그러나 우리가 추구해야 하는 친밀한 애정은 앞에서 언급한 성숙한 사랑이다. 욕망, 매력, 관심은 낭만적인 사랑을 견고하게 하지만, 친밀감은 좋을 때나 나쁠 때나 언제나 존재한다. 즉, 낭만적인 사랑이 사라진 후에도 친밀감은 자신의 삶을 나누는 원동력이 되는 것이다.

건강한 가정의 모습에 대해 언급한 가족치료자들이 많이 있다. 예를 들어, 미뉴친(S. Minuchin)은 가족 간에 적당한 경계를 가진 가족을, 사티어(V. Satir)는 가족성원이 자신이 보고 듣고 느낀 것을 자유롭게 표현할 수 있는 가족의 분위기를 들고 있다.

우리나라의 경우 가정을 사회가 만들어 낸 이상적인 모습에 무리하게 집어넣으려는 시도를 하고 있다. 삶의 모든 부분에서 그렇듯이 양보다 질이 더 중요하다. 따라서 자신의 가정을 지나치게 다른 가정과 비교하기보다는 자신들의 개성에 따라 가족이 모두 편안히 여길 수 있는 부분에 관심을 갖고 또한 자부심을 가질 수 있어야 할 것이다. 다시 말해 가족구성원들에게 편안하고 만족스러운 가정을 만들어 가고 유지하는 것이 중요하다.

6. 바람직한 이성교제와 가정생활을 위한 연습

1) 첫 번째 연습: 커플을 위한 연습

당신은 일반적인 삶인 결혼과 가정을 어떤 과정을 통해 선택했는가 혹은 선택하려고 하는가? 그와 같은 선택은 개인적으로 책임질 수 있는 의식적인 선택인가? 이 선택이 자신이 꼭 해야 했던 선택이었는지 아니면 즉흥적인 선택이었는지를 스스로 또는 파트너와 함께 되돌아보는 것이 필요하다.

이와 같은 자가진단은 자신이 어떤 선택과 상당히 관련이 있다는 사실을 깨닫게 해 줄 것이다. 자신을 되돌아보는 과정에서 만일 이 선택이 자신이 진정으로 원한 선택이 아니었다는 사실을 알게 된다고 가정해 보자. 즉, 불순한 동기에서 파트너를 선택했다는 사실을 발견했다면 어떻게 할 것인가? 확실히 의식하진 못했지만 현재의 삶의 모습이 자신의 결정이 아니었음을 알게 되었을지라도 본 연습의 목적은 과거에 결정을 내린 자신에 대해 죄책감이나 분노를 느끼게 하려는 것이 아니다. 삶은 '만약'에 집착하거나 후회하지 않고 미래를 예견하고 계획하면서 현재를 사는 것이 이상적이다. 과거의 동기를 검토하는 동안 기억은 혼란스러울 수 있으며, 때로는 결과가 무엇인지 아는 것 때문에 과거의 동기를 왜곡하기도 쉽다. 따라서 부모, 친구, 이웃과 같은 다른 사람을 통하여 자신의 과거 결정에 대한 그들의 지각을 알아보기 위해 자문을 구하는 것이 바람직하다. 그러나 이때 염두에 두어야 할 것은 이것이 정보수집을 위한 대화이지, 비난하기 위한 것이 아니라는 사실이다.

결론적으로 현재의 동기에 대한 이해와 인식을 증가시킬 필요가 있다. 자신의 삶에 대한 균형을 가지며, 자신이 일반적인 삶을 선택했다는 확신과 그에 따른 만족감을 느껴야 할 것이다. 만약 자신이 선택한 일반적인 삶에 더 이상 어떤 욕구도 느끼지 못한다고 판단되면 새로운 삶을 선택해야 한다. 이때 자신의 상황을 보다 객관적으로 사정할 수 있도록 상담전문가의 자문을 구하는 것도 바람직한 방법이다.

만약 일반적인 삶을 선택하는 것에 스스로 확신을 가질 수 있다면 그것을 실행하는 것에 대해서도 책임질 수 있어야 한다. 즉, 자신의 가정생활을 계획하는 데 시간과 에너지를 투자하는 것이 필요하다. 일반적인 삶을 통해 만족감을 얻기 위한 전형적인 방법은 결혼, 부모역할, 직업에 대한 만족

감과 도전적인 새로운 자원을 찾는 것이다. 대다수의 사람들이 선택한 일
반적인 삶은 보장된 것이 아니라 열정과 에너지에 의해 얻어지는 것이다.

2) 두 번째 연습: 결혼한 부부를 위한 연습

삶은 바쁘고 복잡하다. 그래서 우리는 스스로 가치 있다고 생각하는 것
을 잊기 쉽다. 이 연습은 스스로에게 전형적인 어떤 한 주를 검토하는 것에
서 시작한다. 우선 자신의 일상적인 생활의 전형이라고 확신할 수 있는 일
주일의 생활에 대해 자세히 기록한다. 어떤 것을 바꾸지 않으며, 아무리 사
소한 것이라도 자신이 한 것들을 그대로 적는 것이 중요하다. 이때 시간을
기초로 해서 잠자기, 먹기, TV 시청, 운동, 일, 대화, 놀이, 사회생활, 집안
일, 부부관계, 생각하는 시간, 낭비한 시간들까지 모든 것을 기록한다.

기록이 끝나면 자신이 얻은 정보를 분석하고 객관적으로 사정한다. 예를
들어, 얼마나 많은 시간을 배우자와 보냈는지 사정해 보는 것으로 시작한
다. 대화, 애정표현, 함께 활동하기, 부부관계와 같은 좋은 일과 청구서 지
불, 청소, TV 보기, 의견다툼과 같은 일상적인 것과 부정적인 상호작용까
지도 빠짐없이 기록한다. 그리고 긍정적인 상호작용의 비율이 중립적이거
나 부정적인 것에 비해 어느 정도인지를 살펴본다. 한 가지가 부정적이면
다섯 가지가 긍정적인 것이 이상적이다.

필요하다고 판단되면 자녀도 사정에 참여할 수 있다. 자녀가 둘 이상이
라면 각 자녀에게 따로 실시하는 것이 바람직하다. 형제를 한꺼번에 묶어
서 사정하는 것보다 각 개인과 얼마나 많은 시간을 보내는지 이해하는 것
이 필요하기 때문이다. 이와 같은 과정을 통해 부모가 소홀히 하고 있는 자
녀가 있는지 또는 부정적인 상호작용을 하는 자녀가 있는지를 살펴본다.

이 연습을 통해 시간과 긍정적 대 중립적, 부정적인 활동에 대한 자료를
얻을 수 있을 것이다. 이를 토대로 균형을 가진 일주일의 계획을 세워 본

다. 가능하면 문제가 있는 영역에서 긍정적인 것 하나를 첨가하거나 혹은 부정적인 것을 감소시키려고 노력하면서 계획을 세우는 것이 중요하다. 자신의 시간과 활동을 전반적으로 통제할 수는 없지만, 만족할 만한 활동을 늘리도록 시간을 계획하는 것은 가능할 것이다. 이처럼 매월 자신이 긍정적인 균형을 유지하고 있는지 파악하기 위해 일주일 동안의 기록을 반복하여 점검한다.

3) 세 번째 연습: 결혼한 부부를 위한 연습

모두가 그런 것은 아니지만 결혼, 자녀, 직업, 집안일 속에서 너무 많은 부담을 안고 있어서 정작 자신을 위한 시간이 없다고 불평을 하는 사람들이 많다. 우리는 이런 다양한 역할을 통합하여 자신의 개별성, 자존감, 만족감을 강화할 필요가 있다. 그러기 위해서는 시간에 대한 연습을 해야 한다. 그 과정에서 얼마나 많은 시간을 자신을 위해 투자할 수 있는지 살펴보는 것이 바람직하다. 특히 외롭고 지루한 것처럼 여겨지는 혼자만의 시간이 가치 있고 즐길 만한 시간인가에 대한 반문이 필요하다.

적어도 매주 개인적으로 만족스러운 활동을 한 가지씩 할 수 있도록 계획을 세운다. 그것은 혼자 할 수도 있으며, 때로는 누군가와 함께 할 수도 있다. 예를 들어, 배우자와 함께 외식하러 나가기, 가족과 등산 가기, 집안일 하기, 공휴일에 낮잠 자기, 운동을 하거나 친구와 쇼핑하기, 아무런 책임감 없이 세 시간 정도 자신을 위해 보내기 등을 들 수 있다. 자녀를 위해 자신의 모든 시간을 투자해야 하는 장애아동을 가진 부모라 할지라도 어느 정도의 시간은 자신을 위해 사용하는 것이 바람직하다. 여기서 이 모든 것이 자신을 위한 것이라는 점을 인식하는 것이 중요하다. 자신을 위해 무언가를 하는 것은 복합된 다양한 역할 이상으로 자신이 특별하다는 것을 확인시키는 방법이다. 스스로 자신을 돌보고 만족할 때 배우자, 부모, 직장인, 집주인역할을 보다 잘 수행할 것이다.

4) 네 번째 연습: 커플을 위한 연습

우리는 동의하는 것이 중요하다고 믿는다. 그러나 동의하는 것만으로는 자신이 진정 원하는 것을 얻을 수 없다. 배우자를 위로하기 위해 억지로 동의하거나, 말다툼 끝에 타협하는 것은 진정한 동의라고 할 수 없다. 자신과 배우자를 보다 유연하고 만족스럽게 만드는 대화를 할 수 있다면 참된 동의에 이르기가 쉬울 것이다. 일반적으로 동의에 이르기 위해서는 '왜' 라는 질문보다는 '어떻게' 라는 질문을 사용하는 것이 바람직하다. 부부가 말다툼에서 동의를 이끌어 낼 수 있는 몇 가지의 원칙을 소개하고자 한다.

첫째, 일반론보다는 자신의 감정과 인식을 중심으로 자신에게 집중한다.

둘째, 과거를 들추어 내지 말고 '현재 여기' 에 초점을 맞춘다.

셋째, 이야기를 옆길로 돌리거나 얼버무리지 말고 대안의 범위를 논의한다.

넷째, 상대방을 이기려 하지 말고 협상하고자 하는 마음을 갖는다.

동의를 이끌어 내기 위한 첫 단계는 명확하게 자신의 욕구, 감정, 인식을 이야기하는 것이다. 배우자를 자신의 관점으로 보려 하지 말고, 또한 그의 관점을 공격하지도 말아야 한다. 배우자의 감정과 인식을 이해할 수 있는지 확실히 하는 것이 중요하다. 대안에 대한 계획을 세우고 각각의 장단점을 검토한다. 완벽한 해결책은 없지만 항상 긍정적인 대안은 있다. 그러나 지나치게 빨리 동의를 하려고 노력할 필요는 없다. 그보다는 개인적인 욕구와 부부의 욕구가 만날 수 있는 대안을 만들어 내는 데 노력한다. 상대방과 동의를 협상할 때 상대방을 위협하거나 요구하거나 협박하지 말아야 한다. 그러나 자신의 의견과 감정은 분명하게 표현하는 힘을 기를 필요는 있다. 전쟁에서 패배를 원치 않더라도 때로는 관계를 위해 져 줄 수도 있다.

이기느냐 지느냐보다는 두 사람의 욕구가 모두 충족될 수 있는 동의에 이르기 위해 노력하는 태도가 필요하다. 이때 자신이 할 수 없는 뭔가가 있다면 동의하지 말아야 한다. 이상적인 동의는 개인과 관계 두 가지를 모두 만족시키는 것이다. 일단 동의에 도달했으면 그것을 어떻게 성공적으로 이행할 수 있을지 계획하고 검토해야 한다. 만약 문제가 일어난다면 그러한 동의를 계속 유지할 수 있도록 논의하여 문제를 해결하는 것이 바람직하다.

지나치게 많은 동의를 이끌어 내기보다는 한두 가지 정도의 동의에서 시작하는 것이 좋다. 동의에 이르면, 서로가 그것을 따르도록 격려하는 과정이 동의 자체보다 더 중요하다. 어떤 문제에 대한 자신의 감정과 태도에 대해 직접적이고 명확한 진술로 시작하는 것이 바람직하다. 요점을 정리하거나 방어하기보다는 상대방에게 귀를 기울이면서 자신이 그들의 감정을 이해하고 있다는 사실을 알리는 것이 중요하다. 대안의 범위를 논의할 때 '그렇다, 그런데' 보다는 '그렇다, 그리고' 라는 대화방법을 통해 보다 광범위한 대안의 목록을 만들어 내도록 한다. 해결에 대해 개방적으로 협상하거나, 개인적으로 커플에게 가장 흥미가 있을 만한 해결책을 정할 때 성공적으로 그 문제를 해결할 수 있다. 완벽한 해결책은 없지만 다양한 대안이 있음을 기억해야 한다. 앞에서도 언급했지만 자신이 성공할 수 있는 좋은 기회라고 믿을 수 없는 것에는 동의하지 않도록 한다. 어떤 문제를 놓고 씨름하는 것에서 빨리 벗어날 생각으로 자신이 할 수 없는 것에 타협하여 동의하는 것은 바람직하지 않다. 개인으로서 또 커플로서 자신의 욕구와 상대방의 욕구가 만나는 동의를 위해 노력하려는 태도가 필요하다. 이렇게 노력하는 과정을 통해서 문제는 해결될 것이다. 동의를 이행하는 것과 또 얼마나 잘 이행되고 있는지를 검토하는 것도 중요한데, 이것이 아마도 가장 소홀하기 쉬운 단계일 것이다. 동의가 성공할 수 있는가의 여부는 서로의 책임이므로 각자에게 긍정적인 영향을 줄 수 있도록 노력해야 한다.

7. 마치면서

결혼, 자녀, 직업, 가정의 균형에 대해 일반적이고 보편적인 견해를 갖고 살아가는 것은 어떤 위기가 일어나기 전까지는 별 문제가 없다. 그러나 모든 사람이 추구하는 보통의 삶이라는 것은 생각만큼 그렇게 간단하지도 쉽지도 않다. 만약 우리가 두드러지지 않는 보편적인 인생을 살기로 했다면 그 삶은 그냥 주어지지 않으며, 성공적으로 만들기 위해 시간과 에너지 투자가 요구된다. 그리고 인생을 긍정적으로 살아가기 위해서는 시간과 상황의 변화에도 불구하고 심리적 안정감과 균형을 유지하고 그것을 얻기 위해 노력하는 성실성과 유연성이 필요하다.

제 **10** 장

여성으로서의 균형

제10장
여성으로서의 균형

김행자 씨는 지방도시의 전통적인 가정에서 자랐다. 그녀의 어머니는 전업주부로 항상 가정의 모든 일에 중심이 되었으며, 대부분의 가정이 그렇듯이 김 행자 씨도 아버지보다 어머니와 더 가까웠다. 아버지는 좋은 분이었지만, 자녀들과 정서적으로 친밀한 관계를 갖지 못한 채 항상 겉돌았다. 어머니는 아버지가 57세에 암 선고를 받자, 자신의 모든 것을 희생하고 충실한 간호사의 역할을 했다. 아버지의 건강이 악화되어 가정에서 더 이상 돌보기 어렵다는 주위 사람들의 충고에도 불구하고 아버지가 돌아가실 때까지 모든 희생을 감수하면서 아버지를 6년간 가정에서 돌봤다.

김행자 씨는 어릴 때부터 어머니, 이모, 주위의 여성들이 살아가는 모습에 양가감정을 가지고 있었다. 그녀는 그들이 보여 주는 평화로움, 집안과 가족을 돌보는 것에 대한 유능함에 존경심을 갖고 있었다. 그러나 다른 한편으로는 동등하지 못한 부분, 한정된 선택, 책임감에 의한 부담, 자기 자신을 주장하거나 즐기지 못하는 모습 등에 왠지 질식할 것 같았다. 그 시대의 많은 여성들처럼 그녀도 교육이 자신의 삶을 바꿀 수 있다고 생각했고, 열심히 노력한 결과 서울의 명문대학 사회사업학과에 입학하였다.

대학에 입학한 행자 씨는 자신의 어머니를 결코 한 여성으로 보지 않았기 때문에 어머니와 신변의 잡다한 이야기는 나눴어도 성적인 것에 관한 대화는 하지 못했다. 그녀는 대학 2학년 때 뜻하지 않은 임신을 하였으나, 학생생활연구소에서 한두 번의 상담을 받은 것 외에는 주위의 누구와도 의논할 수 없었다. 물론 어머니에게 말하지 않은 채 낙태를 하였는데, 이 과정에서 그녀는 물질적으로도 정신적으로 아무런 도움을 주지 못한 상대 남자로부터 상처를 받았다. 이런 경험을 통해 그녀가 배운 것은 남자는 믿을 수 없으며, 여성만큼 배려가 없다는 사실이었다. 낙태경험은 그녀를 더욱 학생운동에 몰입하게 만들었으며, 직업과 인생설계에 대한 관점을 바꿔놓았다. 그녀는 전통적으로 여성 분야라고 여겨지던 사회사업학과에서 법학과로 전과했다.

행자 씨는 대학시절에 좋은 직장에 취직하는 것이 무엇보다 중요한 과제라고 생각했기에 모든 대인관계를 뒷전으로 밀어냈다. 일류기업에 취업한 그녀는 같은 직장 여성들의 모임에서 우정을 나눴지만, 남성과 친밀한 관계를 맺는 일은 의도적으로 회피했다.

행자 씨는 수백 대 일의 경쟁을 뚫고 입사한 세 명의 여성 중 한 명이었다. 그녀는 입사한 해부터 다른 두 명보다 뛰어나야 한다는 생각에 모든 정열을 일에 쏟아 부었다. 그렇게 3년을 보낸 후 그녀는 자신의 삶에 대해 의문을 갖기 시작하였다. 특히 먼저 결혼한 여동생이 아이를 갖게 되자, 자신의 삶이 흔들리는 느낌을 경험했다. 28세 때 행자 씨는 결혼과 자녀에 대한 초조함은 없었지만, 자신의 삶이 균형을 잃고 있다는 자각을 하게 되었다. 이것이 계기가 되어 그녀는 그때까지 다닌 회사보다 더 작고 덜 경쟁적인 회사로 옮겼다. 그녀에겐 여러 가지 야망이 있었지만 자신의 삶이 전적으로 사회지향적으로 되는 것은 원치 않았기 때문이다. 이렇게 자신을 되돌아보면서 그녀는 지금까지 자신이 남성만큼 유능하다는 것을 증명하려고 일에만 사로잡혀서 가치 있게 여겨지는 삶의 여러 가지 부분을 포기했었다는 사실을 깨달았다.

행자 씨는 기본적으로 친밀한 관계를 잘 맺을 수 있는 사람이었다. 또한 자신이 독립적이며, 스스로를 돌보거나 삶을 다룰 수 있는 능력이 있다는 확신도 갖고 있었다. 그녀는 누군가에게 의존적이며 친밀한 관계를 맺을 준비가 되었다고 생각했으나, 33세까지 원하는 배우자를 만나지 못했다. 확실하게 만족할 수 있는 결혼을 원하고 있었기 때문이다. 2년 전에 이혼한 이상명 씨 역시 두 번째는 확신을 갖고 결혼하기를 원했다. 그들은 결혼 초기 앞으로 5년 후에 그들이 원하는 것을 삶 속에서 어떻게 나눌 것인가에 대해 이야기를 나누었다. 그들은 자녀, 경제적인 문제, 정서적인 문제, 친척과 친구들과의 관계는 물론 어디서 얼마나살 것이며, 갈등을 해결하기 위해 어떻게 할 것인지에 대해서도 의논했다. 그들에게 펼쳐질 미래를 예측할 수는 없지만, 두 사람이 동등한 위치에서 자신들의 감정에 솔직하기로 약속했다.

이처럼 친밀성과 약속의 견고한 기저선을 설정한 그들의 결혼생활은 해를 더할수록 서로에게 존경심, 신뢰, 친밀함을 증가시켜 주었다. 결혼생활의 하이라이트는 2년 되던 해에 딸이 출생한 것이다. 그들은 출산준비를 위한 강의도 함께 다녔다. 이들은 라마즈 출산을 택했기에, 남편도 출산과정에 동참할 수 있었다. 부부는 아기 돌보는 일에도 함께 관여했다. 행자 씨는 딸에게 모유를 먹이면서도 3개월 후에는 다시 직장으로 돌아갈 수 있었는데, 그렇게 할 수 있었던 배경에는 부모역할에 대한 상명 씨의 적극적인 관여와 절대적인 도움이 있었다. 그럼에도 불구하고 균형을 이루기란 쉽지 않아서, 가끔 행자 씨는 어머니가 보여준 전통적인 모습이 필요한 건 아닐까라고 자신에게 물어본다.

행자 씨는 삶에서 전혀 다른 길을 택한 여동생과 대화를 나누었다. 여동생은 일찍 결혼을 했다. 그래서 30세에는 2년 터울의 두 아이를 모두 학교에 입학시킨 상태였고, 그때부터 자신의 가게를 운영하고 있었다. 두 자매가 선택한 삶에는 각기 장점과 단점이 있다. 결혼, 직업, 자녀양육 이 세 가지 요소를 20대에 모두 잘하기란 어려운 일이다. 행자 씨는 자립과 양육에 있어서 여성의 이점을 이용해 노력의 순서를 정하거나 시간을 선택할 수 있다고 느꼈지만, 그것에 대한 양가감정과 스트레스를 갖고 있음을 인식하였다.

우리나라의 가족은 붕괴라고까지 표현할 수는 없지만, 지나치게 급격히 변화하고 있어서 방향을 잃어 가고 있다는 우려도 있다. 사실 외적인 면에서 우리 사회 가족의 평균 규모는 조금씩 축소되어 핵가족화되고 있으며,

이혼율도 매우 높아졌다. 가족 내의 세력구조 역시 보다 평등해지고 있으며, 역할분담도 탄력적이 되었다. 버거스(K. H. Burgess)는 21세기의 가족의 변화를 '제도에서 우애로'(from institution to companionship)라는 말로 요약하였다.

1. 여성인식의 변화

이 같은 시대적인 흐름에 따라 여성의 역할도 지난 반세기 동안 극적으로 변화되었다. 이러한 변화들은 흥미롭고 도전적이지만, 한편으로는 혼란스러워서 많은 어려움을 초래하였다. 특히 동등한 권리와 동등한 노동에 대한 동등한 대가를 강조하는 여성운동(feminism)의 물결은 교육과 직업 영역에서 여성을 위한 기회를 넓히는 계기가 되었다. 그러나 여성의 역할변화와 함께 나타난 이혼율 증가, 맞벌이부부의 자녀교육문제, 여성의 성의식 변화에 따른 가정문제, 여성흡연과 음주문제를 포함한 여러 가지 문제들이 대두되면서 여성운동은 적지 않은 비난을 받았다.

짧은 시간에 이루어진 급격한 여성역할의 변화가 부정적인 결과를 초래한 측면이 있는 것은 사실이다. 그렇다고 해서 부정적인 부분이 있기 때문에 이전으로 되돌아가야 한다고 생각하는 사람은 없을 것이다. 또한 타임머신을 타고 가서 우리의 선택을 되돌릴 수도 없는 일이다. 이 시점에서 우리가 관심을 가져야 하는 부분은 지금까지 나타난 부정적인 측면을 최소화하고, 더 나아가 변화하는 여성역할의 긍정적인 요소들을 통합하려는 노력을 기울이는 것이다. 다시 말해 우리의 초점은 여성의 심리적 안녕을 증가시킬 수 있는 균형을 얻기 위해 오래된 것과 새로운 것을 통합하는 것이다. 사실 여성과 남성의 심리적 안녕은 적대적인 것이 아니라 상호보완적이다.

그러므로 우리가 심리적 안녕을 누리는 여성으로 성숙하기 위해서는 양육과 자립 사이의 긍정적인 균형을 설정하는 것이 중요하다. 사회학자 파슨스(Parsons)는 우리 사회의 전통적인 남성적 역할과 여성적 역할을 각각 '도구적'과 '표현적'이라는 용어로 지칭하였다. 남성적 역할이 도구적인 이유는 의사결정과 리더십, 가정 밖에서의 성취, 경쟁심, 가정의 역할 등을 포함하기 때문이다. 한편, 여성적 역할이 표현적인 이유는 정서, 친절, 대인 간 화합에 대한 관심, 가족 돌보기 등을 포함하기 때문이다. 벰(S. L. Bem, 1975)에 따르면, 성별로 전형화된 사람은 자신의 성에 부합되는 행동을 할 때만 편안하게 느끼며, 성에 부합되지 않는 행동은 자신에게 이롭다 하더라도 하지 않으려고 한다. 반면 양성적인 사람은 상황에 따라 자유롭게 도구적 역할을 하기도 하고 표현적 역할을 하기도 한다. 전통적으로는 도구적인 남성의 역할과 표현적인 여성의 역할이 상호보완적이며, 조화되는 것이라고 생각했다. 그러나 항상 일만 하는 남자와 언제나 느끼기만 하는 여자가 정말 잘 조화를 이룰 수 있을까라는 반문을 하게 된다.

기존의 여성들은 여성의 역할과 여성의 자존감이란 가족을 돌보는 것을 기반으로 한다고 보았으며, 여성들이 이 같은 욕구를 우선시한다고 생각했다. 그런데 현대사회에서는 여성에게 성역할의 고정관념에 따르도록 요구하면서도 정작 여성적 행동은 높게 평가하지 않는다. 실제로 우리 사회에서는 여성은 아무리 노력하더라도 건강한 성인이 되는 동시에 건강한 여성이 될 수 없다. 만약 여성이 건강한 성인처럼 행동한다면 '여성적이 아니다'라는 지적을 받을 수 있으며, 여성적으로 행동하면 '미숙하다'고 불릴 위험성이 있다. 그러나 시대가 변화함에 따라 여성들이 자신의 성공에서 만족감을 얻으려는 경향이 강해지고 있다. 여성운동은 여성이 독립적인 인간, 자신과 자기 욕구에 책임이 있다는 것에 초점을 맞춘다. 다른 사람의 욕구 이전에 자신의 욕구 충족에 우선적인 노력을 기울이는 자기주장의 모습은 독신이나 이혼한 성공한 여성의 전형적인 모습으로 그려진다. 많은 여성들이 추구하는 새로운 여성상은 활동적이며, 무엇보다 남자에게 의존하지 않고 어머니의 역할에만 안주하려고 하지 않는다.

　그렇다면 이런 두 가지 이미지가 서로 적대적인지, 아니면 균형을 맞출 수 있고 통합될 수 있는지에 대한 해답을 찾아야 할 것이다. 21세기의 여성이 도전할 것은 자신의 욕구, 가치, 삶의 목표, 상황에 적합한 양육과 독립 사이의 균형을 찾는 일이다. 양육과 독립은 모두 적당한 심리적 안녕을 증진시키는 개인적인 성향이라는 공통점이 있는데, 어떻게 자신의 성격, 관계, 삶의 현실에 적절하게 통합을 하느냐가 이 문제를 다루는 중요한 관건이다.

2. 양육의 문제

　양육은 남편, 자녀, 확대가족, 이웃을 돕고 돌보는 것을 강조한다. 이것은 자신의 삶에 있어서 중심을 다른 사람에게 두거나, 그들에 대해 전적으로 책임지는 것을 의미하지는 않는다. 다만 돌봄과 관심을 갖는 것은 중요하며 가치 있는 일이라는 것이다. 오래전부터 돌봄과 양육의 요소는 남성적인 역할이 아니라 여성성의 가치 있는 부분이라고 간주되어 왔다. 그러나 현대사회에서는 여성과 남성 모두 양육적일 수 있고, 다른 사람을 돌볼 수 있다고 믿고 있다. 따라서 양육이 단지 여성만의 역할이라고 주장하는 것은 옳지 않다. 심리학자 융(C. G. Jung)은 인간의 남성 속에 존재하는 여성성을 아니마, 여성 속에 존재하는 남성성을 아니무스로 표현하였다. 모든 인간은 유능감과 지배감을 가진 자기주장적이고 독립적인 사람이 될 수 있는 동시에, 돌보며 양육적인 사람도 될 수 있다. 역할에 있어서 여러 가지 어려움을 초래하는 것은 양분적인 자세와 엄격한 역할을 고수하기 때문이다.

　여성의 역할 선택은 단순히 전업주부나 직장여성 두 가지 중 하나로 제한되지 않는다. 이러한 역할들은 통합될 수 있는데, 순차적으로 수행하거나 다른 두 가지 역할을 양립하여 양육과 독립의 태도를 동시에 견지할 수 있다. 양육과 독립은 상대적인 비교를 하기 위한 요소가 아니라 성격, 욕구, 삶의 상황에 적합한 통합을 하기 위해서 모두 필요한 것이다.

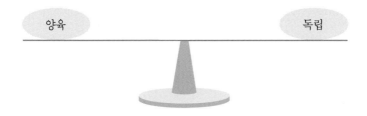

즉, 독립과 양육은 양분된 범주에 있는 것이 아니라 연속체의 끝에 존재한다. 양극단을 지향하는 태도는 모두 심리적 안녕을 가져다주지 못한다. 일반적으로 삶의 대부분을 사람을 돌보는 데 헌신하는 양육적인 여성은 자신을 완전한 인간으로 인식하거나, 자존감의 증진을 위한 노력을 소홀히 하기 쉽다. 반면에 결혼하지 않고 자신만을 보살피는 독립적인 여성은 고립적이고 자기중심적이며, 사람을 멀리하는 생활 패턴에 빠지기 쉽다.

여성에 대한 전통적인 덫은 그녀의 삶과 자존감을 다른 사람에게 의존해서 확보하는 것이다. 그들은 스스로 책임감을 갖고 자신의 욕구를 인식하고 충족시키기보다는 오히려 그것을 부정하거나 남을 위해 자신을 희생하는 순교자역할을 자처한다. 다울링(C. Dowling)은 '신데렐라 콤플렉스'에서 여성들 속에 존재하는 의존성, 즉 보호받는 존재로 살아가려는 경향을 잘 설명해 주고 있다. 많은 여성들은 다른 사람을 통해 살아가고, 만약 자신의 삶이 무언가 잘못되어 가면 우울해하고 책임감을 느낀다. 내면에서는 자신의 삶이 자유롭지 못하다고 느끼지만 겉으로는 자신의 힘겨움을 불평하거나, 자신이 왜 이렇게 살고 있는지 인식하려 하지 않는다. 예를 들어 보자. 대가족을 돌보는 가정주부가 있다. 그녀는 음식을 만들면 남편의 상을 먼저 차리고, 그 다음에 자녀와 가족들의 상을 차린다. 그리고 이들이 모두 식사를 마치고 상을 물린 후에 설거지를 한 다음 마지막으로 밥을 먹는다. 자녀들은 준비된 음식을 제때 먹지 못하는 일이 많아, 음식이 맛없었다거나 충분치 않다는 불평을 많이 하는 편이다. 감사를 모르고 어머니 혹은 아내의 노고를 당연시하는 가족 속에서 지내는 동안 그녀는 스스로 '나는 음식을 잘 못한다.' 라고 생각하게 되었다. 이런 경험이 반복되면서 그녀는 자기도 모르게 자신의 삶이 무가치하다고 느끼며, 자신을 평가절하하게 되었다. 그녀에게는 이 틀을 깨지 못하는 자기패배적 악순환의 연쇄고리가 계속해서 이어질 것이다.

그런데 이렇듯 자기패배적이고 위축된 삶을 사는 여성이 어떤 위기에 맞닥뜨려서 상당한 진가를 발휘하게 되는 경우를 흔히 볼 수 있다. 예를 들어, 남편이 직장을 잃었거나 아들이 알코올 혹은 약물을 남용하는 문제에 직면하게 되었을 때 자신의 실망, 분노, 절망감을 직접적으로 표현하지 않고 이것을 잘 융화시키고 해결의 대안을 찾으려고 노력하는 것이다. 이것은 융이 말하는 여성 속의 아니무스가 힘을 발휘하기 때문이다.

3. 독립의 문제

초기의 여성해방운동은 여성이 느끼는 우울, 근심, 과로, 자신에 대한 평가절하와 개인적 자유 갈망에 대한 모든 문제를 치유할 것을 약속했다. 여성해방을 위한 해결책으로 제시된 구호는 '너 자신이 되라' (Be Yourself!)는 것이었다. 그러나 이러한 사회적 운동이 여성 스스로의 의식을 높이는 데 기여하고 여성들에게 불공정하다는 인식을 부각시켰지만, 심리적인 만족감은 제공하지 못했다. 이 슬로건이 문제는 지적했으나, 실행 가능한 해결책은 제공하지 못했다는 지적도 있다. 여기서 우리가 생각해 볼 수 있는 대안의 첫 단계는 스스로 자기 자신에게 책임감을 느끼고 인식하는 것이다.

독립적이고 책임감 있는 사람이 되는 것은 자존감을 위해 중요하다. 하지만 독립과 관련해서 우리가 유념해야 할 점은 그것이 심리적 안녕을 위해 분명 필요한 것이긴 하지만 그것만으로는 충분하지는 않다는 사실이다. 전통적으로 여성에게는 자녀와 성인을 돌보는 역할이 강조되어 왔고 시대가 변해도 이러한 성역할로부터 완전히 자유로울 수 없는 것이 여성이 처한 현실이다. 독립과 양육 간의 균형을 취하는 태도는 가족 돌보기가 여성만의 책임은 아니며, 여성의 정체감과 자존감이 전적으로 여기에 달려 있는 것도 아니다. 가족심리학자 사티어(V. Satir)는 [그림 10-1]과 같이 사람들의 자존감은 자신, 상황, 타인에 대한 균형에 의해서 이루어진다고 주장하였다.

여성으로서 가족관계 속에서 취할 수 있는 바람직한 태도는 남편이나 확대가족과 같은 다른 성인에 대해 정서적으로 책임감을 느끼거나, 그들이 자신에게 의존하게 만들기보다는 그들 스스로 책임감을 갖는 독립적인 인간으로 설 수 있도록 하는 것이 바람직하다. 이 같은 방법은 가족에게 무관심하거나 돌보지 않는 것과는 구별된다. 이는 오히려 타인을 책임감 있게 돌보는 것이다. 이 관계의 핵심은 그들의 개인적 성장에 관심을 갖고서 그들이 스스로 자신에 대한 책임감을 가지도록 하는 것이며, 또한 다른

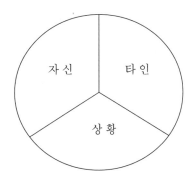

[그림 10-1] 자존감의 세 가지 요소

사람이 도움과 돌봄을 필요로 할 때 그것을 또 다른 요구나 기대하는 짐이라고 여기기는 것이 아니라 기꺼이 주고자 하고 또 줄 수 있도록 하는 것이다.

여성의 사회진출은 더 이상 선택의 문제가 아닐 정도로 보편화되어 가고 있다. 따라서 과거의 가족 돌보기, 가정 꾸리기 등 양육과 관련된 일을 여성의 주요 역할행동으로 보는 '성분리의식'이 차츰 약화되고, 직업세계에서의 경쟁과 과업 수행이 여성의 주요 역할로 자리 잡게 되었다.

여성의 역할 확대는 자기실현의 측면에서 보면 발전적 현상으로 볼 수 있다. 하지만 현실적으로 공적 역할로 제한된 남성과 비교해 볼 때 여성은 가정을 전담하던 전통적 역할에 직업생활까지 병행해야 하는 새로운 불평등을 겪게 되었다. 직장생활과 더불어 출산과 양육으로부터 자유로울 수 없는 여성의 조건은 부담과 스트레스의 원인이 되고, 경력발달이 방해를 받는다.

다음은 여성의 삶에 대해 제도적 지원을 표방하는 정부부처의 대표적인 교육사업의 내용이다.

■ 성 인지적 분석과 성별영향평가

성 인지적 분석이란 제도나 정책, 사업이 남녀에게 미치는 서로 다른 영향력을 분석하는 체계적인 방법이다. 성(性)에 따라 자원과 노동이 어떻게 배분되며, 평가되는가에 대한 이해를 요하며, 정책의 기획과 집행, 평가 등 모든 단계에서 행해지는 것이다.

성별영향평가란 사회제도, 정책, 사업계획에서 나타나는 성차별적 영향을 제거하고 모든 정책이 성평등 방향에서 기획, 수행되도록 하기 위해 사전에 그 정책이 여성과 남성에게 가져올 결과를 검토 · 분석하는 것이다.

출처: 한국여성개발원(2006). 성인지예산 성별영향평가. p. 22.

여성의 역할을 가정으로 제한하는 것은 개인적, 사회적 손실이라는 인식의 확대는 여성의 사회진입 장벽을 낮추는 '기회의 평등' 면에서 많은 발전을 가져왔다. 하지만 임신, 출산, 자녀양육, 가사의 부담이 줄어들지 않은 가운데서 직장일을 해야 하는 이중의 역할부담은 여성의 삶을 어렵게 하는 요소다. 직업과 경력을 추구하는 여성이 당면하는 이러한 조건은 개인적 차원을 넘어서 가정과 사회의 건강에 직결되는 문제이며, 사회적 인식의 확대와 구조적 차원의 조력이 요구되는 문제다.

4. 양육과 독립의 균형과 조화

여성이 자신의 개인적 욕구와 선택의 범위를 인식하는 것은 중요하다. 하지만 이러한 인식만으로는 심리적 안녕을 기대할 수 없다. 시대의 변화에 따라 변화하는 여성의 역할은 증가한 이혼율, 여성들 사이에서 늘어나는 흡연과 음주 등의 형태로 드러나는 심화된 스트레스와 심리적인 어려움을 동반한다. 신세대 여성은 슈퍼우먼이 되는 것에 대한 부담감을 호소한다. 인간이 어떤 모습으로 살아가느냐는 복잡한 선택이 요구되는 과제다. 그런 만큼 모든 사람이 효과를 볼 수 있는 완벽하고 쉬운 인생의 처방이나 해결책이란 없다. 우리는 각자 자신의 심리적 안녕을 고양시킬 수 있는 삶, 관계, 직업, 생활환경의 종류를 선택할 수 있는 권리가 있다는 사실을 깨달아야 하지만, 동시에 그것의 복잡함을 함께 인식할 수 있어야 한다.

여성의 역할변화는 일방적인 선택의 문제가 아니다. 이러한 결정은 배우자, 자녀, 친구, 확대가족을 포함하는 중요한 타인의 관여와 변화가 동반되어야 한다. 여성역할의 변화를 돕기 위해서는 또한 직업환경과 자녀양육시설의 변화처럼 인간을 존중하고 더 나은 대안과 융통성과 타당성을 수용하는 사회적 환경의 변화가 요구된다.

종래 사회와 비교해 본다면 현대사회의 여성은 선택의 폭이 다양하며, 사회·문화적으로도 여성들에게 독립과 양육이 중요하다는 사실을 인정하고 있다. 그러나 여성 자신은 가장 이상적인 균형을 이루는 선택을 했을지라도 배우자나 경제력, 아이양육의 자원 유무, 질병, 출퇴근 시간과 같은 외적 환경이 모두 협조적일 것이라는 보장이 없다. 그러므로 자신의 감정과 선호, 외적 현실, 중요한 타인의 욕구와 감정을 인식하는 것이 중요하며, 이러한 것들이 균형을 이룰 때 심리적 안녕을 느끼게 된다. 이를 위해서 충분히 생각하고 결정하며, 선택한 것을 성공적으로 이행할 수 있도록 계획을 수립하는 것이 필요하다. 삶에는 실패 없는 해결책이나 전적으로 옳고 그른 답이 없음을 명심해야 한다. 따라서 사람들은 원하는 모든 것을 가질 수 없으므로 현재 자신의 삶에서 자존감이나 심리적 안녕을 고양시킬 수 있는 것을 선택하는 것이 중요하다.

5. 바람직한 여성으로서의 균형을 위한 연습

1) 첫 번째 연습: 바람직한 여성의 역할 찾기

여성이란 무엇을 의미하며, 그런 의미에 대해서 어떻게 배웠는지에 대해 스스로 물어본다. 아마 대부분의 역할모델은 어머니, 친인척 혹은 선생님이나 사회 저명인사 등 주요 영향력이 있는 사람들일 것이다. 따라서 이 연습을 위해서 우선 여성에 대한 자신의 관점을 확립하는 데 영향을 준 생존하는 두 사람을 선택한다.

그런 다음 여성역할모델이 된 사람과 한 시간 이상 충분한 시간을 갖고 이야기를 나눈다. 이때 자신이 진정으로 그들의 깨달음과 지각에 관심이 있음을 인식시키는 것이 중요하다. 이것은 비난이나 격하시키는 연습이 아니다. 예를 들어, 어머니와 이야기를 나눈다고 할 때 어머니가 어떻게 자랐는지, 어머니의 삶이 진정 본인이 원한 선택이었는지, 만약 다른 희망이 있었다면 무엇이었는지를 이해하도록 한다. 그리고 외할머니는 어떤지에 대해 파악하여 어머니 세대의 여성역할과 할머니 세대의 여성역할에 어떤 차이점이 있는지를 아는 것이 중요하다. 어머니와 함께 할머니가 여성성이라고 생각하는 것이 무엇인지, 남성이거나 여자답지 않기 때문에 멀리했던 것이 있는지를 이야기하는 것이다. 또한 어머니가 할머니로부터 격려받았던 독립적인 활동은 있는지, 아기 돌보기 같은 양육활동을 언제 시작했는지, 청소년기에 얼마나 성취지향적이었는지에 대해서도 이야기를 나눈다. 필요하다면 어머니에게 다른 사람의 찬성이 얼마나 중요한지, 남자나 데이트 혹은 성관계에 대해 어떻게 배웠는지, 어머니의 삶에서 초기 직업이나 결혼 같은 중요한 결정을 어떻게 내렸는지에 대해서도 묻는다. 마지막으로 뒤돌아볼 때 자신을 이끌어 준 가치는 무엇이었으며, 그것이 어떻게 영향을 주었다고 느끼는지에 대해서도 이야기를 나눈다.

우리는 새로운 역할을 선택하기 위한 기로에서 낡은 방법을 지나치게 무시하며, 그것이 가진 강점과 장점을 쉽게 잊어버리는 경향이 있다. 그러므로 이 연습을 통해 자신의 여성역할모델의 후회와 분노뿐만 아니라 기쁨과 장점을 동시에 인식하는 것이 중요하다. 특히 상대적인 질문은 만약 지금 어머니가 딸의 나이라면 여성에 대한 어떤 전통적인 측면을 유지할 것인지, 또한 어머니가 자신의 삶에 첨가하기를 원하는 새로운 기회와 선택은 무엇인지에 대해 이야기를 나눈다면 보다 생산적인 시간이 될 것이다.

어머니가 당신의 성장에 대해 어떤 기억을 하고 있는지를 이해하는 것도 도움을 준다. 즉, 당신이 어린 소녀였을 때 어떤 여성적인 성격을 보였는지에 대해 어머니가 갖고 있는 기억을 공유하는 것이다. 예를 들어, 당신이 인형을 갖고 놀거나, 다른 사람에게 친절했거나, 양육과 같은 전형적인 여성적 활동에 관심이 있었는지를 파악한다. 또는 당신이 운동을 하거나, 집

밖에서 거칠게 놀았거나 혹은 다른 사람을 돕거나 협조하기보다 경쟁하거나 리더가 되는 것을 즐겼는지에 대해서도 이야기해 볼 수 있다. 그리고 친하게 지낸 남자친구는 있었는지, 아니면 친구가 모두 여자였는지, 그런 친구들과 어떤 관계를 가졌는지, 당신이 아이로서 얼마나 독립적이었는지, 청소년기에 어떤 일에 대해 얘기를 하는 편이었는지 아니면 혼자 해결하는 편이었는지 등에 대한 객관적인 정보도 나눌 수 있다. 특히 어머니와의 대화를 통해 성에 대한 화제나 생각을 자유롭게 할 수 있었는지, 아니면 불안, 죄책감, 당황스러움의 원천이었는지를 이해하는 것도 필요하다. 마지막으로 당신이 여성으로서 자기수용을 하고 편안함을 느꼈는가를 검토해 본다. 그리고 이런 대화는 어머니가 준 여러 가지 정보와 통찰에 대한 감사의 마음으로 마무리해야 한다. 이때 어머니가 현재 당신이 생각하고 있는 독립과 양육문제에 대해 충고를 한다면 그것도 기꺼이 받아들일 수 있는 마음의 여유를 지니고 있어야 한다.

두 번째 역할모델과도 이런 연습을 반복해 본다. 정보와 지각이 어떻게 조화를 이루거나 구별되는가를 인식해야만 한다.

2) 두 번째 연습: 여성적 요소의 좋아하고 싫어하는 것

이 연습은 혼자 할 수도 있지만 뜻이 맞는 3~5명의 여자친구와 함께 하는 것이 이상적이다. 이들과 함께 자신이 개인적으로 여성에 대해 좋아하는 것이 무엇이고 싫어하는 것이 무엇인지에 대한 목록을 작성하도록 한다. 이때 사회적 고정관념으로부터 영향을 받지 말고 자신에게 적절하다고 생각되는 것에 집중하는 것이 중요하다.

일반적으로 여성들이 좋은 점이라고 언급하는 것은 다음과 같다.

• 모유로 아기 키우기

- 다정하고 슬픈 정서를 표현할 수 있음
- 군복무에 대한 걱정이 없음
- 전업주부가 되든지 직업을 갖든지 선택할 수 있음
- 자녀에게 친밀함을 느낌
- 매력적인 방식으로 옷 입기
- 데이트할 때 특별대우 받음
- 임신과 출산의 경험
- 가깝고, 좋은 우정관계

일반적으로 여성들이 싫은 점이라고 언급하는 것은 다음과 같다.

- 피임에 대한 책임
- 직업과 월급차별
- 강간과 AIDS의 공포
- 남자만큼 자유로움을 갖지 못함
- 데이트를 시작할 때 자유롭지 않음
- 자녀와 집안의 조화에 대한 도움이 충분하지 않음
- 자기주장을 하면 공격적이라고 비난받음
- 신체적 매력에 너무 많은 관심
- 정서적으로 다른 사람을 보살펴야 함

일반적으로 자주 언급되는 이런 점을 활용하여 자신의 목록을 만들어 본다. 자신이 여성이기 때문에 싫어하는 점과 좋아하는 점을 각각 5가지씩 나열해 보는 것이다. 이 연습은 다양한 여성의 요소와 여성역할의 장점과 단점에 대한 이해와 인식을 증가시키는 데 도움이 될 수 있을 것이다. 긍정적인 요소들은 즐기고 인정하는 것이 중요하며, 염려되는 부정적인 것은 다시 생각해 보도록 노력한다.

3) 세 번째 연습: 남성적 요소와의 통합

이 연습은 같은 여자친구들과 함께 할 수 있으며, 때로는 혼자서 할 수도 있다. 우리 사회에서 어떤 태도, 행동, 감정들은 전형적으로 남성적이라고 명명된 부분들이 있다. 그러나 이런 부분들은 전적으로 남성의 소유가 아니며, 여성 속에도 존재하는 부분이기도 하다. 때로는 여성이 이 같은 부분을 발전시키면 성취지향적이 될 수 있으며, 친밀감이 부족하다는 심리적인 덫에 걸릴 위험 없이 남성적인 활동을 할 수도 있다. 또한 이 같은 활동은 어떤 남성적 성향이 여성에게 이익이 되며, 성공적으로 여성의 삶 속에 통합될 수 있는지를 탐색하는 계기가 될 수 있다.

여성들이 자신에게 필요한 남성적 성향이라고 언급한 것들은 다음과 같다.

- 특히 일할 때 자기주장적이 되기
- 재정적으로 유능하기
- 장기간의 사적인 계획 만들기
- 혼자 여행하고, 식당에서 혼자 식사함으로써 독립심을 보이기
- 아이들과 난장판으로 놀기
- 경쟁적인 집단 스포츠에 참가하기
- 기계수리하는 것을 배우기
- 상사와 좋은 관계 맺기
- 개인적인 흥미를 위해 시간을 갖기

이와 같은 목록을 보고 그런 활동에 대해 무엇이 남성적인지에 대해 생각해 본다. 여성도 남성처럼 그것들을 성공적으로 편안하게 할 수 있다는

것을 인식하는 것이 중요하다. 이런 인식을 통해 전통적으로 여성적이라고 여기지 않는 활동과 기술에 대해 편안한 마음을 갖는 것을 배울 수 있다. 먼저 당신이 가치를 두고 있고, 당신의 삶에서 증진시킬 수 있는 두세 가지의 남성 성향을 선택할 것을 제안한다. 이것들을 여성으로서 자존감 속에 통합시키는 것이 필요하다.

그리고 이러한 성향과 그것의 표현에 대한 인식을 증가시킬 필요가 있다. 노트에 적어두거나 지갑 속에 카드로 만들어 가지고 다니면서 목표활동을 하려고 할 때마다 확인해 볼 수도 있다. 어쩌면 이런 행동은 상당히 유치하게 보일지도 모른다. 그러나 여성 안에서 남성적 활동을 금지하고 여성성을 사회화하는 데 오랜 시간이 걸렸으므로 여성이 이런 남성적 성향을 편안하고 긍정적으로 여기고, 자신의 일부분으로 통합하기 위해서는 주의와 인식, 주의집중이 필요하다는 것을 감안할 필요가 있다.

4) 네 번째 연습: 통합적 여성

지금까지 여성의 전통적이고 새로운 역할에 대한 인식을 늘리기 위한 세 가지 연습을 행하고 읽었다. 이번 연습은 통합에 초점을 맞춘다. 이것을 혼자 할 것을 제안한다. 첫 부분은 선택을 하고 두 번째는 그 선택을 이행하는 것이다. 여성은 이 순간에 자신의 삶 속에 양육과 독립을 통합하는 역할과 구성요소들을 선택함에 있어서 모두 독특하다. 어떤 선택을 할 때 현재와 미래에 초점을 맞추는 것이 중요하다. 과거나 문화적으로 '해야 한다'는 것에 지배당하지 말아야 한다. 자신이 중요하게 생각하는 양육적인 성향과 독립적인 요소를 각각 적어도 세 가지씩을 확인한다. 그런 다음 이런 것에 관여하는 자신의 태도, 행동, 감정을 인식하도록 한다. 그것들은 서로 조화되는가를 생각하며, 더 나아가 성공적으로 양육과 독립을 통합하기 위해 자신, 관계, 상황에서 어떤 변화를 만들 수 있는가를 파악한다. 일단 이것을 실행하고 나면 이 목록에 대해 가까운 친구와 의견을 나눈다. 그리고 자신의 통합계획의 현실성과 적합성에 대해 그들의 피드백을 구한다.

아무리 좋은 의도를 가졌다 하더라도 자동적으로 실행이 되는 것은 아니다. 계획하고, 특정한 목표를 정하고, 진행과정을 검토해야 한다. 독립적이고 양육적이며 성공적인 여성으로서 자신에 대한 감각을 통합해 나가는 진행과정을 살펴보기 위해 일주일에 30분은 독립과 양육의 균형을 유지하고 있는지를 충분히 살피는 시간으로 보내면서 각 주마다 자신의 진행상황을 고찰하고 그중 특정한 목표를 설정하도록 한다.

6. 마치면서

여성적 특성이 점차 가치를 가지는 현대사회에서 여성으로 살아간다는 것은 흥미롭고 도전적인 일이다. 양육과 독립을 통합함으로써 심리적 안녕을 성취하는 것은 여성에게 주어진 특별한 도전이지만 많은 노력이 요구되는 쉽지 않은 과제다. 여성으로서 자신에 대해 긍정적이고 확장된 관점을 개발하는 것과 남성, 다른 여성들, 아이들과의 관계를 변화시키는 것은 흥미로운 도전과제임이 분명하다. 여성 스스로 자신의 욕구를 인식하고 자신의 삶을 선택하고 계획하는 통합의 노력이 심리적 안녕을 이루는 길이 될 것이다.

제 **11** 장

남성의 행복 찾기

제11장
남성의 행복 찾기

 김진구 씨는 30대 후반의 남성이다. 그는 요즈음 삶의 균형감을 어느 정도 회복해 가고 있다는 느낌으로 마음이 뿌듯하다. 20대 이후 오늘에 이르기까지 힘든 시간도 많았지만, 여러 가지 일을 겪으면서 결과적으로 가족관계를 돌보고 가꾸는 일의 소중함을 알게 되었다고 생각하면 고통스러웠던 경험조차 소중하게 느껴진다. 그는 자신의 원가족관계와 결혼관계를 되돌아보면서 이전에 가졌던 자신의 사고나 정서, 행동체계를 조금 더 알게 되었고, 자신에 대한 이해가 깊어졌다.

그는 비교적 안정된 직장의 근로자였던 아버지와 전업주부인 어머니 사이에서 3형제 중 막내로 태어났다. 유년 시절 그는 형제와 친구들과 잘 지내는 독립심과 사회성을 가진 아이였다. 그즈음의 아버지를 떠올려 보면 함께 놀아 주기보다는 온통 훈계를 했던 기억뿐이다. 어린 시절의 그는 어머니는 요리와 청소, 자녀 돌보기 같은 집안일을, 아버지는 바깥일을 하는 서로 완전히 다른 역할을 하는 분들이라고 생각했던 것 같다. 집안에서 아버지가 주로 했던 역할은 군대에서 검문하듯이 모든 일이 제대로 통제되고 있는지 이따금 확인하고 문제가 발견되면 군기를 잡듯이 벌주는 일을 담당했다.

두 분 부모님의 관계를 생각해 보면 서로 다정하게 대화하는 모습이나 애정표현을 하는 일은 한 번도 본 기억이 없다. 그래서 중학교 시절 학교에서 성교육을 받고 나서 자신의 부모님은 성생활을 하지 않으리라 혼자 생각했던 일도 있었다. 아버지는 술에 취해 밤늦게 귀가하는 일이 잦았고, 어쩌다 일찍 들어와도 혼자 신문이나 TV를 보다가 자곤 했다.

중·고등학교 시절 그는 공부보다는 스포츠나 여학생에 더 관심이 많은 남학생이었다. 그는 또래 여학생 앞에서 무척 수줍고 소심하게 행동했지만, 친구들과 서로 간에 통하던 암묵적인 분위기에 휩쓸려 그렇지 않은 것처럼 떠벌리곤 하였다. 고등학교를 졸업한 후 대학입시에 낙방하고 삼수를 하다가 군대에 가게 되었다. 군대생활은 긍정적인 면과 부정적인 면이 있었다. 긍정적인 면은 다양한 사람들을 만나 함께 생활하면서 경험의 폭을 넓힐 수 있었다는 점이다. 군대 안에서의 인간관계경험은 마치 알을 깨고 부화한 느낌이랄까, 마치 이제야 사회라는 걸 안 것 같다는 생각을 갖게 해 주었다. 그리고 부대에서 컴퓨터 수리교육을 받고 실무를 익힐 기회를 가졌다. 부정적인 면은 동료들과 매매춘을 하게 되면서 여성에 대한 이중적 태도가 강화되었다는 점과 지나친 음주벽을 갖게 된 것이다.

군대생활을 마친 후 그는 일찍이 직장을 잡은 친구나 학교에 다니는 친구들을 보면서 자신의 앞날에 대한 위기위식을 느껴졌다. 이후 그는 어렵사리 공부해 4년제 대학의 컴퓨터 관련 학과에 입학할 수 있었다. 이 일은 그가 자신감을 가지게 된 중요한 계기가 되었다. 학교생활을 통해 다양한 교양강좌를 들으면서 지식기반도 넓히고 새로운 자기발견, 예를 들면 시를 좋아하는 문학적 감성과 새로운 음악감상 취미를 발견하고 즐기게 되었다. 그리고 학교에서 만나는 선후배와의 교유, 학비를 벌기 위해 계속했던 아르바이트를 통해 성공적이고 효과적인 관계행동에 대해 나름대로 많은 것을 배웠다.

졸업 후 컴퓨터 회사의 영업직으로 취업하게 되었고, 대학 때부터 사귀었던 동아리 후배와 결혼했다. 그때 그의 나이는 28세, 아내는 25세였다. 되돌아보면 당시 그가 한 결혼준비라고는 혼인적령기가 되었고, 취직을 해서 경제적 부양능력이 생겼고, 결혼하고 싶은 배우자감이 있으니 결혼하는 것이 마땅하다는 생각

정도였지, 어떤 가정을 꾸려 나가겠다든지 아내 될 사람과는 어떤 관계를 발전시켰으면 좋겠다든지 하는 관계적 측면은 구체적으로 생각해 보지 않았다. 단지 결혼 후 첫 퇴근길에 그는 '내가 한 여자를 책임지고 있구나.' 하는 생각에 부담감을 느꼈고, 아내가 첫아기를 가지게 되었을 때는 '나를 믿고 사는 놈이 또 하나 태어나는구나.' 하는 생각과 '나는 우리 아버지 같은 아버지는 되지 말아야지.' 하는 생각을 했다고 한다. 이후 첫 딸이 태어났고 연년생으로 아들도 얻었다. 자신이 직장에서 성공하는 것이 자녀와 아내를 위한 일이라고 생각했던 그는 늦은 근무와 잦은 회식자리 어느 것도 마다 않고 열심히 일했다. 영업직의 특성상 저녁 술자리가 많아 귀가시간은 늦어졌고, 이로 인해 아내와의 다툼이 잦아지면서 관계는 나빠졌다. 결혼생활 3년째 접어들었을 무렵 두 사람 간에 누적된 갈등은 최고조에 다다랐다. 여느 때처럼 언쟁을 벌이던 어느 날 그는 가족을 등한시하고 일밖에 모르는 사람이라는 아내의 혹독한 비난 속에 묘사되고 있는 자신의 모습이 결코 닮고 싶지 않았던 아버지의 모습과 닮았다는 사실을 문득 깨닫고 충격을 받았다. 이 일을 계기로 그는 가족 안에서 자신의 역할행동이나 인식을 되돌아보게 되었다. 이를 통해 자신이 지금껏 가족을 경제적으로 부양하는 것이 바로 남편노릇, 아빠노릇을 다하는 것이라고 인식하고 있었다는 생각이 들었다. 그리고 만족스러운 결혼생활은 결코 저절로 되는 것이 아니며, 말 그대로 부부가 서로 존경하고 신뢰하는 관계를 함께 노력해서 만들어 가야 한다는 생각을 하게 되었다. 또 자신이 한때 아버지보다 더 나은 아버지가 되기를 원했으나, 이를 위해 구체적으로 노력한 게 없다는 데 생각이 미쳤다. 그는 자신의 태도를 바꾸기로 마음먹었다. 그 첫걸음으로 육아에 동참하고 아내와 아이들과 시간을 보내기 위해 노력했다. 이 과정에서 그는 아내에게 다정다감하게 대하는 일이나, 아이의 기저귀를 갈아 주고 우유 먹이는 일, 함께 놀아 주는 일이 상당히 어색하고 생각만큼 쉽지 않다는 사실을 알게 되었다. 이유를 생각해 보니, 그동안 남을 보살핀다거나 돌보는 일을 직접 해 본 경험도 없었고, 남이 하는 것을 가까이에서 본 경험도 없었다. 그래서 자신이 마음먹은 대로 아이들과 좋은 관계경험을 가지려면 새로운 형태의 의식적인 노력이 필요하다는 생각이 들었으며, 그것을 실천하려고 애썼다. 이후 점점 아빠를 따르게 된 아이들과 함께 하는 시간이 즐겁고 행복했다. 그러자 삶이 훨씬 충만해진 느낌이 들었다. 이런 과정을 거치면서 그는 직장에서의 직업적 성취만으로는 만족스러운 삶을 살 수 없으며, 가족들과 잘 지내는 일과 균형을 이루어야 한다는 것을 새삼 깨닫게 되었다. 한때 그는 남성의 가사와 육아참여를 강조하는 사회적 추세 앞에서 자신의 삶이 아버지의 그것보다 훨씬 해야 할 일도 많고 복잡해졌다는 생각을 한 적이 있었다. 하지만 이제 그는 아버지가 놓쳤던 삶의 가치를 안타까움을 가지고 회상할 수 있게 되었고, 균형 잡힌 삶을 살고자 했던 자신의 성실한 노력에 대해 만족감과 자부심을 느끼고 있다.

　여성의 권익에 대한 인식이 확산되면서 양성평등을 목표로 하는 여성 권리회복에 대한 논의가 활발하게 이루어지고 있다. 이에 대해 일부 남성들은 이러한 논의들이 남성이 여성에 비해 유리한 삶을 살면서 기득권을 갖고 여성을 억압하는 집단으로 묘사하여 남성의 삶을 단순화시켜 인식을 왜곡하고 있다고 항변한다. 이들은 과연 남성의 삶이 여성의 그것보다 행복한가 하는 의문을 제기한다.

　남성의 삶을 재조명하기 위한 연구들은 그다지 낙관적이지 않은 결과들을 보여 주고 있다. 남성의 삶의 질과 관련해서 흔히 인용되고 있는 통계는 40대 남성 사망률 세계 1위라는 수치다. 외국의 경우도 마찬가지인데, 예를 들면 남성이 여성보다 평균수명이 8년 정도 짧으며, 심장마비와 알코올 중독 발병비율이 여성에 비해 5배나 높다고 한다. 폭력범죄를 저지르는 비율도 남성이 여성에 비해 8배가 넘으며, 자살하거나 노숙자가 될 확률도 훨씬 높다고 한다. 남성들은 친구나 자녀와 정서적 유대가 약하며, 결혼생활에 대한 만족도도 여성에 비해 상대적으로 낮은 것으로 보고되고 있다. 이러한 통계치는 오랜 기간 지속되어 온 가부장적 남성 중심의 사회구조가 삶의 질 확보 면에서는 남성에게 결코 유리한 조건이 되지 못한다는 반증이다.

　일부 남성 페미니스트들은 이러한 불행은 많은 남성들이 정서적 불구상태에 빠져 있기 때문이라고 주장한다. 이들은 남성이 보다 행복해지려면 완벽과 합리성에 대한 강박을 버리고, 자신들의 약점을 인정하고, 여성적 특징으로 간주되는 직관성과 울고 싶으면 울 수 있을 정도의 정서적 감수성을 키워야 한다고 주장한다. 이렇듯 남성의 삶에서 공통적으로 드러나는 특징은 개인적 특성과 사회적 특성이 맞물리는 몇 가지 요소로 구분해 설명할 수 있다.

1. 성역할 고정화

　남녀 성 차이에 관한 연구를 종합해 보면 실제로 명확하게 성별에 따른 차이를 드러내는 영역은 그렇게 많지 않다. 성별에 따라 공격성, 언어능력, 수학능력, 공간지각능력에 차이가 있다는 보고가 있지만, 실제 연구에서는 성차보다는 개인차가 더 큰 것으로 드러나고 있다(김애순, 윤진, 1977). 그럼에도 불구하고 인류는 유사 이래 성별에 따른 능력의 차이를 가정하고 이에 기초한 분업형태로 일상생활을 영위해 왔다.

　성역할은 생물학적 성별을 기준으로 이에 따른 기질, 성격, 능력의 차이를 산정해서 역할을 분리시키는 개념이다. 대부분의 사회에서 남성의 역할은 의사결정을 한다든지, 직장에 나가 돈 벌어오기, 문제를 합리적으로 해결하는 것 등 보다 공적이고 과업지향적인 특성을 띠고 있다. 반면 여성들은 정서적 유대 맺기, 관계 유지하기, 아이 돌보기, 따뜻하고 지지적인 가정환경을 만들기처럼 관계지향적 특성을 띠고 있다. 이러한 특성은 다시 남성성과 여성성의 요소로 자리 잡아 개인의 성장·발달에 영향을 미치는 순환적, 환경적 변인으로 작용하고 있다. 윤진 등(1997)은 이러한 남성성의 주요 구인을 '행위 주체성과 도구적 행동'으로, 여성성의 주요 구인 요소는 '친교성과 표현적 행동'이라고 표현했다.

성역할발달에 대한 대부분의 연구들은 학령 전 아동에게 초점을 맞추어 왔다. 심리학자 호프만(Hoffman, 1982)은 발달적 관점에서 성역할을 설명 하였다. 그는 성인 남성과 성인 여성이 보이는 성역할행동의 차이는 아동 기에서 유래한다고 보았다. 성역할에 대한 가장 일반적인 설명 중의 하나 는 부모들이 성차를 강화한다는 것이다. 부모의 성역할특징이나 태도와 자 녀의 성역할특징과 태도 간의 상관관계를 보는 연구들이 많이 이루어졌다. 부모의 자녀에 대한 미래 성인역할기대는 자녀의 사회화 과정에 반영된다. 특히 남아의 경우 여아에 비해 일찍이 성인기의 직업적 역할에 대한 준비를 시작하게 된다. 이런 양육과정을 거치면서 남자아이들은 어릴 때부터 인지 적 측면의 발달을 강요받게 된다. 남아에게는 장래에 맡게 될 역할을 위해 사고력과 합리성을 지닐 것이 요구되며, 여성적 특징인 감정기능은 가치나 유용성이 떨어진다는 이유에서 억압된다. 이런 사회화 특성은 흔히 '남자 는 평생 세 번 우는 거다.' '남자가 씩씩해야지.' '남자가 입이 무거워야 지.' 등 우리 사회에서 흔히 들을 수 있는 남자아이들에게만 주어지는 언설 로 나타난다. 이러한 역할행동에 기초한 사회화 과정을 거치면서 남성들은 정서적 표현력이나 공감능력, 의존성 등이 점차 억압되고 퇴화하게 된다.

〈표 11-1〉 남성과 여성에게 기대되는 사회적 역할에 따른 정서와 행동요소

남성	여성
• 용감하고 경쟁적이다.	• 가정적이며 자녀중심적이다.
• 이성적이고 합리적이다.	• 쉽게 흥분하고 비이성적이다.
• 공격적이고 단호하고 지배적이다.	• 공감적이고 온정적이다.
• 독재적이고 완고하고 건방지다.	• 복종적이고 의존적이다.
• 독립적이고 자족적이다.	• 불평불만과 잔소리가 많다.
• 거칠고 가혹하고 잔인하다.	• 따뜻하고 친절하고 부드럽다.
• 강하고 힘 있다.	• 약하고 무기력하고 정서적으로 취약하다.

출처: Feldman, L. B. (1985). Family life processes. Sex roles and family dynamics. In Walsh, Normal, Goldenberg, *Family Therapy*, p. 40.

사회적으로 규정된 성역할은 사회화 학습과정에서 남성과 여성 모두에게 상호강화하는 방식으로 작용하게 된다. 그리고 이는 다시 남성과 여성은 사회적 영역과 역할이 다르다는 '양성 분리'(gender split) 의식을 심화시키는 원인으로 작용하게 되어 전인적이고 통합적 삶을 방해하는 요소가 된다.

2. 직업적 성취와 인간관계

남성의 심리적 행복을 높일 수 있는 구체적 대안은 그동안 남성에게 강조되어 왔던 직업적 성취에 대한 욕구에 더해, 자신과 타인에 대해 더 많은 관심을 가지는 일의 가치를 깨닫고 이 두 가지 요소를 통합하는 것이다. 여성의 만족스러운 삶을 위해 독립과 양육이라는 두 요소 간의 균형이 강조되듯이, 남성의 삶 또한 직업적 성취와 관계 돌보기라는 두 요소의 균형이 요구된다.

남성들은 전통적으로 가족을 위한 재정적인 필요와 안전을 확보하는 물리적 부양을 담당해 왔다. 하지만 남성의 생활만족도를 높이기 위해 요구되는 '돌보기'는 보다 심리적인 것으로서 자신과 타인에 대해 관심을 가지는 것을 말한다. 타인과 정서적 유대를 가지고 싶은 남성에게 요구되는 것은 자신의 억압된 정서기능에 관심을 갖는 것이다. 입신양명을 강조하는

유교적 가치관과 더불어 급속한 산업화 시대를 거치면서 우리 사회에서는 사회적으로 성공하려면 가족관계는 희생을 감수해야 하는 것으로 생각하는 경향이 있었다. 이는 동서를 양의 막론하고 성역할 고정관념이 강한 남성들이 갖고 있는 생각이다.

다음은 성역할 분업적 사고가 남성의 현실지각을 왜곡하고 심리적 안녕을 방해하는 현실에 대한 한 심리학자의 견해다.

> 우리 시대의 가장 기본적인 망상 중의 하나는 가정생활이 저절로 돌아가고, 그것을 다루는 최선의 책략은 긴장을 풀고 저절로 돌아가게 내버려두는 것이라는 것이다. 특히 남자들이 이런 생각을 맘 편히 한다. 그들은 직장에서 성공하기가 얼마나 힘든지, 출세에 얼마나 많은 노력을 기울여야 하는지 안다. 그래서 집에서는 그냥 풀어지고 싶어 하고, 가족으로부터의 어떤 심각한 요구도 부당하다고 느낀다. 그들은 종종 자신의 가정에 아무 문제가 없다고 거의 미신처럼 믿는다. 아내가 알코올중독이 되고, 자녀가 차가운 이방인으로 변해버려 너무 늦어버렸을 때에야 많은 남자들은 다른 사업이나 비즈니스처럼 가족 또한 유지를 위해서는 끝없는 정신에너지의 투입이 요구되는 것임을 깨닫게 된다.

출처: Csikszentmihalyi, M. (1990). *Finding flow.* 이희재 역(2002). **몰입의 즐거움.** 서울: 해냄.

일부 남성들의 생각처럼 가족관계와 직장관계에서 요구되는 역량은 다른 것일까? 미국의 뉴욕타임즈 지 기자였던 다니엘 골만(Daniel Goleman, 1995)은 이에 대해 다른 차원의 연구결과를 내놓고 있다. 그는 남성의 삶을 움직이는 요소로 지능지수(Intelligent Quotient: I.Q.)와 더불어 정서지능(Emotional Quotient: E.Q.)에 주목했다. 그가 『Emotional Intelligence』라는 책을 출간하면서 남성의 과업지향성을 뒷받침하는 관계 지능에 대한 논의가 본격화되었다.

정서지능은 '사회지능의 하위요소로서 자신과 타인의 감정과 정서를 점검(monitor)하고 그 차이를 변별(discriminate)하고 생각(thinking)하고 행동(action)하는 데 정서정보를 이용할 줄 아는 능력(ability)'을 말한다.

최근 기업경영 분야에서 E. Q. 개념을 도입한 감성경영이라는 기업운영 방식이 새롭게 각광받고 있다. 과업능력과 관계능력은 유기적 상호작용을 미치는 변인이며, 이분법적으로 다룰 대상이 아니라는 것이다. 직무효율성에 대한 최근의 연구결과들은 자신의 감정과 타인의 감정에 대한 감수성이 높은 사람이 오히려 직업적 유능성이나 성취수준이 높다고 보고하고 있다. 골만은 미국의 통신회사 AT&T 등 미국 기업관리자를 대상으로 한 조사에서 좋은 협력자, 동료들에게 인기가 있는 사람, 목표를 달성하기 위해 타인으로부터 필요한 협력을 구할 수 있는 사람을 유능한 사람으로 꼽았다. 직업세계에서 성공하는 사람들은 효율적인 업무수행능력을 통해 생산성을 높일 줄 알고, 동료들과 원만한 관계를 유지하여 리더십을 발휘하며, 직업의 흐름과 규칙에 민감하게 자신을 조율할 수 있다.

이런 연구결과들은 남성에게 강조되는 사회적 성취에 필요한 능력과 타인과 소통하는 데 요구되는 능력이 결코 다르지 않다는 점을 보여 준다. 역

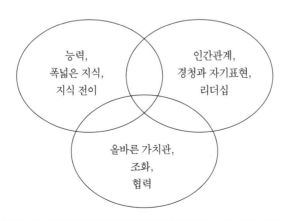

[그림 11-1] 성공적 직업적응을 위한 3요소

설적이게도 과업중심적인 남성 성역할의 성공적 수행에 요구되는 것이 바로 여성적 역할 특성인 관계 감수성으로, 두 가지 역할은 결코 따로 떼어서 생각할 수 없는 것이다. 다시 말해, '진정한 남성'이 된다는 것은 보다 '통합적인 행복한 사람'이 되는 것이다. 이는 미래를 위해 현재를 담보하는 삶이 아니라 지금 현재 자신의 감정을 진솔하게 느낄 수 있는 능력, 주변 사람에게 관심을 가지고 돌볼 수 있는 능력, 자신의 생각과 느낌을 표현할 수 있는 능력 그리고 서로 친밀하고 신뢰하는 관계를 유지하는 능력을 가지는 것이다. 심리적으로 건강한 남성은 직업적으로 성공하기 위해 노력하는 한편, 자신의 존재가치를 연봉이나 사회적 지위나 만족 이상의 것에서 찾아야 한다는 인식을 갖고 주변 사람들에게 관심과 책임감을 가진 좋은 아버지, 남편, 친구, 동료가 되는 것이다.

3. 양성성의 개념과 발달이론

앞서 여성을 위한 삶을 다룬 장에서 언급되었듯이 남성의 균형 잡힌 삶을 위한 대안 역시 양성적 삶이다. 양성성을 뜻하는 영어 'androgyny'는 그리스어의 남자를 뜻하는 'andro'와 여자를 뜻하는 'gyn'의 합성어다. 양성성은 '사회의 성역할 고정관념을 이루는 내용 중에 바람직한 여성적 특징과 바람직한 남성적 특성이 결합하여 공존하는 것'을 뜻한다.

일반적으로 성역할 고정관념이 강한 사람은 여성이 남성적 행동을 익힘으로써 여성성을 잃지나 않을까, 반대로 남성은 여성적 행동을 통해 남성성을 잃지나 않을까 하는 두려움을 갖는다. [그림 11-2]는 이들이 여성성과 남성성을 연속선상의 단일 차원에 속하는 것으로 보기 때문에 나온 생각이며, 그런 맥락에서 보면 양성성이란 존재할 수 없는 허구적 개념이다.

산드라 벰(Sandra Bem, 1985)은 남성성과 여성성은 독립된 차원의 것

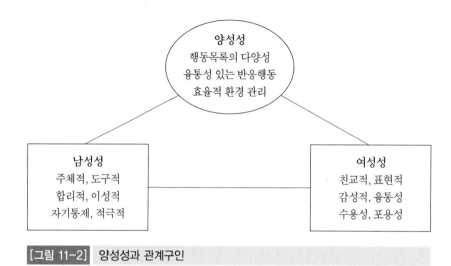

양성성
행동목록의 다양성
융통성 있는 반응행동
효율적 환경 관리

남성성
주체적, 도구적
합리적, 이성적
자기통제, 적극적

여성성
친교적, 표현적
감성적, 융통성
수용성, 포용성

[그림 11-2] 양성성과 관계구인

이며, 한 개인이 남성적 특징과 여성적 특징을 동시에 가질 수 있다고 보았다. 양성성이 높은 사람은 그렇지 않은 사람보다 더 적응적이고 행복한 삶을 사는데, 그 이유는 인지적 정보처리특성이 다르기 때문이다. 벰은 양성적인 사람은 성전형화된 사람에 비해 성별구분을 잘하지 않으며, 어떤 주어진 상황에서 여성에게 적합한 행동 혹은 남성에게 적합한 행동과 같은 의식조차 하지 않는 정보처리과정상의 특징을 보인다고 한다. 이들은 다양한 행동목록을 가지고 있으며, 상황의 요구에 따라 적절하게 행동하는 융통성을 보이며, 환경을 다루는 효율성이 높은 인지적 특성을 가지고 있다.

스팬서와 하인리히(Spence & Heinrich, 1974)는 미국 대학생을 대상으로 남성성, 여성성을 포함하는 개인태도설문지조사(personal attitudes questionnaire)를 실시했다. 그 결과 전체 조사대상 학생 중 30%는 양성성이 높게 나타났으며, 나머지는 남성적 혹은 여성적 유형을 보였다.

한국 대학생을 대상으로 벰의 성역할 척도의 단축 한국판을 실시한 연구 결과에 의하면, 남녀 학생 간 남성성 점수와 여성성 점수에 통계적으로 유의미한 차가 없는 것으로 나타났다(박윤창, 윤진, 1977). 벰은 또한 성유형화된 대학생집단과 양성적인 대학생집단의 실제 대인관계행동에 관한 일련의 연구들을 시행하였다. 그 결과 양성성이 높은 집단의 대인관계만족도가 훨씬 높았는데, 그 이유는 이들 집단이 두 가지 유형의 인간관계전략을 모두 사용하기 때문이었다. 성유형화된 여학생들은 사람에게 다가가기는 잘하지만 이견이 있을 때 대항하는 행동은 잘 하지 못했고, 성유형화된 남학생들은 이견이 있을 때 주장적 행동은 잘 하였지만 사람들에게 다가가는 능력은 떨어졌다. 반면에 양성적인 대학생들은 외로운 동료나 타인을 만났을 때 자연스럽고 기분 좋게 타인에게 관심을 기울였으며, 자신의 의지에 따라 타인에 대항하는 행동도 할 수 있었다. 이러한 연구결과들을 통해 우리가 알 수 있는 것은 남성과 여성의 성차는 개인적, 사회적인 변화에 따라 보다 적응적인 방식으로 변화해 가며, 그 방향은 양성적이라는 것이다.

심리학자 융은 여성과 남성에게 보편적인 원형으로 내재하는 양성적 특징인 아니마와 아니무스에 대해 이야기하고 있다. 그는 성역할개념에 해당하는 남성, 여성의 외적 인격, 즉 페르소나의 적응적 가치를 강조함으로써 인간에게 내재하는 양성적 특성을 다음과 같이 논하고 있다. 사람들이 가진 여성관과 남성관으로 드러나는 남성과 여성의 특성은 오랜 시간 사회적 통념으로 굳어진 보편적이고 집단적인 견해로서 시대에 따라 변할 수 있는 가변적인 관념이다. 그리고 이러한 사회적이고 집단적 속성을 띤 남성과 여성의 페르소나는 무조건 버려야 하는 것이 아니라 어느 정도 북돋워 줄 필요가 있는 것이다. 건강한 개인은 일차적으로 남성의 페르소나와 여성의 페르소나를 배워서 익힐 줄 알아야 하며, 그런 측면에서 보면 전통적 남성관과 여성관이 반드시 자기실현에 역행하는 것은 아니라고 보았다.

여성이나 남성이 경계해야 할 바는 페르소나를 지속적이고 맹목적으로 동일시하는 것이다. 그 이유는 어떤 가치를 맹목적 동일시하게 되면 결국

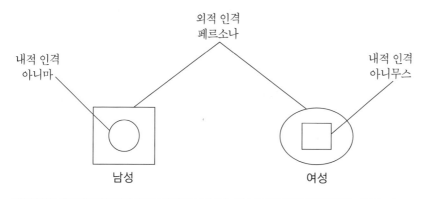

[그림 11-3] 남성과 여성의 페르소나와 아니마와 아니무스

출처: 이부영(2003). 분석심리학의 탐구: 아니마와 아니무스(p. 36). 한길사.

무의식으로부터의 단절을 일으키고, 개인의 심리적 건강을 해치는 결과를 가져올 수 있기 때문이다. 그래서 융은 페르소나를 배우되, 이를 상대적인 것으로 구별하고 무의식의 내적 인격을 의식화하는 노력을 기울여야 한다고 보았다. 요컨대, 아니마, 아니무스 이론은 인간이 여성과 남성에 머물러 있지 말고 남성은 여성적 요소를, 여성은 남성적 요소를 살려서 의식에 통합해야 함을 강조하고 있다.

　성역할은 남성과 여성을 다르게 사회화시켰다. 하지만 이를 개인의 자아실현이라는 측면에서 보면 인간의 잠재력 중 어떤 영역을 의도적으로 퇴화시키는 결과를 가져오게 되었다. 고정관념에 묶이지 않고 자신의 고유한 잠재력을 마음껏 추구하는 '개성적 인간'으로 향해 가는 자기실현의 길에서 양성성의 추구 혹은 성역할을 넘어서는 것은 또 하나의 주요 과제다.

4. 남성들을 위한 심리적 균형

　사람은 누구도 타고난 생물학적 성별을 벗어날 수는 없지만 이에 대한 태도는 변할 수 있다. 지금의 사회도 성차에 대한 고정관념으로부터 완전히 자유롭지는 않다. 하지만 과거와 비교해 보면 관습을 무턱대고 강요하지 않는 보다 열린 사회로 나아가고 있는 것이 사실이다. 남성들은 가정에서 행복을 찾고 있으며, 여성들은 전통적으로 남성위주였던 일의 영역에서 점차 가치를 인정받고 있다. 이러한 변화와 더불어 성차에 관한 의식구조는 흥미로운 방식으로 변화되어 가고 있다. 남성들이 자신의 감정, 심지어 약점을 드러내는 것은 과거에 비해 큰 흉이 되지 않는다. 여성이 보다 강하고 실용주의적이고 현실적인 삶의 자세를 가지는 것 또한 자연스러운 일이다. 이제 남성도 전통적 성역할로부터 자신이 얼마나 자유롭고 편안함을 느끼는지, 그 자유로 인해 어떤 혜택과 즐거움을 얻었는지 혹은 반대로 전통적인 성역할에 대한 기대와 역할수용으로부터 어떤 혜택과 즐거움을 얻었는지 자문해 볼 필요가 있다.

5. 바람직한 남성으로서의 균형을 위한 연습

1) 첫 번째 연습: 바람직한 남성역할 찾기

이 연습문제는 당신 마음속 깊이 가지고 있는 성차에 대한 태도를 살펴 보고 성차에 대한 고정관념이 주는 한계를 넘어서는 것의 좋은 점과 잠재 력을 탐색해 보기 위한 것이다.

A. 이 연습은 남녀 두 사람이 함께 하면 좋지만 혼자서 해도 무방하다. 두 사람(혹은 한 사람)이 각각 종이 한 장과 펜을 갖는다. 그리고 다음 에 대해 각각 3개씩 문장으로 완성해 본다.

남자는 보통⋯⋯⋯⋯⋯⋯⋯⋯하다.	여자는 보통 ⋯⋯⋯⋯⋯⋯⋯하다.
남자는 보통⋯⋯⋯⋯⋯⋯하지 않다.	여자는 보통 ⋯⋯⋯⋯⋯하지 않다.
나는 ⋯⋯⋯⋯⋯⋯남자가 좋다.	나는 ⋯⋯⋯⋯⋯⋯여자가 좋다.
나는 ⋯⋯⋯⋯⋯⋯남자가 싫다.	나는 ⋯⋯⋯⋯⋯⋯여자가 싫다.
이상적인 남자는 ⋯⋯⋯해야 한다.	이상적인 여자는 ⋯⋯⋯해야 한다.

B. 각자 적은 문장을 면밀히 검토해 보자. 각각 빈칸을 채운 내용은 무엇 이며, 그 까닭은 무엇인가? 두 사람이 함께 했다면 답이 얼마나 비슷 한가? 두 사람의 견해가 대체로 비슷한가, 다른가? 이 연습을 통해 자 신에 대해서 무엇을 배웠는가? 자신도 몰랐던 편견이 드러났는가? 그 렇다면 그 편견은 무엇인가?

C. 다음으로 남성과 여성에 대한 당신의 시각이 연인이나 배우자와의 관 계 속에서 불화를 일으킨 적이 있는지 분석해 본다. 두 사람이 조화롭

게 지낼 수 있기 위해서는 상대방에 대한 기대치를 수정해야 하는가? 한다면 구체적으로 어떻게 할 것인가?

이 연습을 통해 자신이 가지고 있는 성차에 대한 사고내용을 인식할 뿐 아니라 인간관계 속에서 성차에 대한 고정관념을 극복하고 열린 자세로 더 많은 가능성을 향해 나아가도록 하자.

2) 두 번째 연습: 남성적 요소의 좋아하고 싫어하는 것

이 연습은 혼자서 해도 좋으나, 3~5명 정도의 남자친구들과 같이 하는 것이 이상적이다.

A. 남성이어서 좋은 점과 좋지 않은 점을 열거해 보자. 사회적인 고정관 념을 반영하지 말고 가능한 한 개인적인 생각에 충실한 내용을 나열하 도록 한다. 남성들이 대답한 내용을 보기로 제시해 보면 다음과 같다.

남성이어서 좋은 점은
• 성적인 면에서 자유롭다.
• 집에서 아이를 보지 않아도 된다.
• 직장의 문호가 더 넓다.
• 스포츠 활동을 즐길 수 있다.
• 삶과 운명에 대한 통제감을 가질 수 있다.
• 생리를 하지 않고, 임신의 걱정이 없다.
• 적극적인 성행위를 즐길 수 있다.
• 청소년기에 여학생보다 더 자유롭다.
• 어느 정도 짓궂은 장난이 용인된다.

남성이어서 싫은 점은

• 군대에 가야 한다.

• 여성보다 수명이 짧다.

• 성공해야 한다는 부담감이 있다.

• 데이트할 때 비용을 지불해야 한다.

• 비가 오나 눈이 오나 가족을 부양하기 위해 열심히 일해야 한다.

• 매일 면도를 해야 한다.

• 슬플 때 맘 놓고 울지 못한다.

B. 자신이 써 내려간 이점과 단점 리스트에서 상위에 오른 다섯 가지 항목을 확인해 본다.

C. 이 연습을 통해 남성이 된다는 것, 남성적 역할이 가지는 이점과 단점을 구성하고 있는 여러 요소들을 더 잘 알고 이해하는 기회로 삼아 긍정적인 면은 인정하고 즐기며 부정적인 면은 재고해 보고 변화를 시도해 보도록 하자.

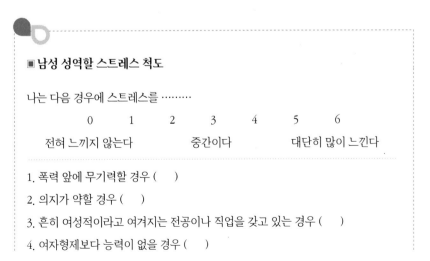

■ **남성 성역할 스트레스 척도**

나는 다음 경우에 스트레스를 ………

      0   1   2   3   4   5   6

전혀 느끼지 않는다   중간이다   대단히 많이 느낀다

1. 폭력 앞에 무기력할 경우 (　　)

2. 의지가 약할 경우 (　　)

3. 흔히 여성적이라고 여겨지는 전공이나 직업을 갖고 있는 경우 (　　)

4. 여자형제보다 능력이 없을 경우 (　　)

5. 아픈 아이를 돌보느라 낮에 집에 있는 경우 (   )

6. 실직자가 되었을 경우 (   )

7. 스포츠를 잘 못하는 경우 (   )

8. 여성 상관 아래에서 근무하는 경우 (   )

9. 성행위에서 상대방을 만족시키지 못하는 경우 (   )

10. 어떤 상황을 여성이 주도하도록 할 경우 (   )

11. 자기보다 키가 큰 여성을 만나는 경우 (   )

12. 다른 남성보다 능력이 떨어지는 것으로 평가되는 경우 (   )

13. 승진의 기회를 놓친 경우 (   )

14. 돈을 잘 벌지 못하는 경우 (   )

15. 직장에서 여성동료보다 일을 잘 못하는 경우 (   )

16. 슬픈 감정을 억제하지 못하고 우는 경우 (   )

17. 빨래·식사준비 등 자취생활을 해야 하는 경우 (   )

* 총 40문항 중 일부임. 평균 3.67(7점 척도 중)

출처: 윤진 등(1989). 성역할 고정관념과 남성의 스트레스와의 관계. 한국 심리학회지: 사회, 4(2), pp. 70-83.

3) 세 번째 연습: 여성적 요소와의 통합

이번 연습 역시 혼자서도 할 수 있고 남성친구들과 같이 할 수 있다. 우리 문화 속에서 특정한 행동이나 태도, 정서는 '여성스러운 것'으로 불린다. 보통 남성들은 될 수 있으면 그런 행동을 하지 않으려 하고 때로 정반대의 행동을 하기도 하는데, 이유는 혹시라도 '여자 같은 남자' '소심한 남자'로 비추어지기를 원치 않기 때문이다. 그러나 앞서 이야기했듯이 어떤 '여성스러운' 행동특성은 남성의 심리적 행복을 높이는 데 유익하며, 남성들의 삶에 통합될 수 있다. 이 역시 사회적 고정관념에서 벗어난 자신의 생각을 자유롭게 떠올려 보라.

A. 여성이어서 좋은 점을 나열해 보라. 남성들이 물음에 응답한 내용의
　보기로는 다음과 같은 것들이 있었다.

• 친구들에게 애정을 표현하고 감정을 솔직하게 나누어도 흉이 되지 않
　는다.
• 관계 속에서 상처를 받아 마음이 아프면 맘껏 울 수 있다.
• 이력서의 공백을 걱정하지 않고 1년 정도 휴가를 가도 별 지장이 없다.
• 다른 사람에게 의존적이 되고도 편안할 수 있다.
• 성행위를 할 때 수동적으로 자극을 받는 것을 즐길 수 있다.
• 음식 만드는 일과 쇼핑하는 시간을 가질 수 있다.

B. 위의 질문에 대한 자신의 응답목록 중에서 자신의 삶의 질을 높이는
　데 유효하다고 생각되는 '여성적 특징'을 두세 가지 정도 골라 본다.
　그리고 다음에 제시된 통합방법을 적용해 본다.

　많은 경우 남성도 이런 행동을 힘들이지 않고 할 수 있는데, 왜 이런 특
성들을 여성적이라고 하게 되었을까? 그것이 이 연습의 요점이다. 전통적
으로 남자답지 못한 것으로 인식되어 있는 특징들을 자신의 것으로 통합해
가는 것이다. 당신이 선택한 여성적 특성을 더 깊이 알고 표현할 수 있기
위해 설정된 목표행동을 할 때마다 메모를 한다거나 일기를 써 보도록 하
자. 목표행동을 실천에 옮기는 것이 쉬워 보일 수도 있다. 하지만 반드시
유념해야 할 점은 남성의 '여성적인 행동'은 긴 세월 동안 사회화 과정을
통해 억압되어 왔기 때문에 이를 다시 편안하게 표현하고 긍정적인 가치를
가진 자신의 일부분으로 받아들이기까지는 많은 시간과 노력이 필요하다.

4) 네 번째 연습: 통합적 남성

지금까지 남성의 성에 대한 고정관념을 알아보고 새로운 성역할에 대한 인식을 확장시키기 위해서 세 가지 연습을 시행하였다. 이번의 연습은 통합에 초점을 맞추었고 혼자 할 것을 제안한다. 첫 부분은 선택을 하고 두 번째는 그 선택들을 이행하는 것이다. 각 남성은 자신의 삶 속에 자신의 성에 대한 고정관념과 새로운 성역할에 대한 인식을 통합하고자 위의 세 가지 연습을 통해 얻는 구성요소들을 선택함에 있어서 현재와 미래에 초점을 맞추는 것이 중요하다.

따라서 전통적인 습관과 문화에 지배당하지 않고 자신이 중요하게 생각하는 남성적인 성향과 여성적인 요소를 각각 세 가지씩을 선택한다. 그런 다음 그 구성요소에 관여하는 자신의 태도, 행동, 감정을 인식하는 것이 무엇보다 중요하다. 그것들이 자신의 삶 안에서 앞으로 어떻게 조화되고 더 나아가 특별한 상황과 관계 속에서 어떤 변화를 만들어 내는지를 구체적으로 실행해 본다. 그런 다음에는 가까운 친구와 의견을 나누어 보고 그 적합성과 현실성에 대한 그들의 피드백을 구한다. 변화를 가지기 위해서는 각 주마다 특정한 목표를 정하고 진행과정을 검토해 가는 과정이 반드시 필요하므로 충분한 시간을 가지고 검토해야 한다.

6. 마치면서

과거 그 어느 때보다 여성적인 특성과 가치가 존중되는 시대상황에서 남성으로서 살아가는 것은 흥미롭고 도전적인 일이다. 그중 자기 자신과 다른 사람의 관계를 돌보는 심리적 성취와 일을 통한 외적 성취의 통합으로 심리적 행복을 추구하는 것은 특히 가치 있는 일이다. 긍정적이고 폭넓은 사고를 가진 남성이 되는 일은 그리 간단하지가 않다. 여성, 남성, 가족 등 주변 사람들과의 관계에서 변화를 꾀하는 것 그리고 자기 자신에 대한 긍정적 관점을 키워 나가는 것, 이를 위한 계획을 세우고 통합을 위해 노력하는 과정 속에서 남성으로서의 심리적 행복은 증진될 것이다.

건강한 삶의 유지

건강한 삶의 유지

이예란 씨는 33세의 전문직 여성이다. 그녀는 건강의 중요성을 인식하고 건강을 유지하기 위해 많은 관심을 가지고 있다. 그래서 10년 전부터 스포츠센터에서 실시하는 다양한 예방적인 건강 프로그램에 참여하고 있다. 그녀가 이처럼 예방적인 건강에 대해 많은 관심을 가지게 된 것은 건강하지 못한 가족구성원들의 생활 패턴을 인식하게 되었기 때문이다. 아버지는 애연가로 폐암으로 사망했고, 어머니는 운동부족으로 인한 과도한 체중으로 건강이 좋지 못한 데다 우울증도 갖고 있다. 그녀는 가족들이 가지고 있는 불건강한 생활 패턴을 반복하지 않겠다고 결심했다. 타고난 유전인자를 바꿀 수는 없지만 자신의 인식, 태도, 행동은 바꿀 수 있다고 생각했다.

또한 예란 씨는 23세 때는 표준체중보다 15kg 이상이 더 나가서 상당히 비만한 외모의 소유자였다. 이로 인해 사회적인 활동이 위축되었고, 우울하거나 힘들 때는 잠자는 것으로 해결하려고 했다. 그러다 주위의 권유로 헬스클럽에 등록하게 되었고, 이것이 계기가 되어 자신의 몸에 대한 책임감을 가지고 예방적인 건강의 개념에 대해서 생각하게 되었다. 그리고 비만클리닉의 의사에게 조언을 받아 본격적인 다이어트 프로그램을 선택하였다.

그녀의 첫 번째 목표는 표준체중인 55㎏이 되도록 하고, 그것을 유지할 수 있도록 식생활습관을 바꾸는 것이었다. 그래서 일주일에 3~4번씩 에어로빅 프로그램에 참석하고 걷기와 수영도 병행하였다. 그리고 낮잠 자는 습관을 끊고 대신 운동을 더 많이 했다. 또 아무리 피곤해도 11시 전에는 잠자리에 들지 않았다.

예란 씨는 노력에 비해 쉽게 변화가 일어나지 않아 좌절감을 느낄 때도 있었지만 운동 프로그램을 그만두지는 않았다. 때때로 다이어트 프로그램을 잠시 쉬거나 늦출 때도 있었다. 그러나 그때도 실패했다고 생각하기보다 오히려 잘못된 방식을 찾아내려고 노력했다.

균형을 맞추어 영양을 섭취하고 규칙적인 운동을 계속함에 따라 수면패턴이 향상되었다. 간혹 수면부족으로 운동하는 것을 쉬게 될 때에도 자신을 합리화하거나 부정적인 자기평가로 우울한 감정에 빠지지 않도록 노력했고, 건강을 유지하려는 습관을 게을리하지 않았다.

시간이 가면서 몸무게가 줄어들기 시작하자, 외모도 좋아진 것 같아서 운동에 더욱 열정을 느꼈다. 그러나 그것이 남자들과 만나거나 사교적인 삶에는 긍정적인 영향을 주지는 못했기에 실망했다. 왜냐하면 많은 서적들을 통해 '당신의 몸무게가 줄고 태도가 바뀐다면 모든 것이 변할 것이다.'라는 약속을 수없이 들어왔기 때문이다. 예란 씨는 체중이 줄면 많은 남자들이 자기 앞에 줄을 설 것이라고 막연히 생각하고 있었다. 그녀는 자신의 어리석은 감정을 인정하면서 섭식과 운동 프로그램을 열심히 하는 것 자체를 즐기기로 결정했다. 비록 남자들로부터 관심을 얻진 못했지만, 데이트하지 못하는 자신에 대한 연민이나 실망 때문에 건강습관이 주는 이득을 포기하지 않기로 한 것이다. 건강이나 외모에 대해서 긍정적으로 느끼는 것이 큰 이익이 되긴 하지만, 사회적으로 인기 있는 생활은 보장하지는 못한다는 것을 알게 되었다.

예란 씨는 수동적으로 얻는 어떤 이익을 희망하기보다는 지속적인 건강 프로그램에 가치를 두었다. 그리고 좋은 건강을 유지하기 위해서는 건강습관을 생활화하고 강화하는 것이 필요하다고 느꼈지만 완벽을 추구하지 않았다. 다만 건강을 유지함으로써 얻는 이점들을 충분히 즐기면서 받아들였다.

의학에서 가장 빠르게 성장하고 있는 분야 중의 하나가 건강심리학의 더 큰 개념인 행동의학이다. 행동의학(behavioral medi-cine)은 건강과 질병에 관련된 행동과학과 생물의과학(biomedical science)의 지식 및 기술을 예방, 진단 그리고 치료에 적용한다. 최근 들어서는 건강교육과 예방의 중요성에 대한 인식이 더욱 증가하고 있다. 태도, 행동, 정서는 인간의 건강상태에 중요한 영향을 미친다. 그리고 좋은 건강을 유지하는 것은 심리적 안녕의 중요한 구성요소다.

최근에는 엄격한 다이어트나 하루의 많은 시간을 요구하는 과도한 운동, 단식, 명상요법 등이 유행하고 있다. 이런 움직임이 건강한 신체를 유지하는 데 가치가 있다고는 하지만, 건강에 극도로 민감한 일부 사람들에 의해 점점 더 극단적인 형태로 변해 가는 경향이 있다. 예를 들면, 영양분을 이미 적절하게 섭취하고 있는 사람들이 과도하게 비타민과 미네랄을 먹음으로써 실제로 자신들의 몸에 해를 입힐 수 있다는 것이다. 극단적인 경향은 과도한 운동에의 집착이라든지, 자신이 암과 관련된 무언가를 먹고 있다는 공포로 나타나기도 한다. 이처럼 신체건강에 대한 과도한 관심과 지나친 불안은 건강염려증(hypochondrasis)이라는 정신적 질환으로 발전할 수도 있다. 건강염려증이란 거듭되는 진찰과 검사를 하여 적절한 신체적 원인을 찾아낼 수 없음에도 불구하고 현재의 한 가지 증상 또는 여러 증상의 저변에 적어도 한 가지 심한 신체질환이 있다는 집요한 믿음 또는 추정되는 장애나 손상이 있으리라는 지속적인 선입견을 가지고 있는 것이다. 건강에 대한 지나친 염려는 건강문제를 부인하거나 혹은 과식, 과음, 마약, 흡연에 의한 신체적 학대처럼 좋지 못한 결과를 가져올 수 있다.

건강행동의 중심 구성요소는 규칙적인 수면 패턴, 적절하며 규칙적인 운동, 건강식과 적절한 몸무게 유지, 금주나 금연 또는 약물사용 금지 등이다. 흡연이나 약물사용에 대한 긍정적인 효과는 어디서도 찾아볼 수 없으며, 오히려 부정적인 효과에 대한 근거가 압도적으로 많다.

개인의 건강은 의사가 책임질 문제가 아니라 전적으로 자기 자신에게 달려 있다. 건강프로그램을 시작하기 전에 자신의 건강상태를 잘 알고 있는 가족주치의나 내과의사에게 조언을 얻어야 하고 종합검진을 받는 것도 바람직하다. 여기에는 세 가지 중요한 목적이 있다. 첫째, 전반적인 건강을 평가한다. 둘째, 초기에 문제를 확인하거나 영양섭취나 운동의 제한점을 인식한다. 셋째, 신뢰할 수 있는 의사를 선택하여 필요할 때마다 도움을 받고 신뢰할 수 있는 관계를 형성한다. 서구에서 일반적으로 활용하는 가정주치의(family doctor)제도는 건강을 유지하는 데 바람직한 방법으로 여겨진다.

　그러나 한국에서의 의학은 교육적 또는 예방적 차원이라기보다는 질병에 대한 치유모델에 의존한다. 때문에 대부분의 치료에 영향을 미치지 않는다고 보는 운동이나 영양섭취 등에 대해서는 거의 언급하지 않고 있는 실정이다. 따라서 가정주치의를 선택할 경우 예방적인 의학에 관심이나 흥미가 없는 의사들보다는 편하게 의사소통할 수 있는 주치의를 선택하는 것이 바람직하다.

1. 건강한 삶의 중요성

　신체적 건강은 심리적 안녕을 보완한다. 나쁜 건강습관 때문에 질병으로 발전되는 것은 심리적 안녕에 중요한 영향을 미친다. 예를 들면, 불면증, 비만, 폐암, 스트레스성 두통, 심장마비, 알코올중독 등이다. 건강 관련 문제들은 건강에 대한 태도와 행동을 바꿈으로써 예방할 수 있다.

　우리는 자신의 건강에 근본적인 책임을 질 필요가 있다. 건강문제를 예방하는 프로그램은 아주 많다. 건강습관을 증진시키는 데 도움이 되는 서적과 팸플릿, 프로그램, 자조집단 등이다. 지극히 상식적인 수준이라도 잘 지켜지지 않을 경우에는 전문가의 도움을 받는 것이 좋다. 따라서 자신에게 맞는 프로그램이나 집단을 선택하여 좋은 건강습관을 유지하는 것이 바람직하다. 비만이나 흡연 같은 건강행동에 어려움을 갖고 있을 경우 그 어려움을 함께 나누고 격려해 줄 수 있는 자조집단의 도움을 받도록 한다. 이런 집단활동을 통해 동기가 촉진되면 성공적인 변화를 가질 수 있을 것이다.

2. 주된 건강행동들

1) 수면활동

심리적 안녕을 위해 가장 중요한 건강행동은 규칙적인 수면 패턴이다. 편안한 수면은 중요하다. 대부분의 사람들은 밤에 6~9시간 정도 수면을 취한다. 가장 중요한 수면단계는 종종 꿈을 꾸고 급속한 안구운동을 하는 REM(Rapid Eyes Movement) 수면의 단계인데, 재충전이 되는 깊은 수면 사이클이다. 만일 재충전하는 REM 수면 사이클이 일주일 이상 박탈될 경우 인지적, 심리적 기능에 심각한 부정적인 영향을 초래할 것이다. 예를 들면, 며칠 잠을 못 잔 다음날은 행동의 기민성과 집중력이 현저하게 떨어지는 것을 쉽게 느낄 수 있다. 재미있는 농담을 해도 평소보다 즐겁지 않고, 친한 친구를 만나도 흥미가 없으며, 참신한 착상들도 멈춰버려, 마치 머리가 돌처럼 굳어진 듯한 기분이 들 것이다. 반면 규칙적이고 평안한 수면 패턴은 건강의 초석이다. 수면장애들로 인한 증상으로는 잠을 잘 못 자는 불면증(insomnia), 너무 많이 자는 과수면증(hypersomnia), 자는 중에 비정상적인 경험을 하는 사건수면(parasomnia), 생활에 바람직한 수면주기에서 벗어난 수면각성주기장애 등이 있다.

(1) 정상수면과 수면효율성

신생아 때의 수면시간은 20~22시간 정도지만 이후 수면시간은 점차 줄어들면서 정상 성인의 2/3가 7~8.5시간의 잠을 잔다. 짧게 자는 사람은 4~5시간을 자고도 아무 불편이 없지만, 9~10시간을 자고도 잠이 부족하다는 사람도 있다. 이상적으로 필요한 수면의 양에 대한 과학적인 기준은 아직까지 없다. 다만 체중, 신장 및 그 밖의 신체적 특성이나 그날의 몸상태에 따라서 개인이 필요로 하는 수면시간이 각각 다르다.

수면시간은 또한 생활환경이 바뀌면서 단축될 수도 있고 늘어날 수도 있다. 물론 적응하는 시간은 필요하지만, 수면전문가들은 수면의 질을 평가하는 중요한 기준으로 '수면효율성'이라는 용어를 사용한다. 수면효율성이란 잠을 자려고 자리에 누워 있는 시간 중 실제로 잠을 잔 시간의 비율이다. 예를 들어, 밤 11시에 잠자리에 누웠으나 계속 뒤척이다 새벽 1시경에 겨우 잠이 들었다고 하자. 게다가 도중에 두 번이나 깼으며, 첫 번째는 10분 후에 다시 잠이 들고, 두 번째는 30분 후에야 겨우 잠이 들었다. 그리고 아침 7시에 일어났다가, 개운치 않아 8시가 되어서야 일어났다. 이 경우 총 수면시간은 잠이 든 새벽 1시와 아침에 눈을 뜬 7시까지의 6시간 중에서 밤중에 잠을 깬 40분을 뺀 5시간 20분이다. 그런데 잠자리에 누워 있던 시간이 밤 11시에서 아침 8시까지 총 9시간이므로 수면효율성은 59%다. 일반적으로 85% 이하이면 수면효율성이 나쁜 것으로 본다. 그러므로 59%의 수면효율성을 가진 사람의 경우 잠드는 데 어려움이 있을 뿐만 아니라 지속적으로 수면을 취하는 데도 지장이 있다고 본다.

(2) 불면증의 종류

하나의 증상으로 이해되는 불면증은 의학적 질환, 정신과적 장애 혹은 환경적 요인에 의해 이차적으로 생긴 것으로서 이 경우 불면증의 기저에 있는 장애나 환경적 요인에 대한 치료나 처치가 선행되어야 한다.

① **원발성 불면증**(primary insomnia)

잠드는 것, 잠을 지속적으로 유지하는 것에 적어도 한 달 이상 어려움을 겪고 있어서 잠을 자도 개운치가 않다고 호소하는 수면장애다. 주로 심리생리적 불면증으로 뚜렷한 정신과적 장애나 신체질환이 없이 만성적으로 불면증이 나타나는 경우에 이런 진단이 내려진다. 즉, 심리적인 원인으로 인해 각성수준이 높아져서 수면을 제대로 취하지 못하는 것이다. 신체화된 긴장 또는 조건화 혹은 학습된 불면증으로 심리학적인 연구가 가장 많이 이루어지고 있는 불면증 분야다.

신체화된 긴장이란 생활상의 스트레스로 인하여 화는 치미는데, 그것을 어떻게 풀 수가 없어서 혼자 꾹꾹 참고 있을 경우에 흔히 발병한다. 긴장감이 만성적으로 높아지면서 다양한 신체증상을 나타내게 되는데, 흔히 가슴이 답답하고 소화가 안 되며, 몸 여기저기에 통증이 오는 등 다양한 신체적 불편감을 경험하게 된다. 이러한 신체화된 긴장으로 인해 각성수준이 높아져 불면증이 일어나는 것이다.

조건화 혹은 학습된 불면증 역시 심리생리적 불면증의 하나로 잘못된 수면습관 때문에 야기될 수 있다. 심리생리적 불면증을 보이는 사람들은 흔히 불안감과 우울감을 보이는데, 그렇다고 해서 우울증이나 불안장애를 앓고 있다고 할 수는 없다. 이들이 보이는 불안이나 우울 관련 증상은 불면증으로 인한 생활기능 저하나 수면에 대한 무력감으로 인한 이차적인 것이기 때문이다. 심리생리적 불면증은 거의 대부분 처음에는 애인과의 이별, 이혼, 사별, 해직, 가족 간의 갈등 등의 스트레스로 인한 일시적 불면증에서 출발한다. 그러나 스트레스가 사라진 뒤에도 불면증이 계속되면서 불면에 대한 걱정과 함께 각성수준이 높아져 심리생리적 불면증으로 발전하게 되는 것이다.

② 이차성 불면증(secondary insomnia)

다른 질병의 한 증상으로 나타나는 불면증으로 정신과적 장애 관련 불면증, 의학적 요인 관련 불면증, 술이나 약물의존성 관련 불면증, 환경적 요인 관련 불면증, 기타 수면장애 관련 불면증 등이 있다.

하지만 이러한 분류는 상당부분 중복된다. 약물의존성, 의학적인 원인에 의한 불면증은 심리적인 요인에 의해 흔히 악화되고, 스트레스에 기인한 불면증이 심리생리적 불면증으로 발전하기도 한다.

2) 식생활습관

두 번째로 중요한 것은 적절하고 건강한 식습관이다. 강조되어야 할 것은 매일 먹는 빵과 곡식, 과일과 야채, 고기의 적절한 균형이다. 그리고 소금, 설탕, 콜레스테롤이 다량 함유된 식품, 카페인 등의 식품은 제한하는 것이 바람직하다. 또 하루 세 번 적절한 식사를 하여 영양적 균형을 유지한다. 음식이란 단순히 먹는 것 이상의 의미를 가지고 있다. 최근 몇 년 동안 가장 특징적으로 나타나고 있는 심리장애의 하나로는 섭식장애(eating disorder)를 꼽을 수 있다. 섭식장애는 음식을 섭취하는 데 장애를 보이는 것인데, 음식 먹는 것을 거부하는 거식증(anorexia nervosa)과 지나치게 많이 먹는 폭식증(bulimia nervosa) 두 가지가 있다. 이 두 가지 증상의 공통된 핵심적인 병리는 자신의 체형과 체중에 대한 인지적 왜곡과, 자기 자신에 대한 부정적인 평가 때문에 정신적인 질환으로 발전되는 것이다.

(1) 섭식 유형

① 내발반응성
공복감과 같은 생리적 요인에 의한 반응을 말한다.

② 외발반응성

사회적 요인이나 심리적인 요인에 섭식이 좌우되는 반응으로 과체중의 원인이 된다. 현대사회의 넘쳐나는 먹을거리는 모든 사람들로 하여금 외발 반응성을 경험하게 함으로써 비만의 원인이 되기도 한다.

(2) 식이장애의 유형

식이장애는 내면적인 갈등을 해결하기 위해 외적인 해결방법을 사용하는 것이다. '나는 날씬한 사람일까?' '다른 사람들은 나를 어떻게 볼까?' '남들이 나를 흉보는 것은 아닐까?' 등 자신의 가치에 대한 두려움을 외부적으로 측정할 수 있는 기준을 만들어 자신에게 이해하기 쉬운 방식으로 그 두려움을 극복하고자 하는 것이다.

① 신경성 식욕부진증(anorexia nervosa)

일명 거식증이라고 하며, 최소한의 정상체중을 유지하는 것을 거부한다. 대개 청소년의 소녀나 젊은 여성이 체중과 몸매에 강하게 집착하여 날씬함을 무자비하게 추구할 때 나타나는데, 결과적으로 지나치게 야위고 허약한 외모를 갖게 된다. 장기적으로 음식을 거부하는 증상을 보일 경우 끝내는 죽음에 이를 수도 있는 심리장애다. 대개 성격적으로 내성적이면서 완벽주의를 추구하고, 자존감이 낮은 사람들에게서 쉽게 발생한다. 날씬한 외모를 가짐으로써 자신의 삶이 고양되기를 희망하는 것이다. 거식증에 걸린 아이들 중에는 이전에 순종적이고 완벽한 아이였다가 갑자기 안 먹겠다고 고집을 피워서 부모를 놀라게 하는 경우가 많다. 거식증은 거의 항상 자기보상적인 특징을 지닌다. 거식증의 자기보상적인 특성은 굶음으로써 생기는 심리적인 변화들과 관련된 것으로 긴장감을 완화시키는 효과가 있기 때문에 음식 생각이 자꾸 나면 다이어트에 실패할까 봐 야기되는 심각한 불안을 갖게 된다. 이런 불안과 두려움은 더 광적으로 음식을 기피하게 만들어 이차적인 다른 장애를 야기시킨다. 점점 더 다이어트에 집착하면서 서서히 친구와의 관계를 철수하게 되고, 공부나 일에 거의 강박적으로 집중하며, 그 밖의 다른 모든 관심을 끊게 된다. 심각하게 야기되는 정서적인 문제는 분리불안과 정체감의 어려움에서 생기는 것으로 보인다. 때로는 신체적, 성적 학대의 경험을 감추고 있는 경우도 있다. 이런 경험들은 자신이 못나고 부끄러운 존재라는 느낌을 갖게 만든다. 이때 굶는 것은 심리적인 고통을 덜어주고 자신의 성적 발달을 통제하는 수단으로 사용되기도 한다.

이들은 과도한 다이어트를 하기 위해 음식절제행동, 과잉운동, 하제복용을 하게 되므로 의학적 문제가 매우 다양하고 심각하다. 가장 흔한 증상은 갑상선 신진대사의 변화와 무월경 등이다. 심하게 마르고 설사제를 남용하고 일부러 토하는 것이 만성화된 경우, 골다공증이나 발육 정지가 일어날 수도 있다. 이러한 증상은 체중이 회복된 후에도 몇 달간 지속된다.

■ 거식증의 심리적인 특징

자기 몸을 사랑하는 것은 심리적으로 자신을 존중하는 것과 같다. 왜 무자비할 정도로 스스로 굶는 행동을 할까? 거식증은 심리내적인 자율성과 자기표현의 욕구가 방해받았거나, 표현되지 않은 가족적인 위협이 있을 때 발생한다. 즉, 무의식적으로 음식과 먹는 것을 거부함으로써 또는 절망적인 상황에서 자신을 버텨 내기 위해서 위험한 다이어트를 함으로써 자신을 보호하려고 하려는 것이다. 즉, 심리적인 곤경을 대처하기 위한 안전감을 확보하기 위해 매우 나쁜 결과를 가져오는 방식으로 행동하는 것이다.

거식증 환자들은 거의 자신들의 신체를 왜곡해서 경험한다. 살이 빠진 상태에서도 자신은 살이 쪄서 뚱뚱하고 역겹다고 느끼기 때문에 다이어트를 한다. 이때 음식을 권하는 가족이나 주변 사람들과 힘 겨루는 것과 같은 갈등을 겪으면서 종종 대인관계까지 철수하게 된다.

거식증의 효과는 발달을 멈추게 만드는 것으로 음식, 체중, 다이어트에 관심을 집중시킴으로써 그 시기에 해야 하는 고민과 발달과제들의 문제를 회피한다. 거식증 환자가 진정으로 죽고 싶어 하는 경우는 별로 없다. 그러나 심한 영양결핍으로 목숨을 잃을 수도 있고 죽음에 이르는 경우도 있지만, 이것은 의도된 결과라기보다는 광적인 다이어트를 하다가 뒤따르는 실수에 해당한다.

② 신경성 폭식증(bulimia nervosa)

폭식증은 거식증보다 더 흔하게 나타나며, 단순한 과식과는 다르다. 주기적으로 엄청나게 많은 양의 음식을 먹어치우는 심리장애다. 반복되는 과식 또는 폭식과 이에 뒤따르는 부적절한 보상적 행동이 특징이다. 보상적 행동으로는 스스로 유도하는 구토, 하제나 이뇨제, 기타 약물남용, 단식이나 지나친 운동 등으로 살찌는 것을 방지하려고 한다.

이들은 엄격한 다이어트를 결심하면서 폭식의 충동에 버텨 보려고 애를 쓰지만 저항이 무너지면 억제할 수 없는 식욕을 느낀다. 말하자면 불쾌한 스트레스를 피하기 위한 수단으로 먹는 행위를 하는 것이다. 이들은 아마 음식뿐만 아니라 다른 일들에서도 지나치게 자제하다가 한 번 자제력을 잃으면 걷잡기 어려운 경험을 많이 했을 것이다. 이들은 대체로 자신들의 행동에 죄책감을 갖는 경우가 많지만 폭식행위 자체가 긴장을 감소시켜 주는 역할을 하기 때문에 쉽사리 그만두기가 어렵다.

■ 폭식증의 심리적인 특징

현재 폭식증에 대한 이해는 세로토닌 결핍으로 인한 생리적인 이상으로 일어난다고 한다. 그러나 폭식장애는 대부분은 현대사회가 만들어 내는 복합적인 사회적 요구들을 적절히 다룰 수 있는 방법을 가지고 있지 못한 사람들에게 문제가 되는 경우가 많고, 여성보다 남성의 경우가 1.5배 많다. 이 병은 어린 시절부터 먹는 것을 통해 분노를 조절하거나, 자신의 마음을 위로하는 경험을 통해 얻어진다고 한다. 약물에 의존하는 것처럼 폭식으로 인해 생길 손해를 알면서도 다른 방법을 알지 못하기 때문에 계속한다. 어릴 때부터 불쾌한 감정이라도 감정은 지나가는 것이고 음식 없이도 자신 스스로를 위로할 수 있다는 사실을 믿고 달리 행동하는 것을 배우지 못한 것이다. 이들의 대부분은 부모에게 심리적인 의존도가 높아 부모로부터 분리해 나오는 데 심한 어려움을 겪는다.

청소년기는 주된 양육자로부터 분리되어 자신만의 정체감을 형성하는 시기다. 이를 위해서 이상적인 인물을 내면화하고 자신만의 고유한 이상화된 가치로 바꾸어 간다. 그러다가 현실을 직면하게 되면서 이전의 행하여 왔던 동일시를 포기하고 자신만의 정체성을 확립해 간다. 그러나 이 과정은 결코 쉽지 않다. 폭식증 청소년의 경우 동일시한 이상적인 인물이나 집단 등을 쉽게 포기하지 못한다. 이들은 어떤 인물이나 완벽한 외모, 체중 등과 같은 외부적인 조건들에 집착하게 되어 고유한 내적인 가치를 인정하지 못하기 때문에 자신을 긍정적으로 수용한다는 느낌을 가질 수 없다. 그러므로 대부분의 폭식청소년들에게 섭식은 자신의 정체성을 유지하기 위한 집요한 추동이나 좌절로 인한 정서를 회피 또는 부인하는 일종의 도구인 셈이다. 따라서 폭식장애자는 조절할 수 없는 식사 후에 수치심과 죄책감이 따라온다. 음식과 하제 사용은 떠오르는 이러한 감정을 감추기 위해서 또는 폭식장애자들의 보편적인 경험인 공허감을 절망적으로 보상하기 위해 사용된다.

(3) 섭식장애에 대한 이해

섭식장애자들의 행동 이면에는 자율성과 정체감을 확보하려는 자기주장이 숨겨져 있다. 거식증과 폭식증의 공통된 핵심적인 병리는 그들이 지닌 체형과 체중에 대한 인지적 왜곡 및 자신에 대한 부정적인 평가다. 이들은 자신의 가치를 체중과 체형으로 평가하려는 경향을 지니고 있다. 체중 증가에 대한 두려움과 식욕통제력 상실에 대한 두려움 때문에 음식에 대한 접근과 회피 사이에서 갈등이 생길 수 있다. 따라서 거식적인 측면은 음식 섭취를 제한하고 다이어트를 통해 살을 빼려는 동기로 이루어지며, 폭식적인 측면은 일단 먹기 시작하면 통제력을 상실하는 강한 생물학적 섭식충동으로 이루어진다. 두 장애는 상당한 관계가 있어 거식증 환자의 40~50%가 폭식증도 가지고 있어, 시간이 지나면 거식증이 폭식증으로 바뀌기도 한다. 그러나 폭식증에서 거식증으로 넘어가는 경우는 드물다고 한다. 성격적인 면에서 거식증 환자는 초자아 통제력이 강한 데 비해, 폭식증 환자는 충동분출을 지연하지 못하는 것으로 자아가 약하고 초자아가 느슨하다고 보고 있다.

이런 심리장애는 개인이 처한 상황에서 나름대로 적응하기 위한 하나의 방편으로 적응적이고 자기보호적인 기능을 가지고 있다. 그러므로 섭식장애의 여성주의적 관점, 외모지상주의(lookism)와 대중매체의 영향으로 인한 심리사회적 특성을 먼저 이해하고, 자신이 지키려고 하는 것이 무엇이며, 버티기 어려운 것이 무엇인지를 이해하는 것이 중요하다.

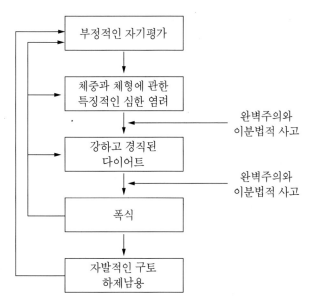

[그림 12-1] 폭식증 유지에 대한 인지적 왜곡

출처: 김정옥(2000). 섭식장애. 학지사, p. 102.

3) 운동습관

최근에는 건강을 위해 운동을 해야 할 필요성이 상당히 강조되고 있다. 그러나 운동은 건강에 도움이 되기도 하지만 지나칠 경우에 운동중독증이 되기도 한다. 매일 의무적으로 반드시 해야 할 필요는 없다. 운동 프로그램 으로 가장 좋은 것 중의 하나는 간단하게 일주일에 3번, 45분 정도 걷는 것이다. 규칙적인 것이 강도 높은 운동을 하는 것보다 더 중요하다. 이때 가장 고려해야 할 사항은 자신의 심장체계가 효율적인 수준으로 작동할 수 있도록 자극하는 것이다.

(1) 신체운동의 긍정적인 효과

운동을 하면 신체건강과 체중조절 그리고 심장혈관계 건강에 도움이 되는 것 외에 여러 가지로 도움이 된다. 예를 들어, 어떤 암으로부터 보호하는 효과가 있으며, 골밀도의 손실을 막고, 당뇨를 조절하며, 수면을 좋게 한다. 그리고 규칙적인 신체적 활동은 심리적인 면에서도 우울을 방지하고, 불안을 줄이며, 스트레스를 완화하고 자존심을 증가시킨다.

(2) 신체운동의 위험요소

운동중독에 걸린 사람은 생활에 방해가 될 정도로 운동에 매달린다. 그러나 현재로서는 운동중독의 심리적 기제가 아직 분명히 밝혀지지 않았다. 다만 운동중독에도 내성과 의존성 그리고 생리적 금단증상을 일으키는 신경화학적인 요소가 관여하고 있는 것은 분명하다. 그래서 운동이 일으키는 심리적 중독도 거의 사라지지 않는 습관적인 행동을 하게 만든다. 예를 들어, 달리기중독에 걸린 사람은 달리기에 심리적으로 의존되어 있어서, 달리지 못할 때 금단증상을 경험한다(Conboy, 1994). 탈진하거나 부상을 입었는데도 불구하고 달리기를 그만둘 수 없다면 이때의 운동은 부정적인 습관이 된다.

(3) 운동습관 유지하기

운동을 많이 한다고 해서 특정 질환을 치료할 수 있는 것이 아니며, 지나치면 오히려 해로울 수 있다. 1980년대에는 과격한 운동이 적당한 운동보다 건강에 더 좋다고 믿었다(Paffenbarger et al., 1986). 그러나 최근의 증거들은 걷기, 산보하기, 자전거 타기, 계단 오르기, 수영과 같은 신체활동이 가치가 있다고 주장한다(Partt, 1999).

운동프로그램을 시작한 사람의 30%만이 평균 3.5년 정도 지속한다. 그리고 치료를 위한 운동프로그램 참여자의 약 절반이 6개월 내에 포기한다. 처방된 운동프로그램에서 탈락하는 비율은 금연과 금주프로그램에서 보고된 재발률과 거의 비슷하다. 운동 프로그램을 중단한 사람들이 내세우는 가장 공통적인 이유는 운동할 장소가 마땅치 않다는 점과 시간이 없다는 것이다(Rodin & Salovey, 1989).

3. 건강습관의 중요성

신체건강을 얻고 유지하고 지속하는 일은 시간이 걸리는 과정이다. 그리고 건강습관을 유지하는 일은 뇌성마비, 척추손상, 심장장애, 관절염, 경화증, 당뇨병과 같은 신체장애가 있는 사람에게 있어서 더욱 중요하다. 건강을 유지하기 위한 제일 먼저 할 일은 자신의 건강의 문제를 인식하고, 정보를 수집하고, 능동적인 사람이 되는 것이다. 그 다음 자신의 건강상태에 가장 적합한 조언을 해 줄 수 있는 의사를 선택해야 한다. 바람직한 의사란 우리의 질병을 예방할 수 있고, 건강을 위해 우리가 지녀야 할 습관에 대해 현실적인 지식과 풍부한 경험을 갖춘 사람을 말한다. 특정한 질병을 가지고 있는 사람은 좋지 못한 식습관, 지나친 음주, 의약품 오용과 남용 그리고 잘못된 수면습관에 빠지지 않는 것이 특히 중요하다. 신체화 장애는 정신적 원인이 신체증상의 형태로 발병하는 경우인데, 건강문제를 만들어 내는 심리사회적인 요인이 유도적인 건강요소가 되지 않도록 좀 더 많은 주의를 필요로 한다.

1) 생활습관병

생활습관병이란 과거에 성인병으로 불리던 것으로 오랜 기간에 걸쳐 잘못 형성된 생활습관이 병의 원인이 되는 것이다. 즉, 개인이 일상적으로 취하고 있는 식습관, 운동, 흡연, 음주, 스트레스 등의 건강치 못한 생활방식이 질병을 초래한다는 것이다. 놀랍게도 질병 발생의 요인분석에서 약 60%가 잘못된 생활방식에서 기인한다고 한다. 하루의 대부분을 앉아서 일하거나 움직이지 않고 보내는 현대인의 생활방식과 평균수명이 길어지면서 그 발생빈도도 증가하고 있다.

생활습관병의 종류는 다음과 같다.

① 흡연으로 인한 생활습관병
심혈관질환, 각종 암과 호흡기질환으로 연결된다.

② 음주로 인한 생활습관병
신경계질환, 구강암, 후두암, 식도암, 간암과, 간질환, 심혈관질환 등의 원인이 된다.

③ 영양과다로 인한 생활습관병
고지방, 고열량의 식습관은 결장암, 자궁내막암, 유방암 그리고 전립선암을 증가시킨다. 육류의 과도한 섭취는 콜레스테롤을 증가시켜 동맥경화를 일으키고, 음식을 짜게 먹으면 혈압을 상승시켜서 심혈관질환의 위험성을 증가시킨다. 커피를 많이 마시는 경우 혈압을 상승시키고 심혈관질환의 위험도가 증가시킨다. 지방과 열량이 많은 서구형 식사는 당뇨와 밀접한 관련이 있다.

④ 운동부족으로 인한 생활습관병

규칙적으로 운동하는 것이 대장암, 유방암 등의 발생을 감소시킨다. 비만한 사람에서는 고혈압과 암(자궁내막암, 결장암, 담낭암, 전립선암, 신장암)의 발생률이 증가한다. 소아 · 청소년기의 과체중과 비만은 성인기까지도 이어질 가능성이 높고 심혈관질환과 당뇨 등을 초래할 수가 있다. 적당한 운동의 결여는 체력을 저하시키고 자기효능감을 떨어뜨리며, 스트레스에 취약하도록 만들어 여러 정신적 질환을 부추길 수가 있다.

⑤ 생활습관과 정신과적 질환

충분한 휴식을 취하지 못하고 스트레스에 많이 노출되는 사람일수록 우울증, 스트레스성 질환, 수면장애, 물질사용장애(흡연, 음주, 약물) 등으로 진행할 가능성이 높다. 다이어트를 위한 단식은 이후에 폭식증 등을 야기하며, 불규칙한 식사는 식이장애를 고착시키는 원인이 되기도 한다.

현대인들은 잘못된 생활습관들로 인해 계속 병을 키우다가 심각한 상태를 맞고서야 그 소중함을 깨닫게 된다. 오랜 시간에 걸쳐 형성된 개인의 습관을 짧은 시간에 바꾸는 일은 결코 쉬운 일이 아니지만, 인지행동치료를 통해 자기관리기술을 익힘으로써 건강을 해치는 요인들을 제거할 수 있다. 생활습관병을 예방하고 치료하는 원리는 간단하다. 올바른 식습관, 적절한 수면, 운동 등을 일상생활에서 실천하는 것이다.

2) 중독의 문제들

'중독'의 어원은 'addicene'으로 '양도하거나 굴복하는 것'을 뜻한다. 고대 로마 법정에서 중독자(addict)는 잡혀서 감금된 노예나 주인에게 넘겨진 사람을 뜻했다. 노예는 사물들에 대한 소유권을 잃어버린 사람이 아니라 자기 자신에 대한 소유권을 상실한 사람들이다. 현대적 의미로 본다면 모든 경우가 그런 것은 아니지만, 대부분의 경우 중독자들은 의식적으로 중독에서 벗어나려는 의지가 없으며, 또한 자신의 통제를 벗어난 유전적이고 환경적인 요인들로 인해 그 무엇에 노예가 된다. 중독적 예속은 자신의 선택과 행동을 통해 일어나기 때문에 자기노예화(self-enslavement)의 형태를 취하게 된다. 중독은 근본적인 동기나 시작하는 속도, 신체적·정신적 손상의 정도, 사회가 수용하는 정도나 그 밖에 많은 요인들로 볼 때 그 원인이 매우 다양하다.

심리적, 의학적, 사회적, 영적 영역 등에 영향을 끼치는 중독은 인간기능 중 가장 복잡한 곳인 뇌에서 아주 복잡하게 진행된다. 따라서 중독은 자각하여 치료하지 않으면 점진적, 만성적, 잠재적으로 진행되는 치명적인 증상을 일으킨다. 중독의 행동적인 특징은 중독습관을 본인뿐만 아니라 가족에게 치명적인 영향을 미치고 있음에도 불구하고 심리 생리적인 결과를 갈구하여 지속적으로 알코올 또는 향정신성 약물을 취한다는 어려움이 있다.

(1) 음주행동

어떤 사람들은 저녁식사 때 와인 한 잔이나 소주 한 잔 정도는 건강에 도움이 된다고 생각한다. 그러나 알코올은 대개 성인 의해 가장 남용되는 마약이며, 강한 중독성을 갖고 있다. 음주하는 성인 4명 중 1명은 알코올중독이거나 심각한 음주가라고 추정된다. 사람들은 적절하고 통제된 음주방법을 배울 수 있어야 하지만, 음주에 대해 적절한 선을 지키기 위해서는 우선 자신에게 정직해야 하고, 자신의 음주 패턴을 잘 감시하는 것이 무엇보다 중요하다. 불행하게도 우리나라는 술이 걱정이나 근심을 덜어 준다는 알코올 찬양 문화 속에서 산다. 때로는 심각한 알코올중독자가 주위에 있는데도 무심하게 지나치는 경우가 대부분이다. 다행히 최근에는 음주로 인한 가정폭력이나 음주운전의 피해에 관심을 갖게 되어, 음주운전을 했을 경우 면허정지나 벌금을 물게 하고 있다. 그러나 정작 알코올에 의한 심각성은 아직 부각되지 못하고 있는 실정이다. 실제로 음주행동은 알코올이 내성, 의존, 금단 및 중독을 유발시키기 때문에 발생하는 것이다. 내성은 지속적으로 사용하는 경우 동일한 효과를 내기 위해서 더 많은 양을 먹는 것이다. 양이 점차적으로 많아지면 약물에서 파급되는 효과나 부작용 때문에 더 위험할 수밖에 없다. 의존은 내성과는 별개로 알코올이 끊어졌을 경우 신체기능이 정상화되지 않는 금단증상이 나타나는 것을 말한다. 불쾌한 금단증상을 유발하는 약물들은 많지만 알코올이 그중에서도 최악이다. 심한 경우 떨림현상, 수면장애, 환각과 지남력상실을 동반한다.

술을 마시는 심리적인 요인으로서 가장 많이 거론되는 것이 스트레스다. 물론 술이 '심리적' 의존의 대상물이 될 수 있는 것은 사실이지만, 음주는 개인의 습관적 반응일 경우가 훨씬 많다. 스트레스는 직접적으로 알코올 의존이나 중독의 원인이라기보다는 개인의 기대에 어떤 역할을 하여 음주행동을 촉발시키는 역할을 할 뿐이다. 즉, 잠을 자기 위해, 용기를 얻기 위해, 어색함을 피하기 위해 혹은 부적절한 목적의 쾌락을 위해 음주를 할 경우 신체적 · 심리적 의존도는 상당히 높아진다. 그러므로 알코올중독자는 반사회적 성격으로 충동적이고 자존감이 빈약하여 타인과 적절한 인간관계를 맺는 데 어려움을 겪는다.

(2) 중독행동
중독행동은 인간관계 안에서 친밀감을 잃어버리고 자신의 삶에 대한 공허감이 깊어졌을 때 나타나기 시작하며, 정체성과 자아의 건강한 발달을 차단시킨다. 삶의 방향과 의미를 잃어버리고 공허감을 느끼는 사람은 외적인 무엇을 통해 그 공허감을 채우려 하기 때문에 그 어떤 것도 중독의 대상이 될 수 있다. 중독의 종류에는 약물중독, 도박중독, 일중독, 성중독, 사랑중독, 인터넷중독, 게임중독, 쇼핑중독, 종교중독, 특정 음식에 대한 중독 등과 같이 다양하다. 중독은 이처럼 다양한 것들에 동반의존함으로써 자신의 실존감을 유지하려는 방법이다. 중독자들은 역기능적인 행동인 강박증, 부인, 파괴적인 행동 및 통제능력의 상실이 자주 나타나기 때문에 반드시 전문가의 도움이 필요하다.

4. 건강한 삶의 유지를 위한 연습

다음의 연습은 현대인들에게 문제가 되는 건강행동에 초점을 맞추고 있다. 만약 이 부분에 문제가 없는 사람이라면 이 연습은 생략해도 된다.

1) 첫 번째 연습: 수면 패턴을 위한 건강행동

개인차가 많다고 해도 일반적으로 성인의 경우 대부분 6~9시간의 규칙적인 수면시간이 요구된다. 수면은 양보다 질이 더 중요하다. 방해받지 않고 휴식을 취할 수 있는 깊은 수면은 심리학적으로나 신체적으로 재충전하는 데 있어 매우 중요하다.

수면에 관한 문제는 우리가 흔히 알고 있는 것보다 더 많이 일어난다. 대개의 경우 살아오면서 깊은 잠을 방해받은 경험이 있을 것이다. 다양한 원인이 있지만 스트레스가 가장 큰 원인이고, 신체적 질병, 알코올, 우울, 수면제의 오남용, 근심, 걱정, 인간관계문제, 과식, 환경의 변화 등이 있다. 대부분 스트레스는 일시적인 것이므로 그것을 받아들이거나 스트레스가 사라지고 나면 다시 일상적인 수면으로 돌아온다. 20%나 되는 많은 사람들이 수면에 만성적이거나 간헐적인 문제를 지니고 있다. 자신의 수면 패턴과 문제를 찾아내기 위해서는 적어도 일주일의 관찰시간이 필요하다. 만약 누군가와 함께 잔다면 그 사람에게 물어보아 객관적인 평가를 얻을 수 있다. 평가는 다음 요소를 확인하는 것으로 시작한다.

① 잠자기 전: 얼마나 피곤을 느끼는가? 주로 생각하거나 걱정하는 것이 무엇인가? 잠자기 전에 주로 무엇을 하는가?

② 잠들기 시작: 몇 시에 자는가? 잠들기 전에 무엇을 하는가? 잠들기까지 시간은 얼마나 걸리나? 잠을 유도하기 위해 어떻게 하는가?

③ 수면 패턴: 잠자는 데 방해를 받는가? 잠을 자다가 도중에 깬다면 무엇 때문에 깨어나며, 얼마나 오랫동안 깨어 있는가? 그리고 어떻게 다시 잠이 드는가? 아니면 잠을 자야 할지 말아야 할지 갈등하게 되는가? 악몽을 꾸는가?

④ 잠깨기: 아침에 일어나면 잠이 부족하다는 느낌이 드는가? 자명종이 울릴 때 즉시 깨는가? 아니면 여러 번 시계를 다시 맞추는가? 깨어나서 잠자리에 그대로 누워 있는가? 아니면 즉시 잠자리에서 일어나는가? 아침마다 비슷한 시간에 깨는가? 등을 체크하여 자신에게 수면문제가 있는지 확인해 본다. 문제가 있다면 어떤 영역에서 문제가 있는가? 만일 문제가 만성적이거나 심각하다면 전문적인 도움을 받으라고 조언한다. 많은 종합병원에는 수면장애클리닉이 있다. 만약 문제가 만성적이지 않고 심각하지 않다면 다음의 지침을 따르도록 노력해 보자.

A. 잠자기 전의 지침

① 피곤하고 졸리기 전까지 자러 가지 않는다. '10시 20분이기 때문에'
   라는 이유로 잠자리에 들지 않는다.

② 잠자기 전에는 편안함과 이완을 가져올 수 있는 활동을 한다. 독서라
   든지 음악감상, TV 시청, 친구와 대화, 가벼운 운동, 목욕 등이 도움
   이 될 수 있다.

③ 잠자리는 잠을 자기 위한 것이므로 편안해야 한다. 따라서 걱정이나
   스트레스는 잠자리 밖에서만 하도록 하고, 잠자러 가기 적어도 1시간
   전에 모든 것을 잊도록 하는 것이 좋다.

④ 적당한 다이어트와 운동은 수면을 돕는다. 어떤 과정을 완수했다는
   성취감이 수면을 도울 수 있기 때문이다.

B. 잠들기 시작할 때의 지침

① 수면습관을 설정한다. 엄격할 필요가 없으며, 편안하고 예측가능한
   것이어야 한다. 예를 들면, 15분 정도 읽을 수 있는 재미있는 책이나,
   이를 닦거나, 기도나 명상을 하는 습관이다.

② 잠들기 전에 10분 동안 심호흡과 근육이완을 한다.

③ 이완된 이미지에 집중하거나 잠에 빠져들 때 즐거운 상상을 한다.

④ 만약 침대에 누운 지 15분 후에 더 긴장되고 불안하다면 일어나서 이
   완할 수 있는 무언가를 한다.

C. 수면 패턴을 위한 지침

① 만약 밤에 깨어 있다면 시계를 보지 말아야 한다. 얼마나 오랫동안 깨
   어 있는 중인지 또는 아침에 얼마나 피곤할지에 대해 걱정하지 않는
   것이다. 이완하는 사고와 이미지에 집중하면서 시간은 잊어버리도록
   한다.

② 잠이 깊이 들지 못하는 것에 대해 자신을 질책하지 않도록 한다. 질책
   하거나 염려한다고 해서 나아질 것은 아무것도 없다. 하룻밤의 나쁜

수면은 우리의 기능에 그리 큰 영향을 미치지 않는다.

③ 기분 좋은 아침을 맞이할 수 있는 아침습관을 가진다. 예를 들면, 샤워, 커피 끓이기, 스포츠나 만화 읽기 등이 있다.

수면은 신체건강을 위해 중요하고 절대 필요한 부분이다. 매일 밤 완벽한 수면을 해야 한다고 정하지 않는 것이 중요하다. 나쁜 수면을 갖는 것은 흔한 일이므로 점차적으로 수면 패턴을 향상시키는 데 관심을 두는 것이 좋다.

2) 두 번째 연습: 식생활습관을 위한 건강행동

다이어트는 현재 우리 사회에서 가장 관심을 끌고 있는 부분이라고 해도 틀리지 않을 것이다. 최신 유행 다이어트는 간단한 규칙을 따르기만 해도 대단한 성공을 얻을 수 있다고 광고한다. 그러나 이러한 선전들에 조심할 필요가 있다. 적절한 식습관과 건강한 몸무게를 유지하려면 지속적인 인식, 노력, 합리적인 섭취와 운동, 식이요법이 필요하다. 우리 몸에 가장 나쁜 영향을 주는 것 중 하나가 몸무게를 줄였다 늘였다 하는 것이다. 대부분의 사람들은 비현실적인 이상적인 몸무게를 열망하는데, 자신에게 적절한 기저몸무게를 설정하는 것이 중요하다. 이런 설정은 의사의 도움을 받아서 결정하는 것이 이상적이다. 식생활습관을 보충할 수 있는 규칙적인 운동프로그램에 따라 섭취지침을 정하는 것도 바람직하다.

A. 매주 한 번씩 아침에 옷을 입지 않고 몸무게를 잰다. 이 몸무게를 자신의 현실적인 기저몸무게와 비교해 본다. 기저몸무게보다 지나치게 높다면 다음에 언급한 운동을 시도해 본다. 만약 기저몸무게보다 25kg 이상 더 나간다면 체중에 있어서 만성적인 문제를 갖고 있는 것

이다. 따라서 비만클리닉에 가서 전문적인 영양학자나 병원의 체중 감소 프로그램에 참여해 볼 것을 조언한다. 왜냐하면 그것은 보다 구조화된 검토를 하고, 강화된 프로그램을 통해 성공할 수 있는 가능성이 높기 때문이다.

B. 일주일 동안 자신이 먹는 것을 간식부터 식사까지 빠짐없이 전부 기록한다. 혼자 먹었는지, 아니면 다른 사람과 함께 먹는지, 계획된 식사였는지, 돌발적으로 먹었는지도 기록하고 먹는 장소와 시간, 그 밖의 다른 중요한 요소들도 기록한다. 예를 들면, 배가 고파서 먹었는지, 아니면 습관적으로 먹었는지 혹은 지루함이나 스트레스에서 벗어나기 위해 먹었는지, 또 편안한 상태에서 먹었는지, 아니면 어떤 압력이나 분노로 인해서 먹었는지 같은 것들이다. 이런 결과들을 조심스럽게 검토하고 자신의 식생활습관에서 버려야 할 것들을 찾아본다. 혼자 있을 때는 영양을 고려하지 않고 되는 대로 먹는다든가, 일하면서 너무 많은 간식을 먹는 것, 외식할 때 과도하게 많이 먹는 것, 밤늦게 과식하는 것, 아이스크림이나 사탕처럼 문제를 일으킬 만한 특정한 음식을 좋아하는 것, 스낵 또는 뷔페에 크게 유혹을 받는 것 등은 좋지 않은 식생활습관이다.

C. 일단 식생활습관이 확인되면 한 번에 한 가지씩 초점을 맞추는 변화 프로그램을 개발한다. 예를 들면, 하루에 한 번 과일이나 요구르트, 당근처럼 낮은 칼로리의 간식을 먹는다. 만약 하루에 3쪽, 일주일에 21쪽의 빵을 먹는다면 통밀빵으로 바꾸고, 하루에 최대한 2쪽으로 줄인다. 먹기 전에 운동하는 것은 과식을 줄여 준다. 새로운 방식을 시도하기 전에 적어도 2주 동안 새로운 식생활습관을 유지하도록 노력하는 것이 바람직하다.

D. 체중문제에 직면하여 식생활습관을 사정할 때 대부분의 사람들은 적어도 5가지 이상의 문제영역을 찾아내어 해결하려고 한다. 예를 들

면, 5~10kg 이상의 과체중인 사람들은 보통 모든 변화를 한 번에 이루기를 희망하며, 2주일 만에 몸무게를 빼길 원한다. 대개의 경우 1~10일 동안은 계획을 완벽하게 실행하지만 2kg만 빠진다거나 완벽한 규칙 중 한 가지만 어기게 되어도 좌절해서 포기한다. 이상적인 체중감소 프로그램은 식생활습관의 변화에 초점을 맞추고 일주일에 1~2kg을 줄이는 것을 목표로 한다. 체중을 빼고 뺀 몸무게를 유지하는 사람은 일시적인 실수를 다시 반복하지 않도록 하고, 포기하지 않고 섭취를 통제하는 것이 중요하다. 성공적인 식생활습관의 변화와 적절한 몸무게 유지는 쉬운 일이 아니다. 건강한 섭취태도와 행동을 채택하여 장기간 행동으로 옮겨야 하는 점진적인 과정임을 잊지 말아야 한다.

3) 세 번째 연습: 운동습관을 위한 건강행동

규칙적인 운동은 신체적 건강에 좋을 뿐만 아니라 정서적인 조망을 향상시키며 무엇보다 재미있게 하는 일이다. 중요한 것은 규칙적인 운동습관을 갖는 것이다. 매일 계획에 따라 규칙적으로 하지 않으면 운동의 의미는 없다.

A. 하나 또는 둘 정도의 운동을 선택한다. 적어도 일주일에 서너 번 정도 할 수 있는 운동을 선택한다. 일반적으로 에어로빅, 걷기, 수영, 달리기, 자전거 타기 등을 선택할 수 있다. 각 운동은 독특한 방식의 제안들과 특정 도구, 클럽, 이벤트를 갖고 있다. 파트너나 집단에서 운동을 하는 것은 사회적인 격려와 도움을 받을 수 있어 유용할 것이다. 집단은 프로그램을 계속할 수 있도록 돕는다. 한 번에 30분 이상의 운동을 하는 것이 필요하며, 자신의 상황에 따라 운동비율은 점차적으

로 증가시킬 수 있다.

    실행하는 데 비용이 들지 않는 운동인 '걷기'를 예로 들어 보자. 걷기라 해서 여유롭게 산보를 하거나 직장에서 층계를 오르는 것으로 운동을 대신하는 것은 바람직하지 않다. 빠르게 일정한 보폭으로 걷되, 처음에는 적어도 30분 동안 하고 점차적으로 45분 동안 걷도록 계획할 필요가 있다. 목표는 일주일에 3~5회 1시간 정도 걷는 것으로 정한다.

B. 운동 프로그램의 가장 중요한 요소는 규칙성이다. 그래서 일상적으로 참여할 수 있는 운동을 택해야 한다. 일주일에 한 번 1시간을 심하게 달리는 것은 심장에 무리를 줄 수도 있고, 다리와 발에 무리가 갈 수 있다. 과식과 과음을 유발할 수 있는 심한 운동은 피한다. 삶 속에 운동프로그램을 통합시켜서 신체적, 정서적 이점을 즐기는 것이 바람직하다.

4) 네 번째 연습: 음주행동을 위한 지침

술을 마시지 않는 사람에 대해서는 논할 것이 없다. 알코올중독과 문제가 되는 음주자는 금주를 함으로써 신체적 건강과 심리적 안녕을 향상시킬 수 있다. 그러나 우리는 사교적 상황에서 술이 중심이 되는 사회에 살고 있다. 그래서 많은 사람들은 금주를 하기보다 적절하게 마시려고 한다.

    적절하고 통제된 음주 패턴을 발달시키기 위해서는 자신이나 다른 사람을 속이지 말고 정직하게 평가하여 자신의 음주 패턴을 검토할 필요가 있다. 만약 이것을 할 수 없다면 금주의 길을 선택하고 단주회에 도움을 받는 것이 보다 현명하다.

    A. 음주행동을 평가한다. 음주 패턴은 꽤 다양하기 때문에 2주 동안 정

직하고 정확한 자료를 만들 것을 제안한다. 자신이 측정하기를 잊거나 낮게 측정하지 않도록 친구나 배우자에게 도움을 청한다. 술잔을 셀 때 맥주 12온스, 와인 4온스 또는 위스키 1온스가 모두 한 잔이라고 여긴다. 만약 식사 후에 술을 마셔도 취하지 않을 때 모든 것이 잘되어 간다는 믿음은 신화다. 술 마시기 전에 자신이 어떻게 느끼는지, 술을 마신 이유가 무엇인지, 어디서 누구와 술을 마시고, 술 마신 후에 운전을 했는지에 대해서도 적도록 한다.

2주일 동안 음주에 관련된 사건이 얼마나 있었는지도 정직하게 생각해 본다. 단 하나의 사건도 문제가 될 수 있다. 만약 두 가지 이상이라면 자신의 음주문제가 갖는 현실에 직면할 필요가 있으며, 그것을 바꾸기 위해 다른 사람의 도움과 원조가 필요하다.

B. 적절한 음주습관을 검토한다. 분노, 스트레스, 무력감 등에서 벗어나기 위해 마시지 않도록 한다. 술을 마시기 전에 동석한 사람들에게 자신의 음주계획에 대해 말을 한 뒤, 정해진 양에 도달하면 상기시켜 줄 것을 요청한다. 가장 큰 문제는 음주사실을 숨기는 것이다. 만일 두 달이 지난 후에도 여전히 음주문제가 있다면 치료자나 전문기관의 도움을 받는 것이 현명하다.

5. 마치면서

긍정적인 건강습관을 유지하고 개발하는 것은 심리적 에너지와 동기가 필요한 긴 인생의 임무다. 건강은 성공적인 삶을 가능케 해 주는 중요한 영역이다. 예방적인 차원에서 건강을 돌보고 좋은 건강습관을 유지하는 것은 신체적 건강과 심리적 안녕을 보장해 준다. 이러한 사실은 시간이 갈수록 더욱 깊이 깨닫게 될 것이다.

제 **13** 장

심리적 행복을 위한 성

제13장

심리적 행복을 위한 성

박수아 씨는 결혼 8년차의 여성이다. 그녀는 유교적 가치관을 강조하는 매우
보수적인 가정에서 자랐다. 그녀에게는 두 살 위의 오빠가 있었는데, 성장하면서
여러 면에서 자신과 다른 대우를 받는 오빠 때문에 불만을 많이 가졌었다. 그녀
가 중학생이었을 때 며칠 동안 귀가시간이 늦어진 일로 아버지의 호된 꾸지람을
듣게 된 일이 있었다. 아버지는 다 큰 여자애가 늦게 다니면 안 된다고 큰 소리로
야단을 쳤고, 어머니도 방으로 뒤쫓아와서 혹여 남학생을 사귀는 건 아닌지 걱정
을 길게 하셨다. 수아 씨는 귀가시간이 늦는 일이 다반사인 오빠에겐 아무 말도
않다가 자신에게만 이렇게 과도한 반응을 보이는 부모님의 차별적 태도에 대해
불만을 이야기하곤 했다. 그러면 아버지는 아예 무시했고, 어머니는 '오빠는 남
자이고 너는 여자이기 때문에 혹 잘못될까 봐 그런다.' 는 말씀을 하셨다. 따져 묻
던 그녀는 그 잘못되는 것이 '임신' 을 의미한다는 것을 알고서 성에 대한 어른들
의 과민하고도 이중적인 태도에 어처구니가 없었다. 그래도 가족 중 유일하게 어
머니와는 웬만한 이야기를 다 나누는 사이로 자부했지만, 성에 관한 이야기만은
두 사람 모두 피해 가는 주제였다. 그녀의 아버지는 술을 좋아하는 분이었다. 한

번은 집 근처 술모임에 가 계신 아버지를 모셔오라는 어머니 심부름을 갔다가, 아버지가 친구분들과 성적인 농담을 주고받는 것을 우연히 듣게 되었다. 당시 그녀는 집안에서 평소 금욕과 절제를 강조하던 아버지의 모습이 일시에 무너져내리는 당혹감과 실망감을 느꼈었다. 몇 년 후 그녀는 가족을 떠나 도시에 있는 대학에 진학했다. 대학은 그녀에게 익명성이 보장되는 곳이었고, 그동안 느꼈던 구속으로부터 벗어날 수 있을 것 같았다. 누구보다 진보적이고 자유롭게 살고 싶었던 그녀는 이제야말로 진정한 자신을 찾을 수 있는 때라고 생각했다. 대학 신입생이 된 그녀는 동아리활동을 하면서 알게 된 선배에게 호감을 가지게 되었고, 결국 그녀가 꿈에도 동경하던 로맨틱한 관계로 발전하여 서로 아무런 계획도 하지 않고 성관계를 하기에 이르렀다. 이때 그녀는 로맨틱한 분위기와 성적 자극을 추구했고, 그 경험은 매우 충동적이었고 강렬했다. 그리고 결과는 기대하지 않았던 임신이었다. 임신사실을 알고 그녀는 누구와 의논할지 한동안 고민하다가 결국 남자친구에게 이야기하게 되었다. 같이 의논해서 문제를 해결하고 위로받기를 기대했던 그녀는 오히려 더 당황해서 문제를 회피하려는 남자친구로부터 실망하지 않을 수 없었다. 결국 그의 도움 없이 낙태수술을 받았고, 이 일로 인해 배신감과 서운함을 떨칠 수 없어서 남자친구와 헤어지게 되었다. 한동안 자괴감에 빠져 있던 그녀는 이후 몇 명의 남성과 연인관계를 맺기도 했다. 그들 중에는 데이트에는 별로 관심이 없고 오직 성관계만 원하는 사람들도 있었다. 그녀는 대학 졸업 후 취직을 하게 되었고, 한 모임에서 지금의 남편을 만나게 되었다. 그는 당시 한 번 이혼한 경력이 있고 전처와의 사이에 딸이 하나 있는 남자였다. 그녀는 딸에게 자상한 그의 모습에 반했고, 자신에게도 자상한 그와의 결혼생활을 처음엔 만족스럽게 여겼다. 하지만 임신과 출산 이후에 남편이 직장일에 쫓기듯이 살게 되자, 부부 사이의 불만과 갈등이 쌓여가기 시작했다. 얼마 후 그녀는 다시 직장생활을 시작했고, 옆에서 많은 도움을 주던 한 남자 동료와 친하게 지내게 되었다. 단짝친구같이 지내던 두 사람 사이엔 시간이 지날수록 묘한 유대감 같은 것이 생기게 되었다. 남편은 그 남자 동료와 아내의 관계를 마뜩지 않게 생각하고 의심하기 시작했으며, 이 일로 부부 사이의 다툼이 잦아지게 되었다. 원래 스트레스 상황에서 알코올 의존성이 있었던 남편은 폭음을 일삼게 되었고, 두 사람에겐 상호비난의 악순환이 한동안 이어졌다. 이런 상황에 점점 지쳐 가던 그녀는 자신이 이 결혼관계를 통해서 기대하고 있었던 것이 무엇인지 그리고 남자 동료와의 관계에서 무엇을 구하고 있는 것인지 진지하게 생각해 보게 되었다. 그 결과 그녀는 자신이 그동안 연애관계를 통해 추구했던 자극이나 만족으로부터 벗어나지 못하고 있는 건지도 모른다는 생각이 들게 되었다. 그녀는 주변에서 불륜으로 파괴되는 결혼관계를 많이 보아 왔기 때문에 자신은 그 과정을 선택하지 않기로 마음먹었다. 그녀는 자신이 선택한 결혼관계는 혼전의 애정관계와는 다른 것으로 자신의 인식을 새롭게 해야 할 필요성을 느끼게 되었다. 그리고 남편과의 결혼생활에서 만족을 되찾기 위한 노력의 일환으로 남편과 함께 부부문제 전문상담 프로그램에 참가하기로 하였다.

인간의 자연스러운 욕구이면서 책임이 따르는 생명활동이기도 한 성(性)은 성격을 통합하고 심리적 행복을 구성하는 삶의 주요 요소다. 성적인 끌림은 남과 여를 부부로 묶어 줌으로써 인류의 생존을 가능케 했고, 사람들로 하여금 욕망을 충족시켜 줄 수 있는 사람에게 접근케 하고, 삶을 결합시키는 원동력이 된다. 생물학적, 심리적, 사회적으로 건강한 성은 이와 같은 본질에서 벗어나지 않는 사랑과 생명을 전제로 하는 것이다. 충직하고 성실한 관계 속에서 이루어지는 성관계는 친밀한 사랑에 대한 욕망을 표현하고 충족시키는 데 도움을 준다. 이런 생각은 성을 인간의 자연스러운 면으로 보는 관점으로 수용되어 왔다. 정신분석의 대가 프로이트는 금기시되었던 인간의 성욕을 과학적 연구대상으로 삼아 이 주제에 대한 논의를 학문적 탐구 영역으로 끌어내었다. 그는 성욕이 인간을 움직이는 주요 동기이며, 이것의 지나친 억압은 정신건강에 위협이 된다고 보았다.

인간의 성은 긍정적, 부정적인 관점의 두 가지로 나누어 볼 수 있다. 성에 대한 전통적인 가치관은 강력한 통제아래 성욕을 억압해야 할 필요가 있으며, 그렇지 않을 경우 인간을 멸망시킬 죄악의 근원이 된다고 보았다. 이는 중세의 금욕적 기독교 가치관에서 유래한다. 성을 부정적으로 여기는 관점은 인간을 영혼과 육신으로 분리해서 보는 이원론적 인간관에 근거하여 성을 육신의 죄로 규정하는 것이다.

건강한 성은 성에 대한 지식과 책임감을 갖고 삶의 질을 높이는 것이며, 또한 친밀한 관계를 증진시키는 방법으로 성적인 표현을 하는 것이다. 삶의 다른 요소와 마찬가지로 성의 문제도 균형이 중요하며, 각 개인은 자신이 원하는 선택을 할 권리가 있다. 지나치게 억압적이거나 무책임하고 방종한 것과 같은 극단적 선택은 개인의 심리적 행복을 방해하는 요소로 작용한다. 성적 표현은 자존감과 친밀감을 높이는 주요한 소통이라는 생각을 갖고, 자신의 욕구나 특성에 대한 인식을 높일수록 보다 자기결정적인 성 표현을 할 수 있을 것이다.

건강한 삶을 위해서는 태도와 행동, 감정 사이에 일관성을 유지하는 것이 중요하다. 이는 인간의 성생활에서도 예외가 될 수 없으며 성행위만이 생활과 관계의 가장 중요한 요소가 되는 것은 경계해야 한다. 만일 남녀관계나 생활이 성적 행위에 압도된다면 안정감과 친밀감이 병들 수 있다. 통계에 의하면, 결혼한 부부의 경우 성적인 관계에 문제가 없으면 성적인 면이 관계에서 차지하는 비중이 15~20%이지만, 문제가 생기면 50~75%의 비중을 차지하게 되며, 관계의 다른 측면인 사랑의 감정과 생명력의 관계를 소진하게 된다고 한다.

1. 성의 기능

전통적인 입장에서 볼 때 성의 주요 기능은 재생산이라고 할 수 있다. 아이를 임신하는 것은 성의 중요한 기능임이 분명하다. 하지만 한 가정의 평균 자녀 수가 한두 명에 그치는 요즈음 출산의 기능이 성의 주요 기능이라고 하기에는 무리가 있다. 또 다른 성의 기능은 심리적이고 정서적인 기쁨

▣ 사랑과 화학물질

우리 몸은 사랑을 느낄 때 화학작용이 일어난다. 사랑하는 사람과 눈이 마주치거나 손목을 잡을 때 가슴이 두근거리거나 얼굴이 붉어지는 것은 이러한 현상에 기인하는 것이다.

타인에게 매력을 느낄 때 사람의 뇌 속에서는 페닐에틸아민(phenylethyl-amine)이라는 호르몬이 활성화된다. 그 외에도 사랑할 때면 도파민(dopamine), 노르에피네프린(norephinephrine)과 같은 자연 암페타민(amphetamine)이 뇌하수체에서 분비된다. 사랑하는 커플에게 이 물질들은 행복감, 흥분을 통해 원기를 주는 작용을 하게 되는데, 안타깝게도 유효기간은 2~3년으로 제한된다.

이후 약혼이나 결혼을 하게 되는 안정적인 애착단계(attachment)에서는 엔돌핀(endolphine)의 양이 많아지며, 이 물질은 안정과 평온한 느낌을 가져다준다.

출처: 윤가현(2006). 성문화와 심리(2판). 학지사.

을 나누는 것이며, 친밀한 감정의 깊이를 더하고 강화하는 수단이 되며, 긴장을 줄이는 것이다.

개인의 성의식은 일차적으로 자신을 성적인 존재로 인식하고, 신체적 책임감과 성정체감을 확립해 나가는 개인적 인식으로 시작된다. 성은 또한 기본적으로 관계적 개념이기도 하다. 성은 사랑하는 두 사람 간의 의사소통의 과정이고 기쁨을 공유하는 과정이기도 하다. 또한 성은 친밀감을 높여 주고 심리적 행복을 강화시키는 잠재력을 가지고 있다. 하지만 역기능적일 경우 심리적 행복을 방해할 수도 있다. 인간이 본질적으로 선하거나 악하기만 한 존재로 분류될 수 없는 양면성을 가졌듯이, 인간성을 반영하는 성행위 역시 양면성을 내포한다.

남성과 여성은 성행위를 통해 더욱 서로를 아끼고 존중하는 인격적 관계로 발전할 수 있지만, 반대로 상대를 성적 대상으로 여겨 착취하는 비인격적인 관계로 전락할 가능성 또한 배제할 수 없다.

2. 성에 대한 태도와 가치관

유교적 전통이 강한 우리 사회에서는 여성과 남성에 대한 이중적 성윤리 기준이 유지되어 왔다. 전통적인 사회규범상 성행위란 결혼 후에만 가능한 것이었다. 하지만 현대사회에서 성에 대한 가치관은 개인의 사적인 영역으로, 가치판단대상이 될 수 없다는 일반론이 우세하다. 이 중 몇 가지 내용을 구체적으로 살펴보면 다음과 같다. 먼저 혼전 성관계에 대한 태도는 크게 네 가지로 구분할 수 있다.

첫 번째, 남녀 모두 절대 순결을 지켜야 된다는 태도, 두 번째, 남자의 혼전 성관계는 무방하고 여자의 혼전 성관계는 허용되지 않는다는 성별에 따른 이중적인 태도, 세 번째, 사랑하면 가능하다는 태도, 네 번째, 애정이 없어도 육체적 끌림이 있다면 욕구에 따를 수 있다는 태도다. 혼전 성행위를 긍정적으로 생각하는 사람들이 취하는 태도는 세 번째인데, 이를 심리학자 레이스(Reiss)는 '사랑하면 허용함'(permissive-ness with love)이라 명명하고 있다(Reiss, 1996). 최근의 조사연구들은 이러한 태도에 바탕을 둔 성개방 풍조가 확산되고 있음을 보여 주고 있다.

이런 결과는 과거에 남성에게 보다 허용적이던 성에 대한 이중적 기준이 완화되어 가고 있음을 보여 준다. 시간이 지날수록 남녀 모두에게 '애정'이 성관계를 인정하느냐 인정하지 않느냐의 기준이 된다는 응답비율이 높아지는 추세다. 우리나라의 성인을 대상으로 한 조사연구에서도 세대가 젊어질수록 더 많은 수의 응답자들이 이러한 입장을 취하고 있다.

성인식에 대한 연구내용 중 주목할 만한 점은 남녀에 따라 다르게 적용되는 이중적 기준에 대한 것이다. 김광일 등(1983)은 서울과 부산에 거주하

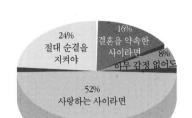

1996 대학생   1996 네티즌

[그림 13-1] 미혼남녀의 혼전 성행위 비율의 변화

(대상: 29~39세 1,114명의 미혼 81.7%, 20대 80%)

출처: 연문희 등(2001). 연세대학교 재학생의 사랑과 결혼에 대한 의식 및 태도 연구. 연세상담연구, 13.

는 성인 98명을 대상으로 나이와 성별에 따른 성관계에 대한 태도와 의식 그리고 인구학적 특성을 조사하여 다음과 같이 분류했다.

성에 대한 정확한 지식과 성관계에 대한 자유로운 태도를 취하지만 책임을 강조하는 합리적, 자유주의적인 입장에는 대학 출신 남성의 응답비율이 가장 높았다. 성을 즐기며 남녀평등과 성에 대한 대화를 개방하자는 현대적, 자유주의적인 입장은 주로 대학 출신 젊은 남녀들의 응답비율이 높았다. 남성의 방종은 있을 수 있는 일이지만 여성은 순결을 지켜야 된다고 생각하면서도, 남존여비에는 반대하는 유사 보수주의적 입장은 중등교육을 받은 중년여성들이 큰 비중을 차지하였다. 반면 성의 즐거움을 인생의 중요한 가치로 보고, 남자에게는 허용적인 태도를 취하지만 여자에게는 순결을 요구하는 전통적 자유주의적 입장은 주로 중등교육을 받은 남자들이 많이 취하는 태도였다. 대학 졸업 이상의 학력을 가진 젊은 여성층은 주로 성의 즐거움과 자유, 남녀평등을 주장하는 여권주의적 태도를 취하는 비율이 가장 높았다. 응답자의 58.5%는 위의 태도 중 두세 가지 입장을 동시에 갖고 있었다. 이는 반수 정도가 성에 대한 태도가 제대로 확립되지 않은 상태임을 드러내는 결과로 해석할 수 있다.

위의 결과는 또한 남성들과 학력수준이 낮은 여성이 성에 대한 이중적 기준을 가지고 있다는 점을 보여 준다. 미혼 남성들을 대상으로 한 조사를 보면 교제중인 상대의 이전 성관계에는 관대한 태도를 보이지만, 상대가 결혼상대자일 경우에는 결혼생활에 문제가 될 것 같다는 응답비중이 높게 나타났다. 기혼자를 대상으로 한 조사연구에서도 남녀 공통적으로 이중적 기준을 가지고 있는 것으로 드러났다. 기혼여성 응답자들은 남편의 혼전 성관계를 크게 문제삼지 않았으나, 기혼남성의 경우 아내의 혼전 성관계를 용납하기 어렵다는 응답이 압도적으로 많았다. 남성이 여성보다 더 많은 수의 상대와 성행위를 하고 있다는 통계 또한 여성에게만 정절을 강조하고 남성에게 보다 관대한 성의식을 반영한다고 볼 수 있겠다.

3. 성행동

이성관계가 친밀해지면 육체적으로 접촉하는 것은 자연스러운 일이다. 하지만 남녀관계에서 육체적 접촉은 성적인 자극에 대한 욕구로 이어지게 된다. 이는 사랑의 한 요소이기도 하지만 강력한 생리적 욕망이라는 변인이 작용하는 행위이기도 하다.

남녀관계에서 발생하는 성행위의 동기는 다양하다. 성행위는 사랑이 없어도 가능하며, 상대도 제한적이지 않을 수 있다. 하지만 서로간에 육체적인 성욕이 생겨나는 것을 사랑이라고 오해할 수 있다. 이 경우 성관계가 두 사람 사이의 거리를 좁혀 주지 못하며, 자칫 착취적인 관계가 될 수 있다.

데이트를 하는 남녀 사이의 위기는 육체적 접촉이 성적인 것으로 넘어가는 시점에 오는 경우가 많다고 한다. 그 이유는 이 시점에서 육체적 접촉이 자신이 원하는 것인지 혹은 적절한 것인지 또 어느 정도까지 관계를 지속할 것인지를 결정해야 하기 때문이다. 데이트 관계에 있는 두 사람은 사랑과 합의에 의한 혼전 성행위를 했다고 해도 도덕적 관습의 영향을 받아 죄의식을 느끼기 쉽다.

데이트관계에서 성관계를 갖게 된 이유에 대한 연구결과를 보면 〈표 13-1〉과 같다. 남성들이 성에 대해서 보다 신체중심적이거나 오락지향적 경향이 있는 반면, 여성들은 보다 정서적인 관계로 보는 경향이 있다는 것이다. 혼전 성행위 후에 흔히 발생하는 일은 한쪽이 버림받거나 헤어질 수도 있다는 생각을 할 수 있다는 것이다. 그럴 경우에 불안을 경험하게 되고, 사랑을 확인하려는 조바심이 일어 상대에게 부담을 줄 수 있다. 특히 위 연구결과에서 보이는 성동기의 남녀 차이는 성관계 이후 갈등발생 가능성을 높이는 원인으로 작용할 수 있다.

연인관계에서 일단 성행위가 발생하면 낭만적 감정이 사라지고 성적인 행동만 남을 가능성이 커진다. 혼전 성행위가 이성관계 발달에 미치는 영향에 대한 연구에 의하면, '관계의 질'과 '성적 만족감'에 의해 성관계를 한 경우 관계에 긍정적 영향을 미치지만 죄책감, 의무감, 강요로 성행위를 하게 되면 오히려 관계에 부정적 영향을 미치게 된다(Cate et al., 1993).

위 조사결과에서 드러나듯이 데이트 관계에서 신체적 접촉이 주관적 의지보다는 상대방이나 상황변인에 의해 발생하는 경우가 많은 것이 현실이다. 하지만 이는 남녀 공히 자기결정권을 가지고 행해져야 하며, 이에 도움

〈표 13-1〉 데이트 관계에서 성관계 응낙 이유

Muehlenhard (1988)	• 성경험을 얻으려고	남 51%	여 34%
	• 또래들을 감동시키려고	남 25%	여 9%
	• 인기를 얻으려고	남 12%	여 6%
	• 파트너가 관계를 끝낼까 봐 두려워서	남 17%	여 32%
O' Sullivan & Allgeier (1998)	• 파트너의 요구와 친밀감을 얻기 위해	남 38%	여 43%
	• 관계의 긴장을 풀기 위해	남 48%	여 15%
Poppen & Segal (1988)	• 또래들의 압력	남 31%	여 16%

이 될 만한 일반적 지침은 다음과 같다.

육체적 접촉의 단계에서 드러나는 이성 간의 행동 차이는 남녀 간의 성역할규범과 여성성, 남성성의 사회화 속성과 연결된다. 남성은 능동적이고 주체적이고 적극적인 역할과 그에 따른 행동특성이 장려되고, 여성은 수동적이고 소극적이고 의존적인 특성이 미덕으로 여겨지는데, 이것은 데이트 문화나 성문화에도 그대로 영향을 미치게 된다. 따라서 일반적으로 남성은 친교를 주도하는 입장이고, 여성은 이 요구에 수동적으로 따라가거나 자기 보호를 위한 한계를 정해야 하는 식의 관계가 성립된다. 이러한 남성의 적극성과 여성의 소극성은 각기 상호보완적인 매력이 되는 남녀 간의 차이로 여겨지기도 한다. 그런데 성에 관한 남성의 주도권이나 적극성은 여성을 남성의 정복대상으로 보는 문화와 결합되어 있으며, 그 정도가 지나치면 강제적인 행위로 이어지기 쉽다. 성관계에서 여성의 수동성을 미화하고 남성의 성행위를 여성을 정복하는 것으로 상징화하는 문화에서는 남성의 성적 주도권이 강제성을 띠게 될 잠재성이 상존한다. 그리고 이런 사회문화적 환경 속에서는 성폭력이나 성추행의 피해 발생 가능성이 높아지게 된다.

4. 성희롱

성희롱문제는 여성의 사회진출이 활발해지고 활동영역에 남녀 구분이 없어지면서 대두되었다. 성희롱이라는 용어는 영어의 'sexual harassment'를 우리말로 번역한 것으로 '성적으로 괴롭히다' '귀찮게 굴다'라는 뜻으로 해석된다. 미국에서는 1980년대와 1990년대를 거치면서 성희롱이 여성의 사적인 문제라는 시각에서 벗어나, 대기업이나 고위공직자의 운명을 흔들 만큼 국가적 사건이 되는 심각한 문제로 전환되었다. 우리나라에서 성희롱이 사회적으로 일반인에게 널리 알려진 것은 이 문제가 법정공방으로 비화된 1993년의 '서울대 우조교사건' 이후라고 할 수 있으며, 1999년 법적 처벌대상으로 명문화되었다.

성희롱의 발생과정을 보면 보통 상하의 관계가 뚜렷한 조직에서 발생하기 쉬운데, 직장의 상급자가 하급자를 대상으로 하는 경우가 가장 흔한 사례에 속한다.

남자 796명, 여자 488명의 직장인을 대상으로 한 통계를 보면, 전체 여성응답자의 62.4%와 남자응답자의 16.1%가 상사나 동료로부터 성추행이나 성희롱을 당한 경험이 있음을 보고하고 있다. 성희롱을 한 사람은 직장 상사가 73.2%로 가장 많고, 직장동료 16.5%, 후배 3.8%로 조사되었다. 성희롱이나 성추행의 내용은 〈표 13-2〉와 같다.

〈표 13-2〉 성희롱경험 내용 및 응답비율

성희롱 및 추행의 형태	응답비율
원치 않는 신체접촉	38.2%
성적 농담	32.7%
외모, 몸매 비하발언	17.2%
성관계 요구	7.6%
기타	4.3%

출처: 세계일보, 2006. 3. 11

성희롱은 일반적으로 성폭력(sexual violence), 성학대(sexual abuse), 성적 괴롭힘(sexual flirtation) 등 유사한 용어들과 혼용되고 있다. 이에 대해 신성자(1993)는 직장 성희롱에 대한 연구에서 '성희롱'(sexual harassment)이 가벼운 형태의 언어적인 성적 농담에서부터 비언어적 또는 신체적인 강간에 이르기까지 다양한 행위를 포함하고 있기 때문에 개념상 폭넓은 행동에 적용하는 데 무리가 없어 널리 사용되고 있는 것으로 보고 있다.

구체적인 성희롱행동에 대한 분류를 몇몇 학자들이 제시하고 있지만 여기서는 한국 여성민우회에서 제시하고 있는 다섯 가지 유형의 성희롱행동을 중심으로 살펴보려고 한다.

첫 번째, 눈으로 하는 성희롱이 있다. 이것은 상대방의 특정 신체부위를 유심히 훑어보거나 쳐다보는 것, 옷을 입은 채로 자신의 성기를 만지거나 노출하는 것, 외설적인 사진, 그림, 글 등을 보여 주는 것, 인터넷 음란 사이트를 보거나 보여 주는 것, 컴퓨터나 팩스로 음란그림, 사진, 글 등을 보내는 것이다.

두 번째, 말로 하는 성희롱에는 불쾌감을 주는 성적인 농담이나 음담패설, 여직원을 꽃에 비유하는 것, 신체나 외모에 대해 평가하거나 비유하는 것, 생리휴가에 대해 조롱하거나 비꼬는 것, 음란전화를 거는 것, 폭언과 욕설을 하는 것 등이 있다.

세 번째, 몸으로 하는 성희롱은 원하지 않는 신체접촉을 하는 것, 원하지 않는 입맞춤이나 포옹을 하는 것, 추행과 강제추행, 강간미수 등이다.

네 번째, 성적 서비스를 요구하는 성희롱으로 원하지 않는 사적 만남이나 교제를 요구하는 것, 회식자리에서 무리하게 옆에 앉게 하거나 술을 따르도록 강요하는 것, 회식자리에서 블루스를 출 것을 강요하는 것, 원하지 않음에도 집요하게 따라다니거나 정신적, 육체적으로 괴롭히는 스토킹 등이 있다.

다섯 번째, 성역할에 기반을 둔 성희롱으로 여성을 '할머니, 아줌마, ~야'로 부르는 것, 여성에게 가사나 내조, 양육을, 남성에게 가장의 역할과 힘을 강조하는 말을 하는 것, 커피 타기, 청소, 잔심부름, 짐 나르기 등을 한 성에게만 강요하는 것 등이 있다.

그동안 성희롱 피해자로서 문제를 제기해 온 것은 주로 여성들이었으며, 여성단체를 중심으로 피해자 인권보호나 가해자 처벌의 법제화와 같은 제도정비를 위해 노력해 왔다. 성희롱사건이 일어나는 많은 경우 피해자의 강력한 항의가 있은 후에야 문제를 인지하거나, 강력한 문제제기에도 불구하고 문제를 인식하지 못하여 갈등이 증폭되는 경우가 있을 정도로, 이중적이고 차별적인 성의식이 뿌리 깊은 경우를 볼 수 있다. 하지만 성희롱의 피해자는 남성도 될 수 있고 여성도 될 수 있다. 최근 군대 내에서 발생한 성추행문제가 사건화되는 과정에서 보듯이 남성이 피해자가 되는 사례도 점점 늘어 가고 있다. 이는 남성과 여성 모두 성규범의 이중적 잣대의 피해자가 될 가능성이 높다는 사실을 드러내주며, 성적으로 보다 평등한 성문화를 확립해 나가기 위해서는 남녀 모두 많은 노력이 필요함을 보여 주는 현상이라 할 수 있다.

5. 건강한 성의식을 위한 연습

1) 첫 번째 연습: 친밀한 신체접촉

친밀한 신체접촉에는 반드시 그에 상응하는 심리적인 친밀감이 요구된다. 이 연습문제는 사랑하는 두 사람이 서로 얼마나 가깝게 느끼는지를 알아보기 위한 것으로 두 사람이 매번 같이 하는 것이 이상적이다. 6주간 이 방법을 적용해 두 사람의 행동을 살펴보자. 그리고 매 주말 두 사람이 조용한 시간을 갖고 각자 다음에 대해 평가하고 1~5점까지의 점수를 매겨 총점을 기록해 본다.

(점수는 전혀 그렇지 않다-1, 거의 그렇지 않다-2, 가끔 그렇다-3, 자주 그렇다-4, 항상 그렇다-5)

이번 주 동안 당신은

내게 친절하게 대해 주었다.   (   )

내게 도움을 주었다.   (   )

생각과 감정을 드러내 주었다.   (   )

나와 같이 여가시간을 보냈다.   (   )

나와 이야기를 하며 시간을 보냈다.   (   )

나와 함께 웃었다.   (   )

내게 상냥한 행동과 말을 해 주었다.   (   )

이번 주 동안 나는

당신과 함께 있는 동안 몸과 마음이 편안했다.   (   )

당신이 가깝게 느껴졌다.   (   )

당신과의 신체적 접촉이 즐거웠다.   (   )

당신이 나의 동반자임을 느꼈다.   (   )

당신의 나와 다른 점이 소중하게 느껴졌다.   (   )

　　종이를 바꾸어 상대방이 매긴 점수를 보라. 점수가 높게 매겨진 부분에 대해 고마운 생각이 든다면 고마움을 말로 표현하라. 점수가 낮은 부분은 무엇인가? 이 부분을 위해 노력을 기울일 수 있겠는가? 한 사람이 상대가 매긴 점수가 너무 낮다고 불만스러워할 수도 있다. 그 이유에 대해 함께 이야기해 보라. 혹시 서로 상대의 배려를 당연한 것으로 생각하는 것은 아닌지 살펴보라.

　　아무리 친밀한 관계일지라도 관계진행 단계에서 어떤 형태로든 두려움이 생기고 행복을 방해할 수 있다. 애정관계 속에서 일어나는 가장 흔한 두려움이 무엇인지 살펴보고 그것을 극복할 방법을 모색해 보자.

일반적으로 많은 사람들은 상대를 잃게 되는 것을 가장 큰 두려움으로 꼽았다. 이제 잠시 동안 당신이 가진 두려움을 떠올려 보고 최악의 상황 다섯 가지를 적어 보자. 그리고 그 상황을 하나씩 골라 스스로에게 물어보도록 한다. 이런 일이 일어나면 나는 어떻게 할 것인가? 나는 어떻게 대처할 것인가? 누가 도와줄 것인가? 나는 누구에게 말해야 할 것인가? 누가 이해해 줄 수 있을까? 한 달 후 삶은 어떻게 될 것인가? 1년이 지나면 어떻게 될 것인가?

2) 두 번째 연습: 성적 자존감

　이 작업은 자신의 성적인 면에 대한 인식과 이해의 증진을 높이기 위한 것이다. 먼저 자신이 통찰한 것들을 메모할 수 있도록 펜과 작은 노트를 준비한다. 그리고 어떤 방해도 받지 않고 혼자 있을 수 있는 조용한 장소에서 편안한 자세로 충분한 시간을 할애하여 이 연습에 집중해 보자.

　다음의 질문들에 하나하나 답하면서 과거의 느낌과 생각을 회상해 보자.

A. 첫 성경험은 남자에게든 여자에게든 중요하며, 이 경험은 종종 실망스럽기도 하다. 당신에게 첫 경험이 있다면 어떤 경험이었는가? 첫 경험 후 성관계에 대해서 긍정적으로 느끼게 되었는가 혹은 그 반대로 부정적 생각을 갖게 되었는가?

B. 25세 정도에 이른 95% 정도의 사람들은 적어도 한 가지 정도의 불쾌하거나 혼란스러운 혹은 죄책감이 들거나 때로는 마음의 상처로 여겨지는 성적 경험을 한다고 한다. 당신의 경우 가장 부정적이었던 성적 경험은 무엇이었는가? 지금 되돌아보아도 여전히 죄의식이 들고 외상적인 경험이었다는 생각이 드는가? 혹은 이제는 그 부정적인 경험들을 통합하고 수용하고 당신의 성적 자존감을 어느 정도 회복했는가?

C. 성인이 된 지금 성적인 존재로서의 자신에 대한 태도나 느낌은 어떠
한가? 자신의 신체에 관해서 긍정적으로 느끼는가? 당신의 성적인 행
동에 대해서 책임 있게 행동하는가? 효과적인 피임법을 알고 필요한
경우 사용하는가? 당신은 계획하지 않았거나 원하지 않는 임신을 한
적이 있는가? 경험이 있다면 이 문제를 어떻게 다루었는가? 그 경험
이 심리적 상처나 혹은 잊히지 않는 느낌으로 남아 있지는 않은가? 성
인 네 명 중 한 명은 성행위로 인한 질병에 걸린다고 한다. 당신은 이
런 질병들을 성행위에 대한 처벌로 생각하거나 혹 감염되었을 경우
자신을 '나쁜' 사람으로 자책하지는 않았는가? 당신은 이성과의 데이
트나 성적인 관계를 통해 무엇을 배우는가? 당신은 자신이 진지하고
친밀한 관계를 맺을 준비가 되어 있다고 느끼는가? 당신의 친밀한 파
트너에게 가장 기대하는 성적, 신체적 특성은 무엇인가? 성적인 관
계를 만족스럽게 하는 것은 무엇인가? 당신이 경험한 최고의 성적 경
험을 말할 수 있는가? 있다면 그 경험은 본인이 원하던 것이었는가? 그
경험을 가치 있게 여기고 즐겼는가? 성인으로서의 당신 삶에서 성적
행위는 어떤 기능을 가지는가?

　이상의 자기점검을 통해 과거의 성적 경험을 탐색해 나가면서 자신의
성적 발달요소들 중 긍정적인 요소들과 부정적인 요소들을 인식한다. 일
반적으로 이런 형태의 탐색과정에서 부정적인 경험이나 후회를 전혀 갖지
않는 사람은 없다. 우리는 자신의 성적 행위 자체와 그 성적 행위에 대한
자기인식과 자기이해를 높일 책임이 있다. 그리고 현재와 미래의 건강한
성적 삶을 누릴 자격이 있으며, 이런 과정을 통해 성적 자존감을 발달시켜
야 할 의무 또한 가지고 있다.

3) 세 번째 연습: 성희롱에 대한 인식

이 연습은 성과 관련하여 자신과 타인의 권익을 침해하거나 침해받지 않기 위해 요구되는 기본적 성인식을 높이기 위한 것이다. 다음 내용을 읽고 그 서술한 내용에 동의하면 '그렇다' 에, 동의하지 않으면 '아니다' 에 ✓ 표 해 보도록 한다. 그리고 각 문항별 자신의 응답을 아래에 제시된 문항별 보충설명을 숙독하며 비교해 보고, 성희롱에 관한 자신의 인식을 점검해 보자.

1. 성희롱은 남녀 간에 그저 재미있자고 한 행동이다.
   그렇다 (   )   아니다 (   )
2. 만일 내가 어른들에게 성적으로 희롱을 당한다면 내가 성희롱에서 벗어나기 위하여 할 수 있는 일은 아무것도 없다.
   그렇다 (   )   아니다 (   )
3. 아무도 내가 성희롱을 당하는 장면을 목격하지 못했다면 가해자는 내가 거짓말하고 있다고 말할 것이기 때문에 내가 취할 수 있는 행동은 아무것도 없다.
   그렇다 (   )   아니다 (   )
4. 어떤 사람을 과거에 조금은 짓궂게 놀렸다면 나는 그 사람을 성적으로 희롱한 것이다.
   그렇다 (   )   아니다 (   )
5. 여학생은 다른 여학생을 성희롱할 수 없다.
   그렇다 (   )   아니다 (   )
6. 남학생들도 여학생들에 의해서 성적으로 희롱을 당할 수 있다.
   그렇다 (   )   아니다 (   )
7. 여학생이 짧은 치마나 혹은 몸에 꽉 끼는 청바지를 입었다면 그 여학생은 성적으로 희롱을 당해도 싸다.
   그렇다 (   )   아니다 (   )
8. 여성들의 신체는 대부분의 남학생들에게 중요한 관심의 대상이 되는 것이다.
   그렇다 (   )   아니다 (   )

9. 성적으로 희롱을 당했다고 주장하는 남학생들은 얼간이거나 겁쟁이든지 아니면 계집애 같은 놈이다.

       그렇다 (　　)　　　　　　　아니다 (　　)

10. 학교 담벼락이나 화장실 벽에 누군가에 대해서 성적인 내용이 담긴 지저분한 내용의 낙서를 하더라도 성희롱이 된다.

       그렇다 (　　)　　　　　　　아니다 (　　)

11. 여학생이 '안 돼'라고 말할 경우 그 여학생은 겉으로 드러내지는 않지만 '된다'는 것으로 받아들여도 무방하다.

       그렇다 (　　)　　　　　　　아니다 (　　)

12. 만일 여학생이 자신이 성적으로 희롱을 당했다고 말하고 남학생은 단지 놀렸을 뿐이라고 말하면 그것은 성희롱이 아니다.

       그렇다 (　　)　　　　　　　아니다 (　　)

13. 성희롱은 이것이 소수의 사람들에게만 영향을 미치기 때문에 학교장면에서 심각하게 다루어질 문제가 아니다.

       그렇다 (　　)　　　　　　　아니다 (　　)

14. 여러분이 성희롱을 무시한다면 그 행위는 중단될 것이다.

       그렇다 (　　)　　　　　　　아니다 (　　)

15. 남학생들도 여학생들과 마찬가지로 성희롱을 당한다.

       그렇다 (　　)　　　　　　　아니다 (　　)

* 본 설문은 외국에서 학생들을 대상으로 성희롱 인식 정도를 평가하기 위하여 제작된 것을 일부 수정하여 제시한 것이다.

출처: 김정인(2000). 성희롱 행동의 이해와 실제. 교육과학사.

〈설문에 대한 답과 보충설명〉

1. 아니다.

두 사람 간에 서로 묵시적 합의하에 이루어지는 상호작용인 야한 농담이나 조금 짓궂게 놀리기와는 달리, 성희롱은 그 대상에게 위협, 두려움, 모욕감 및 분노감을 느끼게 하는, 원치 않는 혹은 달갑지 않은 행동이다. 성희롱이 누군가에게 즐거움을 느끼게 한다면 그것은 누군가의 희생을 바탕으로 한 일방적인 즐거움이다.

성희롱은 강압, 모욕, 권력 및 교육환경의 파괴에 관한 것이다. 성희롱은 불법적인 것으로 평등하게 교육받을 학생의 권리를 침해하는 것이다.

2. 아니다.

당신이 학교에서 어른들에게 성희롱을 당한다면 당신이 할 수 있는 것들이 있다. 보통 학생들이 자신이 할 수 있는 것이 아무것도 없다고 생각한다면 그것은 너무나 놀랐든지 아니면 겁을 먹었기 때문이다. 그렇지 않으면 이들은 거짓말을 하고 있든가, 위협을 받았기 때문이다. 또한 이들은 자신들의 권리를 모를 수도 있다.

성희롱은 심각한 것이고 무엇보다 불법적인 행위다. 학내에서 성인과 약자(학생) 간의 성희롱이 성적 속성을 띤 신체적인 접촉이라면, 그 성인은 학생에 대한 성적 학대 혹은 폭력을 범한 것이다.

학생들이 피해 사실을 믿을 만한 어른들에게 알리는 것이 중요하다. 특히 성인(가해자)을 지목한다는 것은 매우 겁나는 일일 수도 있다. 그 어른은 학생들의 학업성적에 대해 영향력을 행사할 수도 있고 혹은 학생들에게 대학 진학이나 취직을 위한 추천장을 써 주는 사람일 수도 있다. 그 어른은 지역사회의 유명인사일 수도 있고, 학교에 관심을 갖고 긍지를 갖도록 해 준 사람일 수도 있다. 그러나 그 어느 누구라 하더라도 성적으로 학생을 희롱하거나 학대할 권리가 없다. 자신의 안전과 다른 학생들을 위해서 이와 같은 성희롱사건이 발생하게 되면 선생님이나 다른 사람에게 그 사실을 알려야 한다.

3. 아니다.

가해자는 다른 사람도 표적으로 할 수 있기 때문에 그 사실을 말하는 것이 중요하며, 이런 식으로 수집된 이야기는 피해자임을 입증하는 데 필요한 신뢰성을 확보할 수 있다. 가해자와 피해자가 논쟁을 벌이는 직장 내에서의 성희롱과는 달리, 학교장면에서의 성희롱은 학교가 수많은 방관자들과 관계자가 모여 있는 매우 공적인 장소이기 때문에 사적인 사건이 아니라는 것이다.

분명히 학생들 간의 일부 상호작용은 사적으로 발생하긴 하지만, 학생들은 사적인 대화를 하면서도 관찰되지 않는(목격되지 않는) 또 다른 사람과 접촉할 수도 있다. 이러한 예에서 두 학생이 한 사건을 서로 다른 방식으로 해석한다면, 그와 같은 입장차는 결국 한 학생이 다른 학생을 거짓말하고 있다고 비난하는 결과를 초래한다. 당신이 믿고 있는 누군가에게 이야기하지 못할 이유가 없다. 예를 들어, 기억하는 사건에 관해서 낱낱이 기록한다는 것은 좋은 생각이다. 그 사건이 어디에서 발생했는지, 몇 시에 일어났는지, 정확하게 어떤 일이 일어났는지 그리고 뭐라고 이야기했는지 등등. 이때 당신의 심정도 함께 기록하도록 한다. 이러한 세부적인 내용은 진상조사에 도움이 된다.

4. 아니다.

일단은 1번의 보충설명을 참조하자.

짓궂은 놀리기와 성희롱, 이 둘은 매우 다른 상호작용이다. 조금 짓궂게 놀리기는 상대에 대한 매력과 관심에 바탕을 둔 상호관계이며, 양자는 유쾌한 감정을 갖는다. 그러나 성희롱은 그 대상이 원치 않으며 달가워하지 않고 교육환경을 파괴한다.

어떤 날은 관심을 끌었던 것이 다른 날은 그렇지 못할 수도 있다. 그것은 그 행위가 성희롱이냐 혹은 짓궂은 놀리기냐에 따라서 달라진다.

5. 아니다.

최근 외국에서의 연구결과를 보면 동성에 의한 성희롱문제도 나타나고 있다. 따라서 동성에 의한 성희롱도 성희롱으로 간주하는 추세다. 동성의 성희롱으로는 학교에서 다른 여학생에 관해서 성적인 낙서를 하거나, 성적으로 모욕을 주는 포스터를 걸어놓는다든지 혹은 성적인 헛소문을 유포시키는 것 등이 있다.

6. 그렇다.

여학생들도 남학생들을 상대로 성희롱을 할 수 있다. 1993년에 이루어진 미국의 조사에 의하면, 성희롱 피해 남학생들의 57%가 여학생들에 의해서 희롱을 당했다. 그리고 이 중 35%는 여학생들에 의해서 집단으로 성희롱을 당하였다. 남학생들이 밝힌 예로는 성기의 크기에 관한 놀림, 성경험 정도에 관한 농담, 동성애자라고 부르는 것, 달갑지 않은 엉덩이 어루만지기 등이었다.

남학생들은 법이 허용함에도 불구하고 사회적 및 문화적 압력 때문에 이러한 행위들을 '원치 않는 혹은 달갑지 않은 것'으로 인식할 가능성이 적을 수도 있다.

7. 아니다.

물론 여학생(혹은 남학생)은 유행을 좇아서 혹은 매력적으로 옷 입기를 좋아하지만, 이들이 다른 모든 사람들에게 매력적으로 보이기를 원한다거나 혹은 성적으로 희롱당하길 원한다는 의미는 아니다.

여성들은 자신들의 용모, 연령, 계층, 직업 혹은 결혼유무와 관계없이 성희롱을 당하는 것으로 알려져 있다. 성희롱은 표적의 신체적 매력에 의해서 야기되는 것이 아니다.

성희롱은 성적 매력과 구분되어야 한다. 성희롱은(성적인 방법으로) 적대감을 표출하거나 혹은 권력을 행사하려는 것이다. 이러한 서술문은 '피해자 비난하기'의 한 예다.

8. 아니다.

이러한 사고는 성편견과 성차별적인 고정관념의 예다. 이것은 남학생들이 여학생들을 배려하고 이성적이며 우호적인 방법으로 대인관계를 맺는 데 관심이 없다고 가정하는 것이다.

9. 아니다.

사실 남학생들에게는 자신들을 원치 않는 성적 관심의 표적으로 간주하지 않으려는 강력한 문화적 및 사회적 압력이 존재할 수도 있다. 그러나 법에서는 그러한 차이를 인정하지 않고 있다. 여학생들이 성희롱의 표적이라고 말하는 것처럼 남학생들도 표적이 될 수 있다.

10. 그렇다.

학교구역에서는 법적으로 적대적이거나 모욕을 주는 행위, 활동, 장난 및 교육환경을 오염시키는 행위를 규제하고 있다. 특정 학생이나 학생집단을 지칭했을 경우 이와 같이 누구를 겨냥한 낙서나 행위는 보호받을 수 없다.

11. 아니다.

'안 돼'는 분명히 안 된다는 것을 의미한다. 그러나 종종 사람들은 직접적으로 그렇게 말할 수 없기 때문에 '안 돼'라고 말했을 것이다. 이것은 다른 사람들에게 혼란을 야기할 수 있다. 예를 들어, 남학생들은 여학생들이 "나는 그것을 별로 좋아하지 않아."라고 말했을 때 그 여학생이 '안 된다'라는 것을 의미한다는 사실을 종종 이해하지 못한다.

어떤 사람이 당신의 행동에 대해 편안하게 여기는지에 관해서 약간의 의심이라도 들면 당신은 그에게 어떤 느낌을 가지고 있는지를 묻고, 그의 인내한계를 존중해 주어야 한다. 그렇지 않으면 당신은 누군가에게 그들의 의지에 반해서 무엇인가를 하도록 강요하는 것이고 성희롱, 성적인 공격 혹은 그외의 다른 권리침해행위를 범할 수 있다.

12. 아니다.

성희롱은 피해자의 관점에서 정의된다. 가해자의 관점이 아니다. 가해자와 표적(피해자) 간의 합의는 성희롱행동의 속성을 판단할 때 불필요한 것으로 간주된다. 성희롱의 모든 법적인 정의는 피해자의 개인적, 주관적 구성요소로 결정된다.

당신이 성적 속성이 내포된 관심을 원치 않거나 달가워하지 않는다면 그리고 이러한 관심이 당신의 학업을 방해한다면 당신은 성적으로 희롱을 당하고 있는 것이다.

13. 아니다.

대다수의 학생들은 학교생활을 통해서 어떤 형태로든 성희롱을 당하고 있다고 보고되고 있다.

미국 Wellesley 대학 여성연구센터(1993)의 보고에 의하면, 여학생들의 89%가 성적인 소견, 제스처 혹은 눈길을 받았다고 보고하였고, 83%는 신체적 접촉을 시도하거나 껴안았다고 보고하였다. 성희롱은 언제 발생하는가? 특정시기에만 발생하지 않는 것으로 밝혀졌다. 39%의 여학생들이 지난 1년 동안 거의 매일 학교에서 성희롱을 당했다고 보고하였다. 성희롱은 공개적으로 발생하는 사건이다. 성희롱사건의 2/3는 다른 사람들이 지켜보고 있는 상황에서 발생했다. 그리고 여학생에 대한 대부분의 가해자는 남자들이었다.

미국에서 이루어진 또 다른 조사에 의하면, 학생들의 4/5가 학창시절 동안에 성희롱의 표적이었다고 보고했다. 가해자는 주로 남성일 것이라는 고정관념에도 불구하고 여학생(85%)과 비교해 보았을 때 남학생의 상당수(76%)가 성적으로 희롱을 당했다고 보고하고 있다. 학생들의 2/3는 성적 소견, 농담, 눈길 혹은 제스처의 표적이 되었으며, 학생들의 1/2 이상이 학교에서 성적인 방법으로 신체접촉이 이루어졌다고 보고하였다. 학생들의 1/3 이상이 성적인 헛소문의 표적이었다. 10명 중 1명의 학생이 학교에서 키스 이상의 다른 성적인 행위를 강요받았다.

14. 아니다.

성희롱을 무시함으로써 성희롱을 멈추게 할 수는 없다. 성희롱을 무시하는 것은 오히려 성희롱을 점증시킬 수 있다. 때때로 희롱을 당하고 있는 사람들은 "그만 하시죠."라고 말하는 것을 두려워한다. 이들은 성희롱이 자신의 실수 때문이라고 생각하여 두려워하며, 만일 자신이 이 사실을 누군가에게 이야기하게 되면 웃음거리가 되지 않을까 혹은 보복을 당하지 않을까 걱정하게 된다.

성희롱 피해자는 가해자에게 그의 관심을 원치 않는다는 사실을 알리기 위해 그리고 다른 사람들(친구, 학교상담자, 믿을 만한 어른)에게 그 문제를 일깨워주기 위해 어떤 조치를 취하는 것이 중요하다.

성희롱 피해자들은 자신들의 권리가 침해당했다는 사실과 자신을 보호하기 위해 취할 수 있는 구체적인 단계가 있다는 사실을 알아야 한다.

15. 그렇다.

남학생들은 여학생들만큼이나 자주 성적으로 희롱당하지는 않지만 상당수의 남학생들이 학내에서 성희롱의 표적이었음이 밝혀졌다. 미국의 경우 많은 남학생이 성적 소견, 농담, 제스처 혹은 눈길의 표적이 된 적이 있다고 보고하고 있다(여학생 76%, 남학생 56%). 5명의 남학생 중 적어도 2명(42%)은 성적인 방법으로 신체접촉을 경험했다(여학생 65%). 대체로 비슷한 수치의 남학생과 여학생이 성적인 그림, 사진, 메시지 및 성 관련 물건 등을 보거나 받은 경험이 있다고 보고했다(남학생 31%, 여학생 34%).

여학생에 비해서 남학생의 두 배 정도가 동성애자라는 소리를 들었다고 한다. 피해 남학생들은 여학생들보다 탈의실이나 화장실에서 성희롱의 표적이 될 가능성이 높았고, 최근 한국의 경우를 보면 군대 내에서 성희롱문제가 일어날 가능성이 높은 것으로 나타났다. 남학생들은 여학생들에 비해서 자신들이 성희롱을 당했다는 사실을 누군가에게 이야기할 가능성이 적었다.

4) 네 번째 연습: 인격 안에서 통합하기

위에서 기술한 세 가지 연습은 남녀 간의 건강한 성의식을 위한 통합적인 연습을 위한 것이다. 이번 연습은 당신 혼자서 해 보고, 연습을 끝낸 후에 자신의 삶을 이끌어 주는 건강한 성의식을 형성하는 데 도움을 줄 수 있는 친한 친구들이나 배우자와 함께 결과에 대해서 이야기를 나누어 보도록 한다.

친밀한 신체접촉과 성적 자존감의 문항에서 자신의 삶에서 경험했던 것 중에서 다섯 가지만 골라 보자. 그중 자신의 성적 경험 그리고 친구나 배우자와 관련된 경험을 따로 기록해 보자. 이런 것들을 기록할 때에는 가능하면 분명하고 구체적으로 표현한다. 그 다음 이런 행동이나 태도가 자신의 행동이나 감정들과 어떻게 관련되어 있는지 써 보자. 주의 깊게 이 다섯 개 요소를 검토해 보고, 성적 자존감이 자신의 삶을 어떻게 안내하고 통합시켰는지 깊게 생각해 본다. 만약에 성의식이 자신의 삶에 부정적인 영향을 끼친다면 자신의 성의식과 행동을 적극적으로 변화시킬 필요가 있다.

6. 마치면서

인간의 성은 개인의 자아존중감에 긍정적인 작용을 하는 통합적 요소이며, 친밀한 관계에서 가장 잘 표현될 수 있다. 다른 심리적 요소와 마찬가지로 자신의 성적인 면에 대한 자각과 이해가 높아질수록 보다 편안해지는 것이 성이라는 주제이기도 하다. 정서적으로 친밀하고 다정한 관계는 성적 관계를 맺는 두 사람 사이에 요구되는 필수요건이며, 이러한 관계를 통해 자존감과 심리적 안녕은 더 높아질 수 있을 것이다.

제 **14** 장

성공적인 노화와 심리적 안녕

제14장

성공적인 노화와 심리적 안녕

김옥분 할머니는 지난 7년 동안 아파트에서 혼자 살고 있는 73세의 미망인이다. 때때로 외롭고 권태로운 시간들이 있음에도 불구하고 할머니의 삶은 충만하다. 할머니는 자존감을 높여 줄 여러 가지 자원을 가지고 있다. 할머니의 아파트는 잘 가꾸어진 화초들로 가득 차 있고, 강아지 한 마리를 기르고 있으며, 자신의 삶을 잘 꾸려 가고 있다. 그리고 주변 사람들로부터 존경받고 있다. 또한 이웃의 오랜 친구들과 좋은 관계를 유지하고 있으며, 성인이 된 자녀와 특별히 가깝게 잘 지내고 있고, 손자들과도 잘 어울린다. 할머니는 지금까지 생산적이고 가치 있는 삶을 살아왔고, 신앙심이 깊으며, 가치와 통합에 대한 분별력을 가지고 있다. 그리고 친구들, 자녀들, 손자들에게 그리고 최근에 남편과 사별한 다른 할머니들에게 정서적인 도움을 제공하고 충고를 해 주기도 한다.

할머니는 자신의 삶을 하루하루 성실하게 살아왔다고 말한다. 항상 바빴고, 그렇게 경직된 것은 아니지만 잘 짜인 스케줄에 따라 살아왔다. 김 할머니는 매일 아침 8시에 일어나고 늘 영양가 있는 아침 식사를 한다. 화초를 가꾸고, 친구들에게 전화도 한다. 스스로는 좋지 않은 습관이라고 생각하지만 커피를 마시고,

신문을 읽는 것을 즐긴다. 특히 신문을 정기적으로 구독하면서 사회적인 관심을 유지한다. 김 할머니는 일주일에 세 번씩 오전에 친구와 함께 규칙적인 산책을 즐긴다. 오후에는 집안일을 하거나 다른 사람들을 방문하는 시간으로 정해두고 있다. 화요일 오후에는 동네의 문화센터에서 진행되고 있는 평생교육 강좌에 참여하고, 목요일과 토요일 오후에는 지역사회의 봉사기관에서 자원봉사를 하고 있다. 그리고 일주일에 이틀 저녁은 손자들을 돌본다. 손자들도 할머니의 아파트에서 밤늦도록 지내는 것을 즐거워한다. 그러나 저녁식사시간은 할머니에게 힘든 시간이다. 남편과 보냈던 시간들이 그리워지기 때문이다. 할머니는 그 슬픔을 받아들이려고 노력하지만 그것에 대해 말하거나 드러내지는 않는다. 그렇게 힘들어지는 시간에는 친구들을 초대해서 함께 TV를 보거나, 집안일 혹은 퀼트를 하거나, 전화를 걸거나, 아니면 소설을 읽거나, 산책하는 등의 특별한 일을 계획하고 실행한다.

　인간의 삶은 결코 완벽하지 않기에 김 할머니에게도 역시 좌절감을 느끼게 하는 몇 가지 주요한 요인이 있다. 할머니는 건강한 편이지만 문제가 아주 없는 것은 아니다. 할머니는 노인의학을 전공한 내과의사의 도움을 받고 있다. 의사는 할머니에게 몸무게를 5kg 정도 줄였으면 좋겠다고 했다. 할머니의 가장 큰 문제는 관절염인데, 할머니는 이 관절염에 대해 많은 지식을 가지고 능동적으로 잘 견뎌내고 있다.

　김 할머니는 나이 든 여성의 성적 관심에 대해서도 뚜렷한 주관을 갖고 있다. 성행위가 김 할머니의 인생에 있어 분명히 긍정적인 부분이었음에도 불구하고 현재 할머니는 남편과의 사별 이후에 이성과의 만남을 갖지 않고 있다. 그 대신 지역사회 봉사활동에 적극적으로 참여하고 있다.

　김 할머니는 손자들을 매우 사랑하지만 가끔은 성인이 된 자녀들이 손자들에 대한 할머니의 도움을 너무나 당연하게 여기고 있다고 느낀다. 김 할머니는 할머니의 손자들이 질문하는 것을 격려하고, 손자들에게 그들의 부모가 어렸을 때 어떠했는지에 대해 이야기하기를 좋아한다. 세대 간의 유대감을 소중하게 여겨서 3세대 간의 응집력 있는 가족을 유지하려고 노력한다.

　대부분의 사람에게 그렇듯, 죽음의 주제는 김 할머니에게 어려운 것이다. 할머니는 사후세계를 믿는 신앙을 받아들이지만 그것의 의미에 대해서는 그다지 확신이 없다. 할머니는 질병에 대해 걱정한다. 왜냐하면 그러한 질병이 할머니의 삶에 영향을 미칠 것이고, 그러한 질병이 삶에 부담이 되기를 원하지 않기 때문이다. 김 할머니는 죽음에 얽매이지도 않고 죽음이라는 주제를 피하지도 않는다. 만약 자신이 불치의 병으로 크게 아플 경우 병원에서 생명을 연장하고 유지시키기 위한 조치를 받거나, 집에서 장기적 간호를 받기보다는 가능한 말기환자들을 위한 병원에서 평안하고 편안하게 죽기를 원한다고 자녀들에게 분명하게 말해 두었다. 할머니는 남편 옆에 묻히기를 원하고 있고, 화려하지 않고 단순한 종교적 장례식을 원한다. 할머니는 인생 자체 그리고 할머니 인생의 질에 가치를 두고 죽음의 현실을 두려워하지 않는다.

삶을 돌아볼 때 후회하는 부분도 있지만 통합감을 유지하고 있다. 할머니는 특히 가정의 역사를 지켜 가는 사람으로서의 역할을 즐거워한다. 이 역할은 할머니의 손자가 고등학교 2학년에 올라가던 때 가족 나무를 심으라는 과제를 주었던 때부터 시작되었고, 그 후 자녀들과 손자들의 질문에 답하면서 가족사를 이야기하는 것에 즐거움을 가졌다. 김 할머니는 가족의 역사에 대해 다시 보면서 중요한 교훈과 기념비적 사건들을 추려내었다.

김 할머니는 자신의 삶을 끝나 가는 것으로 보지 않고 계속되는 과정으로 보았다. 그 과정 가운데 할머니가 배우고 경험하기를 원하는 부가적인 것들이 있다. 할머니는 이번 가을에도 제주도여행을 고려하고 있고, 계속해서 문화강좌들을 이수하려고 계획하고 있다.

노년기는 인간발달의 마지막 단계다. 대부분이 믿고 있는 잘못된 생각 중 하나는 인간이 70세쯤 되면 자신이 살아왔던 삶에 대해 돌아보며 평화롭고 고통 없는 죽음을 희망하고 준비한다는 것이다. 그러나 이런 생각은 매우 단순하고 옳지 않은 것이다. 노년기에 대한 문화적 정형과 신화는 거의 사실이 아니며, 이롭지도 않다. 은퇴 후에도 활발한 활동을 하는 사람들을 볼 수 있듯이, 70대의 나이에도 얼마든지 능동적이고 중요한 사람이 될 수 있다.

15세이든 25세이든 65세이든 혹은 85세이든 우리의 삶은 현재라는 시간을 살고 있다는 데 의미가 있다. 심리적 안녕을 위한 지침은 65세 이상이든 65세 이하이든 누구에게든지 적용될 수 있다. 자존감, 관계, 능력과 성취, 위기와 실패(특히 건강에 대한 문제 그리고 죽음)에 대한 대응 그리고 의미에 대한 분별력을 갖는 문제들이 관련되어 있는 것이다. 노인들은 주로 두가지 주요한 도전에 직면한다. 첫 번째는 자신이 깊이 관여했던 일터의 세계와 분리되었어도 여전히 강인한 자존감을 가지고서 사람들과 관계하며 활동하는 감각을 유지하는 삶을 만들어 나가는 것이다. 두 번째는 신체적 이미지와 건강의 변화를 받아들이고, 충만하고 만족된 삶을 유지시켜 나가면서, 죽음을 면할 수 없는 인간의 운명을 다루어 가는 것이다.

1. 노년기의 공통된 문제

심리적 안녕을 방해할 수 있는 노년기의 여러 가지 문제들이 있다. 예를 들어, 경제력, 주거지, 안전 그리고 건강이라는 기본적인 문제들을 다루는 데 많은 에너지가 투여된다. 사실 사회보장제도나 의료보험이 안전하고 편안한 삶을 제공하지는 않지만 예방, 재정적 계획, 은퇴에 대한 계획, 연금계획에 대한 훌륭한 지침이 될 수 있다. 사전계획의 필수적인 요소는 어디에서 살고 어떻게 살 것인지 결정하는 것이다. 그리고 심리적인 덫, 특별히 우울증과 알코올중독은 능동적이고, 사회에 참여하고, 의미 있는 삶을 살아가면 피할 수 있다. 일하는 사람으로서의 자존감을 가지고 만족하면서 자신을 가꾸어 나가는 사람은 건강하다. 그런 사람은 새로운 관심, 사람들, 활동 그리고 자존감이라는 자원들을 잘 활용한다.

노년기에 있어서 공통된 덫은 의학적이거나 건강에 대한 관심에 얽매이게 된다는 것이다. 따라서 예방법은 규칙적인 수면, 적당한 음식섭취, 운동, 금연 그리고 적당한 음주 혹은 금주 등 건강을 더 좋게 하거나 유지시키는 습관이다. 과거보다도 건강을 돌보는 일에 더 많은 시간과 관심을 쏟아야 되는 것이다. 특히 중요한 것은 가능하면 노년의학을 전공한 내과의사를 정하고 정기적인 진료를 받는 것이 좋다. 심리적 안녕을 위해 질병으로부터 자유로운 삶을 사는 것이 중요한 것이다. 질병에 의해 지배되고 통제당하고 있다고 느끼기보다 긍정적인 삶의 질을 유지시켜야 한다.

2. 현재 지향성과 노년기 건강

'현재' 에 초점을 맞추는 것은 심리적 안녕을 유지하는 데 있어서 매우 중요한 요소다. 이것은 과거 혹은 이전에 성취한 것들에 대한 가치를 부정한다는 의미가 아니다. 과거는 현재와 미래의 계획을 위한 기초로 사용된다. 삶은 계속되는 과정이다. 그러므로 균형을 유지하는 것이 좋다.

나이를 먹어 가는 것의 장점 중 하나는 더 이상 직업전선에서 경쟁할 필요가 없어진다는 것이다. 오히려 자신의 삶을 유능하고 즐겁고 만족스러운 태도로 이끌어 나갈 수 있다. 일을 수행하는 데 대한 불안 혹은 실적기준에 따른 평가에 대해 걱정하지 않아도 된다. 한마디로 노년기에 이르면 일의 결과나 사람들의 평가로부터 만족을 얻기 위해 많은 에너지를 투자할 필요가 없어진다.

인간은 나이를 먹으면서 성취보다는 관계가 더 중요하게 된다. 즉, 주변 사람들과의 관계를 통하여 높은 심리적 안녕을 즐길 수 있다. 관계는 부부, 친척, 어른이 된 자녀, 손자, 이웃 그리고 일터, 지역사회, 관심을 갖고 참여하고 있는 그룹에서의 우정 등을 포함할 수 있다. 건강하지 않은 심리적 상태를 가지고 있는 노인들은 많은 경우에 가난하고, 건강이 좋지 않으며, 우울증이나 알코올중독을 가지고 있을 수 있다. 그러나 노인들에게 있어서 가장 최악의 상태는 외롭게 고립되는 경우다. 일생을 통하여 관계를 유지시켜 나가는 것은 심리적 안녕에 있어 매우 중요한 것인데, 특히 나이를 먹어 가면서는 더욱 그렇다. 그러므로 과거의 관계에만 집착하지 말고 현재에서 관계들을 만들어 나가고 유지시켜 나가야 한다.

3. 심리적 행복의 주요 요소

우리는 이 책에서 인간의 자기실현의 인생여정에서 경험하는 다양한 심리적인 행복과 관련된 주제들을 다루었다. 마무리를 하면서 언급해 둘 것은 아직 심리적 행복에 관한 연구는 초보 단계에 있다는 점이다. 그럼에도 불구하고 이 책에서는 가능한 한 현재까지 이루어진 연구와 경험에 근거한 자료들을 기반으로 자기실현에 도움이 되는 내용들을 구성해 보았다. 그러나 이제부터 이루어질 연구와 임상적 발견들이 추가되어 새로운 인간의 심리적 행복을 고양시키는 통합적 시도가 가까운 미래에 이루어지기를 기대한다. 20세기까지의 심리적 연구에 기반을 둔 인간의 심리적 행복에 대한 저작들보다는 21세기에 쓰이는 심리적 행복에 관한 책들은 그 이론적인 틀과 실제적인 지침과 적용에 있어 보다 수준 높은 우수성을 보여 줄 것이다.

이 책을 통해서 각 개인의 독특성을 강조하면서 당신이 가장 관심을 갖고 있으며 행복을 증진시킬 수 있는 것을 결정할 수 있도록 하는 구체적이고 실제적인 지침들을 제시하였다. 그러나 과학적이고 임상적인 새로운 발견이 있다고 할지라도 삶의 질을 증진시키는 전략과 기술을 선택하고 사용하는 개인적인 책임은 계속되어야 한다. 사람이라면 누구나 25세, 45세 혹은 75세 어느 나이든지 심리적 성장을 멈추지 않는다. 바로 심리적 행복은 계속되는 과정 중에 있는 것이다. 따라서 과거에 가졌던 월계관에 안주할 수는 없다. 과거의 경험과 과거를 통한 배움은 자긍심의 근원을 제공하고, 도전과 변화가 닥쳐 왔을 때 든든한 기초가 되어 준다. 첫 집을 장만하고, 아이를 낳고, 또 자신이 하는 일에 있어서 전문성을 점점 더 확보해 가던 자신의 30대 초반을 기억한다. 그 당시 우리는 살아가는 모든 것에 대해 잘 알고 있고, 자신의 운명을 통제해 나갈 수 있는 것처럼 느꼈었다.

　이런 생각은 곧 삶을 계속되는 변화와 도전의 고리로 바라봐야 한다는 것을 의미한다. 우리는 자신의 삶에 대한 책임을 느끼고 있다. 동시에 우리가 가지지 못한 것과 할 수 없는 것들을 알고 있다. 우리는 삶을 계획하고 선택하는 과정으로 믿고 있다. 그러나 삶이 합리적인 것이고 쉽게 이 삶에서 무엇이라도 얻을 수 있다고 생각하여 자신을 속여서는 안 된다. 삶을 계획하고 선택하는 것은 중요한 과정이지만, 생각지 못했던 도전에 적응하고, 실패와 위기를 다루기 위한 융통성도 역시 필요한 것이다.

　심리적 행복을 위한 이해를 정리하면서 다섯 가지 지침을 다시 강조해 본다.

- 과거에 의해 희생당하고 통제당하고 있다고 느끼기보다는 현재와 미래에 초점을 둔다.
- 현실의 자신과 이상적인 자신을 비교하면서 너무나 이상화된 완벽한 이미지나 모든 영역에서 최상의 기능을 발휘해야 하는 비현실적인 목표에 큰 가치를 두지 않는다.
- 자존감, 좋은 대인관계, 능력과 성취감, 위기와 실패에 대한 대응 사이의 균형감을 유지해 나가고, 의미와 가치에 대한 분별력을 유지한다.
- 태도, 행동 그리고 감정의 일관성을 키워 나간다.
- 당신의 삶이 계속되는 과정 속에 있다는 관점을 갖는다.

1) 현재와 미래에 초점 두기

심리치료과정에서 볼 수 있는 가장 큰 문제는 내담자들이 살아가는 현재에 초점을 맞추지 못하여 과거에서부터 나오는 분노, 죄의식, 혼란으로 뒤섞여 있는 것이다. 전통적으로 심리학은 과거와 해결되지 않은 심리내적 갈등의 중요성을 강조했다. 그러나 정신병리학에 큰 초점을 두고 있는 프로이트 심리학의 영향은 감소하고 있는 반면, 사람들이 가지고 있는 자기인식, 자기결정, 변화의 잠재력을 강조하는 관점은 점점 더 부각되고 있다.

우리는 과거의 경험으로부터 배우는 자세를 항상 견지할 필요가 있다. 그 경험들이 현재와 과거를 위한 초석을 제공하기 때문이다. 말하자면 슬프거나 서운했다고 느꼈던 경험을 수용하고 그것으로부터 배워야 한다. 또한 뭔가 부족했던 기회와 상실했던 기회들에 대해 의식하고 있어야 한다. 사람들은 대개 안정적으로 성장하고 질병, 경제적 문제, 이혼 혹은 그 밖의 불행한 일들이 없는 행복한 가정에서 자라기를 바란다. 그러나 이것은 현실적이지 못한 생각이다. '완벽한' 어린 시절을 보낸 사람은 거의 없기 때문이다. 그렇다면 이것은 우리가 항상 심리적 문제들을 겪으면서 살아가야 한다는 것을 의미한다. 모든 사람들은 어린 시절의 정서적인 '상처'를 가지고 있으며, 그중 일부는 심한 외상과 상실을 겪는다.

심리학적 전략들은 우리가 그러한 상처들을 수용하고 그것으로부터 배울 수 있도록 도와준다. 그리고 결손을 보상할 수 있는 것을 시행하여 심리적 에너지가 현재와 미래로 흘러갈 수 있게 한다. 삶은 현재를 살아가고 있는 것을 의미하는 것이지, 과거에 통제된다고 느끼면서 거기에 압도되어서는 안 된다. 우리 자신을 과거의 희생자가 아닌 현재의 '생존자'로 바라보는 시각이 중요하다. 건강한 자기인식은 '잘 살아가는 것이 최고의 복이다.'라고 할 수 있게 한다.

우리는 결혼생활 속에서 존중, 신뢰 그리고 친밀함을 형성할 수 있는 유대감을 만들어 간다. 우리가 태어난 가정에서 경험한 것들에 의해 통제당하는 느낌을 갖고, 그것 때문에 고통당하기보다 부부가 함께 감정을 나누고, 문제해결책과 둘만의 계획에 대해 이야기하려는 노력을 계속하며, 개인적인 삶, 부부의 삶 그리고 가족의 삶에 대해 의견을 나눌 수 있도록 계속 노력해야 한다. 자녀들은 자신들의 어린 시절을 돌아보면서 불우했다고 느끼는 어떤 영역이 있음을 안다. 그래서 어른이 된 자녀들과 함께 그러한 영역에 대해서 이야기하고, 또 그들의 질문들에 대답하면서 더 좋은 양육을 하지 못한 것에 대해 미안하다는 말을 하게 될 것이다. 그러나 또 어떤 부분에서는 우리가 할 수 있는 한 최고의 부모가 되기 위해 노력했을 뿐 아니라 정말 자녀들을 양육해 가는 기쁨을 순수하게 누렸다는 확신도 가질 수 있을 것이다. 우리는 심리적 에너지가 비난하는 것으로 낭비되지 않기를 바란다. 그러나 자녀들을 위해, 그리고 현재와 미래를 성공적으로 살아가기 위해 심리적 문제들에 대해 자각할 필요가 있다.

개인적인 책임감, 계획성 있는 삶 그리고 신중한 태도를 갖는 것은 건강하게 살아가는 방법이다. 삶을 계속되는 과정으로 바라보는 관점은 도전적이고 흥미롭다. 능동적으로 살아가는 삶은 기쁨을 주면서 때로는 상처를 경험하지만 더 성숙한 사람으로 다듬어 가는 아픔으로 볼 수 있다.

2) 현실적 삶과 이상적 삶

인간은 진공상태에서 살아가는 것이 아니다. 우리는 교육을 받은 정도, 돈을 버는 정도, 직업의 위세, 행복의 정도, 자녀들의 발달 정도, 살고 있는 집, 친구의 수 등에 대해서 스스로를 타인들과 비교한다. 또한 형제자매와 친구들, 우리가 알고 있는 성공한 사람들, 유명한 스타 그리고 어떤 이상적인 삶과 자신을 비교하기도 한다. 그러나 완벽한 것과 혹은 비현실적인 것과의 비교가 자기패배의 바탕이 될 수 있음을 자각하는 것은 중요한 일이며, 무엇보다 가장 바람직한 비교는 자기 자신 안에서 비교하는 것이다. 가장 유용한 비교대상은 당신의 가치, 배경, 목적, 희망, 계획들이다. 텔레비전을 통해 성공적으로 역경을 이겨내며 사랑과 행복으로 끝을 맺는 이상화된 가정이 나오는 드라마를 보게 된다. 대학생들도 텔레비전 앞에 둘러앉아서 그런 드라마를 보면서 이상적인 TV의 가정과 자신의 가정을 비교하면서 씁쓸함을 느낄지 모른다. 또 다른 예는 매체중독으로 연예계의 스타를 자신의 삶이나 직업과 비교하는 경우다.

우리는 자신의 가치와 목표 그리고 개인적인 비교 대상들에 대해 자각해야 한다. 만약 우리가 손수 집수리할 것을 계획하여 그 일을 3개월 만에 완성했다면 그 결과에 만족하면서 성취감을 맛볼 것이다. 이처럼 자신이 비교의 기준이 되어 경험하는 성취감은 3일 만에 수리를 완성하는 집수리 전문가가 경험하는 성취감에 비교하는 것보다 훨씬 더 나을 수 있다. 두 가지의 부정적인 비교 형태가 있는데, 하나는 타인을 부러워하는 것이고, 또 하나는 자신이 원하는 모든 것을 가지지 못했다는 이유로 자신을 비하하는 것이다. 중요한 것은 하는 일을 통해 자신과 타인에게 유익하며 진정한 도움을 줄 수 있다는 자부심을 가지는 것이다.

3) 균형감 유지하기

주요한 심리적 행복의 구성요소는 자존감, 좋은 대인관계, 능력과 성취, 위기와 실패에 대한 대응 그리고 의미와 가치에 대한 분별력이다. 이 다섯 가지 차원을 모두 완벽하게 만족시키는 사람은 없다. 다만 가능한 각각의 구성요소들의 균형을 유지시켜 나가는 것이다.

만약 당신이 관절염과 같은 만성적인 건강문제를 경험하고 있다고 할 때 그 상황에 압도되거나 통제당하기를 원하지 않을 것이다. 오히려 당신은 능동적인 환자가 되기를 원할 것이다. 이런 만성적인 문제들에 제대로 대응할 수 있을 때 일, 교회에서의 친교, 이성관계와 같은 긍정적인 삶의 부분들을 계속해서 즐길 수 있을 것이다.

　어떤 사람들은 오직 좋은 것에만 집중하고 문제영역들에 대해서는 무시하기도 한다. 예를 들어, 어떤 사람들은 성공적인 결혼생활을 즐기지만 종교적이고 영적인 구성요소를 무시하고, 불쌍하고 가난한 이웃들에 대한 관심이 결핍되어 있을 수 있다. 이렇게 오직 '나'를 향하여 자기중심적인 태도를 취하는 사람들의 위험은 피상적으로 살아가면서 고립된 사람이 될 수 있다는 것이다. 당신 자신에 대한 관심과 타인, 환경, 지역사회에 대한 관심 사이의 균형을 이루어야 하고, 삶의 의미에 대한 분별력을 가져야 한다. 건강한 삶은 균형 잡힌 삶이다. 심리적 행복을 위한 다섯 가지 구성요소 모두에 관심을 가지면서 균형감을 유지해야 한다.

4) 일관성 유지하기

　태도, 행동 그리고 감정은 분리되어 있는 요소들이 아니라 전체적인 성격과 통합적으로 관계된 것이다. 태도, 행동 그리고 감정에 대한 일관성은 심리적 행복을 증진시킨다. 가장 큰 불일치는 태도와 행동에 있다. 특별히 남성에게 흔히 나타나는 불일치는 가족에 대한 사랑을 얘기하면서도 실제로는 일하는 것에 시간을 많이 투자하고 가정일이나 가족 소풍 같은 삶의 작은 부분에 잘 참여하지 않는 것이다.

　일요일마다 교회예배에 규칙적으로 참여하는 사람들에게도 행동과 감정의 불일치가 있을 수 있다. 그들은 예배에는 열심히 참여하지만, 종교적 의미로부터의 단절감을 느낄 수 있고, 어떤 친교모임에 참여하기를 꺼려할 수도 있기 때문이다. 또 어떤 사람은 일처리를 매우 잘해서 보너스를 받을 수 있지만 그 직업 자체에 만족하지 못하고 있을 수 있다. 일을 성공적으로 수행하는 것만큼 하는 일에 만족을 느끼는 것은 중요하다.

때때로 일관성을 유지하는 특별한 방법이 없을 수도 있다. 예를 들어, 정말 너무나 살기 싫은 곳에서 5년 동안을 살고 있는 사람이 있다고 해 보자. 이런 상황에서의 일관성은 그 장소를 사랑하는 것처럼 가장하는 것을 의미하지 않는다. 바로 5년 동안 자신이 그곳에 있다는 것을 수용하고 그곳을 최고의 곳으로 만들어 나가는 것이다. 이렇듯 태도, 행동, 감정이 일치될 때 자신을 수용하고 통합된 삶을 이끌어 나갈 수 있다.

5) 계속되는 과정으로서의 삶

과거의 월계관에 안주하며 살 수 없다. 우리는 삶에 시간과 에너지를 투자하고 미래를 기대하며 계획해야 한다. 따라서 직업과 대인관계 그리고 세계가 직면하는 획기적인 변화에 대해 열려 있어야 한다. 삶을 이미 종결된 결과물로 보기보다 계속되는 과정으로 바라볼 수 있다면, 자신을 더 좋아하게 될 것이고 더 깊이 있는 개인적인 안정감을 가질 수 있을 것이다.

인간에게는 갈등적인 두 가지 욕구가 있다. 하나는 안정에 대한 욕구이고 다른 하나는 변화와 성장에 대한 욕구다. 인간은 안정과 변화 사이의 균형을 우선으로 하는 경향이 있다. 극단적인 것은 무엇이든지 심리적 행복을 방해한다. 예를 들면, 너무 많은 변화는 스트레스를 더하고 통제력 밖에 있는 듯한 느낌을 받게 된다. 사람에게는 안정과 변화, 이 두 가지 모두가 가치 있는 과정이다. 도전을 피하고 두려워하기보다 받아들여야 한다. 변화는 필요한 것이다. 자신이 바라는 안정과 변화의 균형을 계획적으로 선택할 필요가 있다.

4. 자기실현과정에서 종교의 의미

　노년기에 접어들면 인간은 그 어느 때보다도 종교적이 되는 경향이 있다. 왜냐하면 인생의 의미에 대한 통합의 필요성, 실존적 질문의 반복성, 임박한 죽음에 대한 예민성 등이 노년기에 접어든 사람들의 정신세계를 지배하기 때문이다. 윙크와 딜런(Wink & Dillon, 2002)의 연구에 의하면, 성인기 이후의 사람들은 이전의 인생주기 때보다는 영성이 매우 증가한다. 특히 남성노인보다는 여성노인의 영성증가율이 상대적으로 높았다. 아직 국내의 연구들 중에 종교가 인생의 후반부, 즉 노년기에 미치는 영향에 대한 체계적인 연구가 없지만, 외국연구를 미루어 유추해 볼 때 생의 마지막 단계인 노년기의 사람들에게 미치는 종교의 영향은 지대하다고 할 수 있다. 토렌슨과 해리스(Thoresen & Harris, 2002)에 의하면, 종교는 노년기 사람들의 건강을 향상시키고, 나아가서는 수명을 연장시키는 역할을 하기도 한다. 종교가 이러한 역할을 하는 이유를 몇 가지로 생각해 볼 수 있다. 첫째, 종교를 가지면 비교적 건전한 생활양식을 갖게 되기 때문이다. 노년기의 허무감이나 우울증으로부터 벗어나기 위해 약물복용과 같은 건강을 해치는 행동을 하는 것에서 비교적 자유로울 수 있다. 둘째, 종교를 가짐으로써 종교단체 내의 사람들과 사회적 연결망을 형성하게 되기 때문이다. 즉, 심리적 고립감에서 벗어나 정신적 위안을 얻을 수 있어서 건강에 도움이 되는 것이다. 셋째, 종교행위로부터 심신의 건강을 얻을 수 있기 때문이다. 예로서, 기도하는 종교행위가 심신의 건강에 도움이 된다는 연구(McCullough, 1995)를 들 수 있다. 이러한 종교행위를 최근에는 종교적 대처전략(religious coping strategy)이라고 하는데(Seifert, 2002), 이러한 종교적 대처는 사람들로 하여금 실존적 스트레스를 받을 때에도 스트레스를 감소시키는 역할을 하며 우울증을 줄이기도 한다. 그러므로 노년기에는 이런 영적 지지가 중요한 역할을 한다고 볼 수 있다. 물론 노년기에도 일반적인 정서적 지지, 사회적 지지, 경제적 지지 등이 필요하다. 하지만 그런 지지들은 노년기의 근원적인 실존적 문제들을 해결해 줄 수는 없기 때문에 종교활동을 통한 영적 지지가 특히 중요한 시기라고 볼 수 있다. 이러한 영적 지지를 주거나 받으면서 확고한 종교적 신념을 형성한 노인들은 디에너 (Diener, 2002)의 연구에 의하면, 비교집단보다도 스스로를 훨씬 더 행복하다고 생각하는 경향이 있었다.

종교활동을 하는 사람들은 상대적으로 삶의 의미에 대한 자기인식을 갖고 있는 경향이 있다. 특히 노년기가 되면 주변의 사람들이 죽음을 맞을 때 인생의 유한성과 존재의 의미를 묻게 된다. 『인간의 의미 탐구(Man's Search for Meaning)』라는 책을 쓴 프랭클(Frankl, 1984)은 존재의 유한성과 죽음의 확실성을 성찰하면서 삶에 대한 의미를 찾게 된다고 했다. 그는 이러한 인간의 의미추구의 의지(will to meaning)는 프로이트 식의 쾌락추구의 의지(will to pleasure)나 아들러 식의 권력추구의 의지(will to power)보다 우위에 있다고 주장한다. 그러므로 노년기에 종교를 통해서 궁극적인 삶의 의미를 찾고 자신의 인생을 통합하는 활동은 삶의 최종과정에서 하나의 대처방법으로 볼 수 있다.

5. 성공적인 노년기를 위한 연습

성공적으로 노년기를 겪어 나가기 위해 필요한 태도와 기술을 습득하는 것은 누구에게나 중요한 발달과제다. 노년기에 접어들면 자신의 인생을 통합시켜 갈 수 있고, 다른 사람을 지지해 주거나 안내역할을 할 수 있다. 노년기는 평생발달과정의 마지막 단계이고 개인적인 만족과 심리적 안녕이 인생의 황혼기에서 가장 중요한 역할을 하는 기간이 될 수 있다. 최근 우리나라도 전체인구 중 65세 이상의 노인인구의 비율이 7%를 넘어선 고령화 사회(aging society)가 되었으며, 가까운 미래에 14%를 넘어서는 고령사회 (aged society)가 될 것으로 예측하고 있다. 이러한 추세는 세계 어느 나라 보다도 고령사회로의 진입이 빠름을 보여 준다. 이러한 노인인구의 급증으로 인해 최근에는 65~85세 사이의 노인은 '젊은 노인'으로 고려하고 86세 이상이어야 '노인'으로 고려하는 경향도 있다.

모든 사람들이 앞서 예를 든 김옥분 할머니의 인생과 같이 강점을 누릴 수 있거나, 과거에 대해서 만족감을 느낄 수 있는 것은 아니다. 그러나 놓쳐버린 기회들에 얽매이거나 혹은 지금 알고 있는 것을 그때 알고 있었다면 과거를 바꾸어놓을 수 있었을 것이라는 생각을 하기보다는 과거를 있는 그대로 수용해야 한다. 죄의식에 굴복함 없이 과거에 대한 슬픔이나 후회도 모두 수용하는 것이 좋다. 그리고 현재의 긍정적인 감정의 바탕이 되어준 성공과 좋은 경험을 인정하도록 한다. 현재의 사실에 초점을 두고, 부가적인 것들을 탐색하며, 자신의 심리적 안녕을 강화하도록 적극적인 태도를 선택하고, 그 안에서 문제를 해결해야 한다.

1) 첫 번째 연습: 노년기의 모델

당신에게 성공적인 노년기의 모델이 되어 준 사람들이 있으면 그들에 대해서 생각해 보고, 그들이 65세 이후의 삶을 어떻게 이끌어 나갔는지에 대해 생각해 보자. 그들은 노년의 과정들을 어떻게 다루었는가? 당신이 존경하고 닮기 원하는 노인들의 특성은 무엇인가? 피해야 할 '문제'들은 무엇인가? 그들은 죽음의 과정을 어떻게 다루었는가? 존엄하고 고결하게 맞는 죽음은 인생의 과정을 통합하는 구성요소다. 죽음을 직면하는 과정은 쉽지 않지만 자기존중감을 유지하는 방향으로 미리 죽음을 겪어 나갈 계획을 하고 직면할 수 있어야 한다.

65~85세의 '젊은 노년기'의 모델과 86세 이상의 '노년기' 모델로 당신의 목록을 나누어 써 보라. 당신의 노년기 과정에서 얻고자 원하는 특성은 무엇인가? 당신이 피하고 싶은 특성들이나 상황들은 어느 것인가? 가능한 한 명확하고 구체적으로 기록해 본다. 현재 살아가는 상황, 친구들과 가족들과의 접촉, 건강문제, 재정, 독립 정도, 사회적 관계, 성적 관계, 직업과 취미 등의 범주로 분류하여 구체적인 특성들을 목록으로 만들어 보면 좋을 것이다.

2) 두 번째 연습: 현재를 살아가고 미래를 계획하기

이 연습은 당신이 좋아하고 존경하는 노인들과 함께 하는 것이다. 당신이 즐기고 있는 현재 삶의 구성요소에 대해 논의하고 강화인을 찾아보도록 한다. 그것들이 반드시 훌륭한 것이거나 독특한 것일 필요는 없다.

당신에게 삶의 구조를 제공하고, 삶을 강화하며, 삶에 있어 기쁨과 의미가 되는 구성요소는 무엇인가? 당신과 당신의 친구는 어떻게 계획을 세우고 삶을 어떻게 조직화했는가? 당신은 정해진 시간에 일어나는가? "안녕하세요? 요즘 참 좋아 보입니다."라고 인사하면서 누군가와 접촉하는가? 좋아하는 장소에서 커피 한 잔을 마시며 신문을 읽는가? 매주 금요일 저녁에 누군가와 저녁식사를 위해 만나는가? 자기 전에 운동을 하거나 음악을 듣는가? 요즈음 당신의 생활에 활력을 주는 요인은 무엇인가? 문화센터 같은 곳에서 집단활동을 즐기는가? 손자들과 함께 놀아 주는가? 파트타임으로 직업을 갖고 있는가? 뜨개질하는 것을 가르치는가? 미술관을 방문하거나 문화강좌를 듣는 등 여가생활을 즐기는가? 새로운 사람들과 만나기를 즐기는가? 교통안내 혹은 아동보호센터에서 자원봉사를 하고 있는가? 성적 활동을 즐기는가? 정원에서 식물 가꾸는 것을 즐기는가? 당신의 삶에 의미를 주는 것은 무엇인가? 교회나 사찰에 나가는가? 자녀들이나 손자들에게 도움을 주는가? 스포츠 팀에 소속되어 있는가? 여행을 하거나 새로운 것을 배우는가? 아기들을 돌보는 일을 하는가? 지역사회집단에서 구성원으로 활동하는가? 당신의 미래에 대한 계획은 무엇인가? 너무나 상세한 목표를 설정할 필요는 없지만, 당신의 삶을 더 풍요롭게 하는 특별한 일이나 활동은 무엇인가? 어떤 흥미로운 것이나 집단 혹은 다른 사람들을 당신의 삶 속에 새롭게 포함시키고 싶은가? 당신의 삶에 의미를 더해 주는 방법들이 있는가? 이러한 질문들에 대한 자신의 확고한 견해가 있으면 행복한 노년을 보낼 기초가 되어 있는 것이다.

3) 세 번째 연습: 가족, 문화적 역사가로서의 삶을 인정하기

노년기에 있는 사람들이 할 수 있는 가치 있는 일들 중 한 가지는 자신의 가족이나 지역사회의 문화변천사 등에 대한 역사가 역할을 하는 것이다. 만약 당신이 노년기에 있다면 이 역할에 가치를 두고 있는가? 만약 그렇다면 가장 흥미를 느끼는 구성요소는 무엇인가? 당신의 부모에 대해서 이야기를 하는가? 혹은 과거에 있었던 지역사회의 상황에 대해서 논의하는가? 목공예, 수예, 원예, 두레작업 등과 같은 특별한 영역에 관해 이야기를 나누는가? 이야기, 농담, 노래들을 나누는가? 며느리에게 전통적인 장 담그기, 김장하기, 차례상 차리기 등과 같은 전통적인 방법들을 알려 주는가? 당신은 가족의 역사를 이야기해 주는 역사가로서의 역할을 얼마나 자주 갖는가? 만약 당신이 관심을 가질 수 있는 역할이 가족이나 지역사회의 역사가로서의 역할이 아니거나, 그러한 역할을 할 기회가 없다면 당신에게 만족을 주는 또 다른 역할에는 무엇이 있겠는가? 이러한 질문들에 대해서 구체적인 기술을 할 수 있다면 성공적인 노년을 보낼 수 있는 기반을 갖게 된 것이다.

4) 네 번째 연습: 통합의 확인

이 연습은 혼자서 할 수도 있고 혹은 배우자나 가까운 친구와 함께 할 수도 있다. 삶에 대한 통합적 확인은 대인관계나 개인적 성취에 대한 긍정적인 평가가 수반될 때 그리고 삶에 의미를 더해 주는 데 기여하는 생각들과 다양한 활동들에 의해서 가능하다. 당신은 과거에 대해 후회할 수 있지만 과거를 바꿀 수는 없다. 죄의식은 도움을 줄 수도 없고 과거 문제들을 교정해 줄 수도 없다. 중요한 것은 그래도 당시에 할 수 있었던 것을 했다고 인식하는 것이다. 당신은 어떤 일을 다른 방식으로 처리하지 않은 것에 대해서 후회하고 있을지 모르고, 혹은 시계를 다시 과거로 돌려놓고 싶을지 모른다. 그러나 사실 그렇게 할 수는 없다. 과거에 있어서 부정적인 일들을 흘러가게 두어야 한다. 과거에 성취한 일이나 활동한 것들에 대해 인정하고 가치를 두도록 하자.

개인적 성취와 대인관계들을 지금 확인하는 것은 개인적 통합을 강화하는 역할을 한다. 삶에 있어서 통합감을 강화해 준 것들에 대해 목록으로 써보도록 하자. 그것을 배우자나 가까운 친구와 나누는 연습을 하게 될 때 확신과 통합을 강화시킬 수 있다.

6. 마치면서

이 장을 마무리하면서 마지막으로 강조하고 싶은 것은 우리가 도전을 받아들이면서 즐기는 삶은 쉽게 주어지지 않는다는 점이다. 자신의 가치에 대해서 알아 가고 삶에 의미를 부여하는 것은 우리가 직면하는 문제와 실패를 잘 대처해 나가는 데 큰 도움이 될 것이다. 그러한 적극적인 대처방식은 심리적 행복을 지속적으로 유지하는 데 매우 중요하며, 진정한 자기실현을 위해 필수적이기 때문이다. 이러한 관점에서 매슬로우(1971)는 제안한 자기실현을 위한 몇 가지를 다음과 같이 제안하였다.

- 주어진 삶을 성실하게 체험한다. 삶의 매순간 하고 있는 일에 몰두한다.
- 결혼과 직업과 같은 선택을 할 때 자신의 판단과 감정을 신뢰한다.
- 일상생활에서 가능하면 자주 절정체험(peak experience)을 한다. 특히 매슬로우는 절정체험을 자기실현의 정도를 나타내 주는 지표로 볼 정도로 중시했다.
- 자신에게 정직하고 하는 일에 책임을 진다.
- 가능하면 언제나 안전을 선택하기보다는 나를 성장시키는 방향을 선택한다.
- 자신의 방어와 환상들을 인식하고 그것들을 포기하는 작업을 한다.
- 자기실현은 지속적 과정이며, 결코 완벽하게 성취될 수는 없다는 것을 인식한다.

자기실현이라는 말은 화두와 같이 우리 주변을 맴돌고 있다. 그러나 자기실현 그 자체를 목표로 한다는 것은 또 다른 자기중심적인 사고에 빠지게 할 수 있다. 이러한 의미에서 볼 때 궁극적으로 자기실현에 대한 판단은 지극히 주관적이어서 각자의 몫으로 남겨두어야 할 것 같다. 그러므로 자기실현 그 자체를 목표로 하기보다는 일상생활에서 맞이하는 일들에 대한 우리들의 반응과정에서 찾아야 할지도 모른다. 즉, 일상적인 일들에서 의미와 가치가 있는 구체적인 목표들을 설정하고 이를 성취해 나가려는 성실한 노력의 과정일 것이다.

참고문헌

강승규 역(1992). 나를 존중하는 삶(Nathaniel Branden 저). 서울: 학지사.

고병인(2003). 중독자 가정의 가족치료. 서울: 학지사.

고병학 역(1985). 의미치료(Joseph B. Fabry 저). 서울: 하나의학사.

김광일, 이근덕, 정동철(1983). 성에 대한 태도조사. 정신건강연구 제1집. 서울: 한양 대학교 정신건강연구소.

김도환, 정태연(2002). 청년기의 자기탐색. 서울: 동인.

김병오(2003). 중독을 치유하는 영성. 서울: 이레서원.

김아영(1998). 동기이론의 교육현장 적용연구와 과제: 자기효능감 이론을 중심으로. 교육심리연구, 12(1), 105-228.

김아영(2001). 학업적 자기효능감 척도 개발 및 타당화 연구. 교육학연구, 39(1), 95-123.

김애순, 윤진(1977). 청년기의 갈등과 자기이해. 서울: 중앙적성출판사.

김영애 외 공역(2005). 방어기제를 다루는 상담기법(Arthur J. Clark 저). 김영애 가족치료연구소.

김유숙(2006). 가족상담(2판). 서울: 학지사.

김정옥 외(2002). 결혼과 가족. 서울: 신정.

김정욱(2000). 섭식장애. 서울: 학지사.

김정인(2000). 성희롱 행동의 이해와 실제. 서울: 교육과학사.

김정희 역(2004). 현대 심리치료(Raymond J. Corsin & Danny Wedding 공저). 서울: 학지사.

김충선 역(1995). 죽음의 수용소에서(V. E. Frankl 저). 서울: 청아출판사.

노안영, 강영신(2003). 성격심리학. 서울: 학지사.

서봉연(1988). 청년심리학. 서울: 중앙적성출판사.

서수균(2002). 불면증. 서울: 학지사.

세계일보(2006. 3. 1). 성희롱에 대한 조사.

손정락 역(1994). 성격심리학(W. Mischel 저). 서울: 교육과학사.

손정락 역(2006). 성격심리학(6판)(W. Mischel 저). 서울: 시그마프레스.

신성자 등(2007). 사회복지실천기술론. 파주: 양서원.

연문희, 이정윤, 이은경(1997). 연세대학교 재학생의 사랑과 결혼에 대한 의식 및 태
　　도연구. 연세상담연구, 13, 91-125.

원호택 외 공역(1996). 우울증 인지치료(Aron T. Beck 저). 서울: 학지사.

유희정(1997). 목표지향과 지각된 능력이 동기과정에 미치는 영향. 이화여자대학 교
　　육대학원 석사학위논문.

윤가현(1997). 동성애의 심리학. 서울: 학지사.

윤가현(2006). 성문화와 심리(2판). 서울: 학지사.

윤영삼 역(2006). 가족의 심리학(토니 험프리스 저). 서울: 다산 초당.

윤진, 김인경 공역(1983). 아동기와 사회(Erikson, E. H. 저). 서울: 중앙적성출판사.

이관직 역(2002). 자존감(David Calson 저). 서울: 두란노.

이근후, 박영숙, 문홍세 공역(1999). 아동기의 감정양식. 서울: 하나의학사.

이근후, 이동원 공역(1989). 여성심리학(Horney 저). 서울: 이화여자대학교 출판부.

이기숙 외 공역(2001). 결혼의 기술. 서울: 신정.

이동원, 윤옥경, 김보란(1991). 변화하는 가족. 서울: 이화여자대학교 출판부.

이부영(2004). 분석심리학. 서울: 일조각.

이부영(1999). 그림자. 파주: 한길사.

이부영(2001). 아니마와 아니무스. 파주: 한길사.

이부영(2002). 자기와 자기 실현. 파주: 한길사.

이부영(2003). 분석심리학의 탐구: 아니마와 아니무스. 파주: 한길사.

이인수 외 공역(2007). 부부의 심리학(Davis, M. W. 저). 서울: 학지사.

이종헌, 오성춘 공역(1995). 전인건강(Clinebell Howard 저). 서울: 성장상담연구소.

이형득(1989). 인간관계 훈련의 실제. 서울: 중앙적성출판사.

이혜성 역(1981). 존재의 심리학(A. Maslow 저). 서울: 이화여자대학교 출판부.

이혜성 역(1982). 성장심리학(Duane Schultz 저). 서울: 이화여자대학교 출판부.

이호민 역(2002). 신데렐라 콤플렉스(콜레트 다울링 저). 서울: 나라원.

이훈구 역(1981). 성격심리학(Hjelle & Ziegler 공저). 서울: 법문사.

장휘숙(2006). 성인심리학. 서울: 박영사.

정남운, 박현주(2002). 알코올 중독. 서울: 학지사.

정문자(2007). 사티어 경험적 가족치료(2판). 서울: 학지사.

조현춘 외 공역(2003). 심리상담과 치료의 이론과 실제(G. Corey 저). 서울: 시그마
프레스.

한국건강심리학회 역(2002). 건강심리학(Linda Brannon & Jess Feist 공저). 서울:
시그마프레스.

홍격자 역(1984). 이성을 통한 자기 성장(Albert Ellis 저). 서울: 탐구당.

홍병룡 역(2006). 완전한 진리(낸시 피어스 저). 서울: 복있는 사람.

홍숙기(2001). 젊은이의 정신건강. 서울: 박영사.

Allport, G. W. (1961). *Pattern and growth in personality.* New York Holt,
Rinehart and Winston.

Ames, C., & Archer, J. (1988). Achievement goals in the classroom: Students'
learning strategies and motivation process. *Journal of Educational Psy-
chology, 80,* 260-270.

Asch, S. E. (1946). Forming impressions of personality. *Journal of Abnormal
and Social Psychology, 41,* 258-290.

Bem, S. L. (1985). Androgyny and gender schema: A conceptual and empirical
integration. In T. B. Snodegegger (Ed.), *Nebraska symposium on motivation:
Psychology and Gender.* Lincoln, NE: University of Nebraska Press.

Bowlby, J. (1988). *A secure base clinical applications of attachment theory.*
London: Routledge.

Cate, R. M., Long, E., Angera, J. J., & Draper, K. K. (1993). Sexual intercourse
and relationship development. *Family relations, 42,* 158-164.

Chikszentmihalyi, M. (1990). *Finding flow.* 이희재 역(2002). 몰입의 즐거움. 서
울: 해냄.

Conboy, J. K. (1994). The effects of exercise withdrawal and mood states in
runners. *Journal of Sports Psychology, 17.*

Covington, M. V. (1984). The motive for self-worth. In R. E. Ames & C. Ames
(Eds.), *Research on motivation in education: Vol. 1. Student motivation*

(pp. 77-113). New York: Academic Press.

Diener, E. (1998). Subjective well-being. Three decades of progress. *Psychological Bulletin, 125,* 276-302.

Diener, E., & Suh, E. (1998). Age and subjective well-being: An international analysis. In K. W. Schaie & M. P. Lawton (Eds.), *Annual review of gerontology and geriatrics. Vol. 17: Focus on emotion and adult development* (Vol. 17, pp. 304-324). New York: Springer.

Diener, E., Lucas, R. E., & Oishi, S. (2002). Emotion-focused approaches and subjective well-being: The science of happiness and life-satisfaction. In C. R. Snyder & S. J. Lopez (Eds.), *Handbook of positive psychology.* New York: Oxford University Press.

Dion, K., Berscheid, E., & Hatfield, E. (1972). What is beautiful is good. *Journal of Personality and Social Psychology, 24,* 280-290.

Dweck, C. S. (1992). The study of goals in human behavior. *Psychological Science, 3,* 165-167.

Dweck, C. S., & Elliott, E. S. (1983). Achievement motivation. In P. H. Mussen (Series Ed.), & E. M. Hetherington (Vol Ed.), *Handbook of child psychology: Vol 4. Socialization, personality, and social development* (4th ed., pp. 643-691). New York: Wiley.

Dweck, C. S., & Leggett, E. L. (1988). A Social-Cognitive Approach to Motivation and Personality. *Psychological Review, 95*(2), 256-273.

Elliott, E. S., & Dweck, C. S. (1988). Goals: An approach to motivation and achievement. *Journal of Personality and Social Psychology, 54,* 5-12.

Feldman, L. B. (1985). *Family life processes, Sex role and family dynamics.* In Walsh, Normal, Goldenberg, Family Therapy.

Frankl, V. (1978). *The Will to Meaning: Psychotherapy and Humanism.* New York: World Publishing Company, 1969. Paperback edition, New York: New American Library.

Frankl, V. (1984). *Man's search for meaning.* New York: Basic Books.

Goleman, D. (1995). *Emotional intelligence.* 황태호 역(1996). **감성지능.** 서울: 비전코리아.

Hall, C., & Lindzey, G. (1978). *Theories of personality* (3rd ed). New York: Wiley.

Hall, E. T. (1973). *Beyond culture.* New York: Anchor Press.

Hoffman, L. W. (1982). Maternal Employment, *American Psychologist, 34*(10), 859-865.

Jourard, S. (1975). *Growing experiences and experience of growth.* Boston: Allyn and Bacon Inc.Lowenal (1975). Intimacy and crises in adulthood. *Counseling Psychologist, 6,* 10-15.

Kruglanski, A. W., & Webster, D. M. (1996). Motivated closing of the mind: "Seizing" and "freezing". *Pschological Review, 103,* 263-283.

Marcia, J. A. (1966). Development and validation of ego identity status. *Journal of Personality and Psychology, 3*(5), 551-558.

Maslow, A. H. (1968). *Toward a psychology of being* (2nd ed.). New York: Van Nostrand.

May, R. (1967). Existential psychology. In T. Million (Ed.), *Theories of psychology.* Philadelphia: Charles Press.

McCullough, M. E. (1995). Prayer and health: Conceptual issues, research review, and research agenda. *Journal of Psychology and Theology, 23,* 15-29.

Murstein, B. J. (1972). Physical attractiveness and marital choice. *Journal of Personality and Social Psychology, 22,* 8-12.

Nicholls, J. G. (1989). *The competitive ethos and democratic education.* Cambridge, MA: Harvard University Press.

Nichols, M. P., & Schwartz, R. C. (2001). *Family theory.* Boston: Allyn & Bacon

Nolen, S. B. (1990). Reasons for studying: Motivational orientations and study strategies. *Cognition and Instruction, 5,* 269-289.

Olson, D. H., & Defrain, J. (1994). *Marriage and the Family: Diversity and strengths.* CA: Mayfield Publishing Company.

Pafferbarger, R. S., Jr., R. T., Wing, A. L., & Hsieh, C. C. (1986). Physical activity, all-cause mortality, and longevity of college alumni. *New England Journal of Medicine, 314.*

Pintrich, P. R., & De Groot, E. V. (1990). Motivational and Self-Regulated Learning Components of Classroom Academic Performance. *Journal of Educational Psychology, 82*(1), 33-40.

Pintrich, P. R., & Garcia, T. (1991). Student goal orientation and self-regulation in the college classroom. In M. L. Maehr & P. R. Pintrich (Eds.), *Advances in motivation and achievement* (Vol. 7, pp. 371-402). Greenwich, CT: JAI Press.

Rodin, J., & Salovey, P. (1989). Health Psychology. *Annual Review of Psychology, 40.*

Satir, V. (1972). *People making.* 송준 역(2002). 사람 만들기. 서울: 홍익제.

Spencer, J. T., Helmreich, R. L., & Stapp, J. (1979). Ratings of self and peers on sex role attributes and their elationship to self-eseem and conception of masculinity and feminity. *Journal of Personality and Social Psychology, 32,* 29-39.

Sternberg, R. J. (1986). A triangular theory of love. *Psychological Review, 93,* 119-135. 최연실 외 공역(2001). 사랑의 심리학. 서울: 하우.

Sternberg, R. J., & Wagner, R. K. (1995). Testing common sense. *American Psychologist, 50,* 916-926.

Stipek, D. J. (1993). *Motivation to Learn* (2nd ed.). Boston: Allyn & Bacon.

Stipek, D. J., & Gralinski, J. H. (1996). Children's Beliefs About Intelligence and School Performance. *Journal of Educational Psychology, 88*(3), 397-407.

Stroller, R. J. (1991). The term pervision. In G. Fogel & W. Myers (Eds.), *Pervisions in clinical practice* (pp. 36-56). New Haven, Conneticut: Yale University Prss.

Walster, E. (1969). The effect of self esteem on romantic liking. *Journal of Experimental Social Psychology, 1,* 184-197.

Weinberg, G. (1986). *Homophobia. Human Sexuality, 86/87,* 198-200.

Willard, B. F. (1984). *Personality Theories Journeys Into Self.* An Experiential workbook. Teachers College, Columbia University. New York, N.Y. 10027.

Wink, P., & Dillon, M. (2002). Spiritual development across the adult life course: Findings from a longitudinal study. *Journal of Adult Development, 9*, 79-94.

Worden, J. W. (1991). *Grief Counseling and Grief Therapy*. New York: Springer Publishing Company.

Wrightman, L. S. (1978). *Social Psychology* (2nd ed.) Montrey, California: Brooks/Cole.

찾아보기

내 용

저자 소개

◈ **김유숙**

    일본 동경대학 의학부 보건학과 정신위생교실(보건학 박사)

    현재 서울여자대학교 교육심리학과 교수

    저서: 가족상담(개정판, 2006) 등 다수

◈ **박승호**

    미국 미시간대학교(교육학 박사)

    현재 서울여자대학교 교육심리학과 교수

    논문: 성공적인 대학 생활을 위한 학습전략과 학습동기 개발 연구(2005) 등 다수

◈ **김충희**

    서울여자대학교 교육심리학과 문학박사(상담심리 전공)

    현재 서울여자대학교, 이화여자대학교 강사

    논문: 내담자의 탄력성이 상담효과에 미치는 효과(2004)

◈ **김혜련**

    서울여자대학교 교육심리학과 문학박사(상담심리 전공)

    현재 서울여자대학교, 서경대학교 강사

    논문: 청소년 공격집단과 피공격 집단의 대인문제해결양식에 관한 연구(2001)

자기실현과 정신건강

2007년 8월 30일 1판 1쇄 발행
2017년 9월 25일 1판 6쇄 발행

지은이 • 김유숙 · 박승호 · 김충희 · 김혜련
펴낸이 • 김 진 환
펴낸곳 • (주) **학지사**
　　　　　04031 서울특별시 마포구 양화로 15길 20 마인드월드빌딩 5층
대표전화 • 02) 330-5114　　　팩스 • 02) 324-2345
등록번호 • 제313-2006-000265호
홈페이지 • http://www.hakjisa.co.kr
페이스북 • https://www.facebook.com/hakjisabook
ISBN 978-89-5891-526-3 93180

정가 **14,000**원

저자와의 협약으로 인지는 생략합니다.
파본은 구입처에서 교환하여 드립니다.

이 책을 무단으로 전재하거나 복제할 경우 저작권법에 따라 처벌을 받게 됩니다.

교육문화출판미디어그룹 **학지사**
학술논문서비스 **뉴논문** www.newnonmun.com
심리검사연구소 **인싸이트** www.inpsyt.co.kr
원격교육연수원 **카운피아** www.counpia.com